# HYPNOSE LERNEN

# Praxishandbuch

**Hypnose lernen - Praxhishandbuch** (vormals ‚Macht der Hypnose')
für tiefe Trance, Selbsthypnose, Blitzhypnose und die sichere Anwendung im Alltag
4. Auflage
Copyright © 2014 Benedikt Ahlfeld und Stefan Strobl
www.ZHI.at

**Herstellung und Verlag:** BoD - Books on Demand, Norderstedt

**ISBN:** 978-3-848-20794-7

Bibliografische Information der Deutschen Nationalbibliothek: Die Deutsche Nationalbibliothek verzeichnet diese Publikation in der Deutschen Nationalbibliografie; detaillierte bibliografische Daten sind im Internet über http://dnb.d-nb.de abrufbar

Die Verwertung der Texte und Bilder, auch auszugsweise, ist ohne Zustimmung der Autoren und des Verlags urheberrechtswidrig und strafbar. Dies gilt auch für Vervielfältigungen, Übersetzungen, Mikroverfilmung und für die Verarbeitung mit elektronischen Medien.

**Hinweis**
Die Ratschläge und Informationen in diesem Buch sind von den Autoren sorgfältig erwogen und geprüft, dennoch kann eine Garantie für die inhaltliche Richtigkeit nicht übernommen werden. Eine Haftung der Autoren bzw. des Verlages und seiner Beauftragten für Personen-, Sach- und Vermögensschäden ist ausgeschlossen.

**Bildnachweis**
Jolly Schwarz, Wien
Fotografin der beiden Autorenfotos

Petra Derfler, Wien
Newbreeze Publishing OG
Grafik zu Upward- und Downward-Inflection, T.O.T.E. Modell, Ankern und Neurologische Ebenen
www.newbreeze.at

# Inhaltsverzeichnis

VORWORT .................................................................................................. 7
**TEIL I: MODERNE HYPNOSE** ................................................................. 11
KAPITEL 1: EINFÜHRUNG ........................................................................ 12
1.1 Was ist Hypnose? ................................................................................ 12
1.2 Wie wird Hypnose empfunden? ........................................................... 22
1.3 Die Geschichte der Hypnose ............................................................... 28
1.4 Die Aufgaben unseres Unterbewusstseins .......................................... 32
1.5 Rechtliche Bestimmungen ................................................................... 34
1.6 Zusammenfassung ............................................................................... 36
KAPITEL 2: VORAUSSETZUNGEN .......................................................... 38
2.1 Rapport ................................................................................................ 41
2.2 Rapport aufbauen ................................................................................ 43
2.3 Rapportübergabe ................................................................................. 45
2.4 Rapportverlust ..................................................................................... 46
2.5 Die Stimme .......................................................................................... 47
2.6 Gefahren der Hypnose ........................................................................ 48
2.7 Trancetiefen ......................................................................................... 54
2.8 Der Aufbau von Suggestionen ............................................................. 57
2.9 Beispielsuggestionen ........................................................................... 62
2.10 Erwartungshaltung ............................................................................. 64
2.11 Zusammenfassung ............................................................................. 67
KAPITEL 3: INDUKTIONSMETHODEN ..................................................... 69
3.1 Zählen .................................................................................................. 71
3.1.2 Verbale Induktion .............................................................................. 73
3.1.3 Sicherheitsort .................................................................................... 76
3.1.4 Grundlagen einer Trance-Induktion .................................................. 77
3.2 Exduktion ............................................................................................. 79
3.3 Gesprächshypnose .............................................................................. 82
3.4 Gruppenhypnose ................................................................................. 84
3.5 Fixationsmethode ................................................................................. 85
3.6 Blitzhypnose ........................................................................................ 89
3.7 Überlastung ......................................................................................... 93
3.8 Konfusion ............................................................................................. 95
3.9 Dave Elman Induktion ......................................................................... 97
3.10 Schock ............................................................................................... 99
3.11 Handshake-Interrupt .......................................................................... 100
3.12 Doppelinduktion ................................................................................. 102

3.13 Vertiefung der Hypnose .................................................. 103
3.14 Fraktionierung .................................................................. 105
3.15 Posthypnotischer Befehl ................................................. 105
3.16 Verfestigung der Suggestionen ...................................... 107
3.17 Trancetiefenverifizierung ................................................ 108
3.18 Zusammenfassung ......................................................... 110
**KAPITEL 4: HYPNOSE PHÄNOMENE** ................................. 112
4.1 Wachhypnose .................................................................. 112
4.2 Levitation ......................................................................... 115
4.3 Katalepsie ....................................................................... 119
4.4 Halluzination ................................................................... 121
4.5 Amnesie .......................................................................... 123
4.6 Hypermnesie ................................................................... 124
4.7 Temporäres Vergessen und Ersetzen ............................ 125
4.8 Anästhesie ...................................................................... 127
4.9 Kinästhetische Delusion ................................................. 128
4.10 Ideomotorik ................................................................... 129
4.12 Altersregression ............................................................ 131
4.13 Rückführung und Seelenleben ..................................... 133
4.14 Automatisches Schreiben ............................................. 136
4.15 Zusammenfassung ....................................................... 137
**TEIL II: KETTEN SPRENGEN** ............................................. **140**
**KAPITEL 5: COACHING MIT HYPNOSE** ............................. 141
5.1 Das Vorgespräch ............................................................ 142
5.2 Der Sitzungsablauf ......................................................... 145
5.3 Coaching Werkzeuge ..................................................... 149
5.3.1 Kompetenzstufen ........................................................ 149
5.3.2 Ziele wohlgeformt formulieren .................................... 150
5.3.3 Augenzugangshinweise .............................................. 152
5.3.4 Repräsentationssysteme ............................................ 155
5.3.5 Ressourcenzustände .................................................. 159
5.3.6 Anker setzen ................................................................ 161
5.3.7 Reframing .................................................................... 164
5.3.8 Das T.O.T.E. Modell ..................................................... 166
5.4 Beispielsuggestionen ..................................................... 167
5.4.1 Allgemeine Entspannung ............................................ 168
5.4.2 Raucherentwöhnung ................................................... 171
5.4.3 Gewichtsreduktion ....................................................... 176
5.4.4 Stärkung des Selbstbewusstseins .............................. 178

5.4.5 Gesunder Schlaf ........................................................................................... 183
5.4.6 Gedächtnisleistung steigern ....................................................................... 184
5.4.7 Konzentrationssteigerung beim Lernen ...................................................... 185
5.4.8 Prüfungsangst ............................................................................................ 186
5.4.9 Stress-Abbau und Burn-Out-Prävention .................................................... 188
5.4.10 Lampenfieber ........................................................................................... 191
5.4.11 Kreativität steigern ................................................................................... 192
5.4.12 Sport allgemein ........................................................................................ 193
5.4.13 Verbesserung der sozialen Kompetenz ................................................... 195
5.4.14 Rückenschmerzen ................................................................................... 196
5.4.15 Asthma ..................................................................................................... 197
5.4.16 Besser verkaufen ..................................................................................... 198
5.4.17 Agoraphobie ............................................................................................. 199
5.4.18 Abhängigkeit von Energydrinks ................................................................ 201
5.4.19 Fingernägel kauen ................................................................................... 202
5.4.20 Frei von Spielsucht .................................................................................. 204
5.4.21 Frei von Panikattacken ............................................................................ 206
5.4.22 Traumreisen und Metaphern ................................................................... 209
5.4.22.1 Reise zur Quelle ................................................................................... 210
5.4.22.2 Buch des Lebens .................................................................................. 214
5.4.22.3 Kraft der Herkunft ................................................................................. 217
5.4.22.4 Ent-Täuschung ..................................................................................... 221
5.4.23 Schmerzkontrolle ..................................................................................... 228
5.4.24 Gelassenheit ............................................................................................ 230
5.4.25 Allergie ..................................................................................................... 232
5.4.26 Disziplin .................................................................................................... 236
5.4.27 Selbstheilung ........................................................................................... 238
5.5 Zusammenfassung ........................................................................................ 239
**KAPITEL 6: VERHALTEN VERÄNDERN** ........................................................ 240
6.1 Was ist Verhalten? ........................................................................................ 241
6.2 Werte und Glaubenssätze ............................................................................. 244
6.3 Die neurologischen Ebenen .......................................................................... 247
6.4 Definition des Selbstwertes ........................................................................... 249
6.5 Sekundärgewinn ............................................................................................ 252
6.6 Verhaltensveränderung ................................................................................. 254
6.7 Wirksamkeit ................................................................................................... 261
6.8 Commitment .................................................................................................. 265
6.9 Der Quality Coaching Prozess ...................................................................... 265
6.10.1 Hypno-Coaching Praxisbeispiel: Abnehmen ........................................... 268

6.10.1 Hypno-Coaching Praxisbeispiel: Parkinson .................................................................. 278
6.11 Zusammenfassung ........................................................................................................ 285
KAPITEL 7: SELBSTHYPNOSE .............................................................................................. 286
7.1 Selbsthypnose im Unterschied zur Fremdhypnose ........................................................ 287
7.2 Die Phasen der Selbsthypnose ....................................................................................... 289
7.2.1 Der Vorsatz .................................................................................................................. 289
7.2.2 Der geeignete Bewusstseinszustand ........................................................................... 290
7.2.3 Suggestionen ............................................................................................................... 291
7.2.3.1 Visualisierung ............................................................................................................ 291
7.2.3.2 Affirmation ................................................................................................................. 292
7.2.3.3 Ressourcen aktivieren .............................................................................................. 292
7.2.4 Rückkehr zum Wachbewusstsein ................................................................................ 293
7.3 Verankerung ................................................................................................................... 294
7.4 Selbsthypnosetraining .................................................................................................... 295
7.4.1 Induktion nach Betty Erickson (3-2-1-Methode) .......................................................... 295
7.4.2 Die „Zehn bis eins" Technik ........................................................................................ 297
7.4.3 Die Arm-Senk-Induktion .............................................................................................. 298
7.4.4 Selbsthypnose Induktion nach Eberwein .................................................................... 298
7.5 Stressmanagement ........................................................................................................ 301
7.5.1 Stressabbau ................................................................................................................. 301
7.5.2 Stressvermeidung ........................................................................................................ 302
7.6 Schneller, besser lernen ................................................................................................. 303
7.7 Ängste ............................................................................................................................ 304
7.8 Zum Nichtraucher werden .............................................................................................. 305
7.9 Mehr Leistung im Sport .................................................................................................. 306
7.9.1 Neue Bewegungsabläufe lernen, Bewegungs-abläufe optimieren ............................. 306
7.9.2 Schnellere Erholungsphasen ....................................................................................... 307
7.10 Zusammenfassung ....................................................................................................... 308
ANHANG ............................................................................................................................... 310
X.I Über die Autoren ............................................................................................................. 310
X.II Hypnose Ausbildungen .................................................................................................. 311
X.III.I Buchempfehlung: Körpersprache & NLP .................................................................... 312
X.III.II Buchempfehlung: Manipulationsmethoden ................................................................ 313
X.IV Vereinbarung mit dem Klienten ................................................................................... 314
X.V Empirische Studien zur Wirksamkeit der Hypnose ....................................................... 315
X.VI Trance-Downloads ....................................................................................................... 318
X.VII Quellenverzeichnis ...................................................................................................... 319

## VORWORT

Vielleicht überrascht es Sie zu lesen, dass seit einiger Zeit eine Debatte von hoher Tragkraft in akademischen Kreisen stattfindet. Es dreht sich dabei um die Frage der Abwesenheit des freien Willens. Dafür gibt es viele Gründe, da in den letzten Jahren durch zig Studien bestätigt wurde, dass unser bewusster Verstand nur *denkt*, er hätte die Kontrolle über unser Handeln. Tatsächlich sieht es jedoch so aus, als würde unser Unterbewusstsein Entscheidungen treffen und unser Verstand rationalisiert diese Handlungen dann so, als wären sie willentlich geschehen. Albert Einstein sagte dazu, basierend auf dem Zitat von Arthur Schopenhauer: *„Ein Mensch kann tun, was er will, aber er kann nicht beeinflussen, was er will."*[i] Ist unser freier Wille also nicht viel mehr als bloße Illusion? Wenn das Unterbewusstsein die Entscheidungen trifft, wer oder was programmiert es dann?

In diesem Buch werde ich Ihnen aufzeigen, wieso unser Unterbewusstsein größtes Potential und schlimmster Feind unser selbst zugleich ist und wie wir es so lenken können, dass es nicht gegen, sondern *für* uns arbeitet. Mein Wunsch ist, dass Ihnen dies als Quelle für Kreativität und hin zu positiven Emotionen dient, denn ich vertraue darauf, dass in uns allen das größte Potential schlummert, fernab von allem bisher Vorstellbaren. Ich durfte während der unzähligen Sitzungen mit meinen Klienten und mit den Teilnehmern in meinen Hypnose Ausbildungen teilhaben an erstaunlichen, verblüffenden und von Zeit zu Zeit erschreckenden Ereignissen. Die wichtigste Grundhaltung, die dabei stets Licht ins Dunkel bringen konnte, war meiner Meinung nach die Erkenntnis, dass Hypnose ein mächtiges, vielleicht sogar das bisher effektivste Werkzeug positiver Veränderung ist. Durch den intimen Kontakt mit dem Unterbewusstsein wird jedem Menschen, ganz gleich, ob er an Hypnose glaubt oder nicht, sofort dessen reinigende, spirituell heilende und für die praktische Anwendung im Alltag höchst sinnvolle Wirkungsweise bewusst.

Der Bekanntheitsgrad der Hypnose wird zudem immer größer. Via Fernsehen und Shows wird sie zunehmend einem breiteren Publikum vorgestellt - allerdings leider mit einem manchmal nicht so guten Image. Dabei ist die Hypnose ein wunderbares Werkzeug, das in vielen Lebenslagen Unterstützung und Hilfe bietet. Trotz der Negativwerbung durch Hypnoseshows wird auch die therapeutische Hypnose und Lebenshilfe bekannter. So kommt es, dass der Bedarf an ausgebildeten Hypnotiseuren wächst. In meinen Seminaren bilde ich genau für diesen Themenbereich verstärkt Hypnotiseure aus.

Hypnose ist nichts Mystisches und hat auch nichts mit Magie zu tun. Der hypnotische Zustand ist nichts anderes als eine künstlich eingeleitete Trance, in welcher der Hypnotisierte ganz besonders leicht Suggestionen aller Art annehmen kann. Die Hypnose per se ist auch keine Heilmethode, aber sie kann bei vielen Heilmethoden unterstützend und begleitend angewendet werden. Die Voraussetzungen für das Erlernen der Hypnose sind nicht besonders groß und die Technik ist leicht erlernbar. Erforderlich ist neben ein wenig Intelligenz ein ausgeprägtes Verantwortungsbewusstsein. Auch ein gutes Einfühlungsvermögen ist von Vorteil. Jeder Hypnotiseur übernimmt während und auch nach der Hypnose die Verantwortung für seinen Klienten und muss diese im Problemfall auch wahrnehmen.

Nicht umsonst vergleiche ich unser Unterbewusstsein stets mit einem riesigen Tankschiff, welches das volle Potential unserer Fähigkeiten darstellt. Auch wenn wir nur einen Bruchteil dieser unserer Fähigkeiten nutzen, so fährt das Schiff kontinuierlich weiter – selbst wenn wir schlafen. Es liegt jedoch an uns, das Steuer dieses Tankers in die Hand zu nehmen. Ansonsten kann es passieren, dass er in die falsche Richtung fährt. So ist unser Unterbewusstsein nun einmal: es unterstützt uns in allem, was wir tun, auch wenn wir das gar nicht wollen. Es lässt uns traurig fühlen, wenn wir traurig sind, vielleicht, weil wir das so wollen. Doch lassen wir die Zügel weiter los, könnte aus Trauer Enttäuschung werden und aus Enttäuschung Frust. Genauso funktioniert es jedoch auch in die andere Richtung: aus Freude wird Glück, aus Glück wird Erfüllung, aus Erfüllung wird Zuversicht, aus Zuversicht wird Glück. Dieses Beispiel der emotionalen Zustände, die unseren Alltag ganz wesentlich (und meist zur Gänze unbewusst) beeinflussen, ist nur eines von vielen, wie unser Verhalten, Denken und Handeln ganz wesentlich von unserem Unterbewusstsein bestimmt wird. Wenn Sie Ihr Unterbewusstsein zum Freund hätten, mit ihm quasi „per Du" wären – worum würden Sie es bitten?

Auch wenn das im ersten Moment für manch einen nach dem „New Age Philosophy" Gesetz der Anziehung klingen mag (und tatsächlich ist es das auch), so ist doch eines durch unzählige Studien[1] immer wieder bewiesen worden: Hypnose funktioniert. Und zwar außerordentlich gut. Mit Hypnose ist es möglich, eben genau das zu tun: Das Unterbewusstsein zu lenken, das Potential, das in uns schlummert, zu entfalten und die Ziele, die wir uns setzen, auch zu erreichen. Dennoch existieren in den Köpfen mancher Menschen negative Assoziationen und Glaubenssätze, die auftauchen, sobald das Wort „Hypnose" fällt. Oftmals wird damit „Manipulation" oder „Willenlosigkeit" in Verbindung gebracht. Dies sind durchaus zwei in unserer Gesellschaft mit sehr negativen Emotionen verknüpfte Begriffe. Doch betrachten wir das Wort Manipulation genauer, wird schnell klar: Alles ist Manipulation, denn Kommunikation ist Manipulation. Sobald wir eine Botschaft senden, reagiert unsere Umwelt darauf, selbst wenn wir nichts sagen, fasst unser Gegenüber dies mitunter als ein Signal auf. „Wir können nicht *nicht* kommunizieren", wie es Paul Watzlawick schon so schön formulierte. Ebenso wenig ist Hypnose Willenlosigkeit, denn gerade durch Hypnose

---

[1] Möchten Sie mehr über die medizinwissenschaftlichen Forschungen zum Thema erfahren, empfiehlt sich das Buch „Hypnose und Hypnotherapie" von Dr. Revenstorf, insbesondere Kapitel 2.5 mit dem Titel „Physiologische Grundlagen" (ab Seite 9). Genaue Literaturangaben finden Sie im Quellennachweis. Ebenfalls findet sich im Anhang unter Punkt X.V eine Liste mit wissenschaftlichen Studien, die die Wirksamkeit der Hypnose empirisch bestätigen.

kommen wir in direkten Kontakt mit unserem Unterbewusstsein. Richtig ist jedoch, dass wir einen veränderten Bewusstseinszustand erleben. Unser Fokus richtet sich während einer Trance nach innen, die Atmung wird langsamer und wesentlich entspannter, Puls und Blutdruck sinken und der Körper fällt oftmals in einen dem Schlaf sehr ähnlichen Zustand. Die Erfahrung ist de facto für jeden meiner Klienten und Teilnehmer positiv gewesen, auch wenn anfangs ungewohnt, so doch höchst angenehm und erholsam.

Was braucht es also, um einen Menschen erfolgreich zu hypnotisieren, ihn in Trance zu führen und wieder zurückzuholen? Die wichtigste Eigenschaft ist meiner Meinung nach die Fähigkeit, sich empathisch und schnell auf andere Menschen einzustellen. Ebenso ist ein meisterhafter und gut trainierter Umgang mit der Sprache vonnöten, denn Hypnose ist eine ganz besondere Art der Kommunikation. Dies ist einer der wesentlichen Gründe, weshalb ich jedem, der sich mit dem spannenden Gebiet der Hypnose mehr beschäftigen möchte, empfehle, dies in einer praktischen Ausbildung zu erlernen. Erst nachdem auch in der Praxis und unter professioneller Anleitung erlernt und erlebt wurde, was Hypnose kann und wie es sich *anfühlt*, ist die tiefere Einarbeitung in die theoretische Materie sinnvoll. Dennoch möchte ich allen Interessierten und auch den fortgeschrittenen Anwendern der Hypnose mit diesem Buch ein Werkzeug in die Hand geben, das, natürlich mit Beispiel- und kompletten Anleitungstexten, sowohl die wichtigsten Trance Phänomene nachvollziehbar macht, als auch als ein Nachschlagewerk für praktizierende Coaches, Manager, Therapeuten und alle Menschen, die in ihrem privaten und beruflichen Alltag mit Kommunikation beschäftigt sind, dienen soll.

So wünsche ich Ihnen viel Spaß beim Lesen und Erfolg bei der Hypnose.

Alles Liebe,
Benedikt Ahlfeld

# TEIL I: MODERNE HYPNOSE

# KAPITEL 1: EINFÜHRUNG

> „Jeden Morgen aufzustehen mit dem ersten Gedanken daran, glücklich zu sein... bedeutet jeden Tag eigene Maßstäbe für unsere Erlebnisse zu definieren. Dies erreichen wir, indem wir die Umwelt beeinflussen, anstatt von der Umwelt beeinflusst zu werden."
> – **Ralph Waldo Emerson**

Dieses Buch ist in zwei Teile und mehrere Kapitel unterteilt, die aufeinander aufbauend gestaltet sind. Es empfiehlt sich, es in der gedachten Reihenfolge zu lesen. Zu Beginn eines jeden Kapitels möchte ich einen kurzen Überblick über den Inhalt geben und am Ende die Conclusio anschließen. Möchten Sie sich also schnell informieren, bevor Sie ein Themengebiet vertiefen, empfiehlt es sich, diese Teile zuerst zu überfliegen. In der Einführung möchte ich aufzeigen, was Hypnose tatsächlich ist, was sie kann und was sie nicht kann. Dann soll kurz auf die Geschichte der Hypnose und die wissenschaftliche Erforschung derselben eingegangen werden. Ebenso ist zum Verständnis dieses wirkungsvollen Veränderungs-Werkzeugs nötig, in Grundzügen zu verstehen, wie unsere Wahrnehmung funktioniert. Abschließend soll gezeigt werden, wie wir in unserem Alltag ständig Botschaften mit suggestibler Wirkung ausgesetzt sind, vor allem durch die Medien, aber auch im Beruf und in der Familie.

## 1.1 Was ist Hypnose?

Der Begriff „Hypnose" ist durch viele Mythen geprägt, teilweise durch die Überlieferung in TV und Film, aber auch durch den „zauber"-haften Umgang bei öffentlichen Aufführungen von so genannten „Show-Hypnotiseuren". Aktuell ist noch nicht vollends geklärt, welche exakten Bereiche unseres Gehirns in einem Trance-Zustand aktiviert werden, hier wird nach wie vor intensiv geforscht. Ein Grund für dieses hohe Interesse der modernen Medizin an Hypnose ist der Fakt, dass sie funktioniert. Noch einmal möchte ich darauf hinweisen, dass es besonders sinnvoll ist, Hypnose in einer praktischen Ausbildung kennen zu lernen, um tatsächlich begreifen zu können, worum es geht. Dennoch soll hier eine Annäherung in theoretischer Form geboten werden.

Hypnose ist ein veränderter Bewusstseinszustand, in dem die Wahrnehmung eingeschränkt ist und sich komplett nach innen dreht, auf die eigenen Gedanken und Gefühle hin. Hypnose ist *nicht* Schlaf, sie ist *keine* Ohnmacht und man ist *nicht* willenlos. Der Wille wird vielmehr auf einen Punkt fokussiert, beispielsweise einen Gedanken, Glaubenssatz oder eine schöne Vorstellung, bis der bewusste Verstand beiseite steht. Das macht es möglich, in diesem Zustand tiefer Entspannung besonders intensiv mit dem Unterbewusstsein in Kontakt zu treten, so wie wir es beispielsweise beim Träumen in der REM Phase tun. Der Unterschied ist jedoch, dass wir hier mit einem Fünkchen Bewusstsein beobachten und auf Wunsch mit unserer innersten Stimme direkt interagieren können. Da in diesem Zustand unser Unterbewusstsein Wünsche (Suggestionen) besonders klar aufnimmt, ist die Wahrscheinlichkeit höher, dass diese umgesetzt (in unsere künftigen Verhaltensmuster integriert) werden, als wenn diese Wünsche im normalen Wachzustand geäußert werden.

Deshalb kommen viele Menschen, die sich zum ersten Mal hypnotisieren lassen, oftmals mit einer übermäßig hohen Erwartungshaltung zum Hypnotiseur oder Coach und glauben, einen „übernatürlichen" oder „magischen" Zustand, fernab alles bisher Bekannten, erleben zu können. Dies ist nur teilweise richtig, denn auch wenn der Zustand doch etwas Magisches hat, so ist er uns allen wohlbekannt. Erinnern Sie sich zurück, als Sie das letzte Mal vor dem Fernseher gesessen haben und Ihr Partner oder Ihre Partnerin Sie tatsächlich anschreien musste, damit Sie überhaupt wahrnehmen konnten, dass er oder sie etwas von Ihnen möchte. Oder der Moment, als Sie spätabends auf der Autobahn nach Hause fuhren: es war dunkel und vielleicht regnete es, die Scheibenwischer klappten monoton vor und zurück, und in Ihre

Gedanken vertieft, schrecken Sie plötzlich auf und fragen sich: „Wie bin ich eigentlich nach Hause gekommen, ich bin doch gerade erst losgefahren?"

Dieser Zustand, in dem wir uns tagsüber sehr oft befinden, ist auch als „Tagträumerei" bekannt, tritt aber ebenso auf, wenn wir in einen leichten Schlaf fallen, langsam aus tiefem Schlaf aufwachen oder unsere Aufmerksamkeit auf irgendetwas fokussieren. Im Fachjargon bezeichnen wir dies als den so genannten Alpha-Zustand oder das Alpha-Bewusstsein. Wir unterteilen unsere Bewusstseinszustände in vier Kategorien. Normales Wachbewusstsein ist „Beta", leicht modifiziertes Bewusstsein „Alpha", tiefer Schlaf „Theta" und komatöse Zustände sind „Delta". Diese Niveaus werden in Gehirnwellen-Raten gemessen (Anzahl der Zyklen pro Sekunde). Der Beta Zustand befindet sich zwischen 15 bis 30 Zyklen pro Sekunde, Alpha zwischen 8 bis 14 Zyklen pro Sekunde, Theta zwischen 4 bis 8 Zyklen pro Sekunde und Delta unterhalb von 4[ii].

Im normalen Wachzustand arbeiten unser Gehirn und unser Geist mit größter Kritikfähigkeit. Das Gehirn bewertet konstant Einflüsse vom eigenen Selbst und von außen. Es selektiert und reagiert, und das sehr schnell. Oftmals, wenn wir noch glauben, wir würden erst abwägen, ist unsere Entscheidung bereits getroffen. Der Grund für die Schnelligkeit ist unsere Umwelt. Wir wären völlig überfordert damit, alle Informationen, die konstant durch unsere fünf Sinne auf uns einprasseln, einzeln zu bewerten und in Relation zu setzen. Deshalb hat unser Vorbewusstsein eine ganz spezielle Funktion: es selektiert die Informationen aus, die unser bewusstes Denken erreichen. Sie kennen das bestimmt von äußeren Einflüssen wie unangenehmen Gerüchen: kommen Sie in einen Raum, in dem die Luft schlecht ist, bemerken Sie dies sofort. Entschließen Sie sich jedoch in dieser Umgebung zu verweilen, gewöhnen Sie sich sehr schnell daran und bemerken den Geruch gar nicht mehr, obwohl er noch da ist. Genauso funktioniert es mit unserem Verhalten. Sobald wir eine Strategie gefunden haben, die für uns erfolgreich ist, behalten wir diese bei. Dies unterstützt uns dabei, uns in der Welt zurechtzufinden und aktiv mit ihr interagieren zu können. Anders wäre es gar nicht möglich, wir wären von viel zu viel Information schlichtweg überfordert. Dieser automatische Selektionsmechanismus, der es ja eigentlich gut mit uns meint, führt jedoch auch zu Komplikationen. Zum Beispiel sind ein Großteil der Vorurteile und Glaubenssätze uns selbst und anderen gegenüber, aber auch negative Verhaltensmuster und andere unerwünschte Strukturen unserer Persönlichkeit, die wir gerne positiv verändern würden, auf diesem Mechanismus begründet. Aus evolutionstheoretischer Sicht ist der Prozess, wie unsere vorbewusste Wahrnehmung, auch als „Wahrnehmungsfilter" bekannt, zu Stande kommt, relativ einfach zu erklären. Als Säugling werden wir in ein bestimmtes Umfeld geboren. Dieses Umfeld reagiert auf uns, sobald wir damit in Kontakt treten. Gehen wir beispielsweise davon aus, dass ein kleines Kind bei einem der ersten Gehversuche stolpert und hinfällt. Die normale Reaktion ist nicht das sofort einsetzende Weinen, sondern der Blick zur Bezugsperson, in diesem Fall die Mutter. Verzieht diese hier das Gesicht und schreit vor Angst um das Baby auf, wird auch das Kind augenblicklich weinen. Lacht die Mutter jedoch und beruhigt das Kleinkind, es ist ja alles nicht so schlimm, wird das Kind ebenfalls lachen und wieder aufstehen. Dieses Phänomen ist ebenfalls auf einer neurologisch sehr tiefen Ebene fest verankert und als „Spiegelneuronen" bekannt geworden.[iii]

Je mehr Erfahrungen wir sammeln, je mehr Feedback wir also von unserer Umwelt erhalten, desto mehr Filter programmieren wir unweigerlich in unserem Vorbewusstsein. Der Begriff „programmieren" ist hier an das von Pavlow[2] bekannte „Konditionieren" angelehnt, der durch die Bemühungen, eine durch einen externen Reiz verknüpfte Reaktion hervorzurufen (in diesem Fall das Klingeln einer Glocke, die jedes Mal läutet, wenn ein Hund sein Futter vorgesetzt bekommt. Wird dies mehrmals wiederholt, genügt es, die Glocke zu läuten, um beim

---

[2] Interessant ist zu bemerken, dass Pavlow sich ebenfalls eingehend mit Hypnose befasste. Mehr dazu im Kapitel 1.3 „Die Geschichte der Hypnose".

Hund den Speichelfluss so anzuregen, als befände sich das Futter tatsächlich vor ihm (obwohl dies nicht der Fall ist.) Programmieren meint hier, dass wir bewusst Einfluss darauf nehmen können, welche Filter bei uns verankert werden. Auf jeden Fall ist nötig festzuhalten, dass wir nicht *ohne* Filter funktionieren (zumindest nicht in der Welt und Umgebung, wie wir sie alltäglich kennen).

Anders formuliert: Im normalen Wachbewusstsein fungiert das Unterbewusstsein als Software Programm, das Einflüsse von außen durch vordefinierte Filter (erlernt aus Erfahrung, angeboren durch Evolution oder imaginiert mit unserer Vorstellung) an unser Bewusstsein weiterleitet. Tatsächlich beweisen aktuelle Studien, dass unser Gehirn de facto keinen Unterschied macht zwischen realen und fiktiven Erfahrungen. Es ist also egal, ob wir uns eine Situation nur vorstellen oder sie tatsächlich durchleben, die Entscheidungsmuster, die daraus resultieren, werden vom Unterbewusstsein gleich behandelt. Lediglich die Intensität des Erlebens variiert von der Wahrnehmung (nach außen) und der Vorstellungskraft (nach innen). Dieser Umstand ist jedoch ein weiterer Hinweis darauf, wieso Hypnose so gut funktioniert, da auch fiktive Szenarien unsere zukünftigen Entscheidungsmuster gezielt positiv beeinflussen können.

Es kann jedoch, wie bereits weiter oben erwähnt, passieren, dass unser Unterbewusstsein andere Muster programmiert hat als unser Bewusstsein sich wünscht. Beispielsweise könnten wir uns in Gedanken vorsagen: „Ich schaffe das. Ich bin gut genug voranzukommen und erfolgreich zu sein", - wohingegen unser Unterbewusstsein eine negative Meldung sendet, wie etwa „Wirklich, gut genug wofür? Wie war es mit...? Erinnerst du dich?" Der Grund für diese negative Programmierung könnte in unterschiedlichsten Szenarien verborgen sein, sei es die Angst vor der Vergangenheit oder in einer Vorstellung projiziert. Vielleicht rühren die negativen Glaubenssätze aus der Jugend und waren Einflüsse von außen, durch Eltern, Lehrer, Freunde oder Bekannte. Oftmals gibt es ein sehr komplexes Muster aus relationalen Erfahrungen und

Glaubenssätzen, die hier einen wahren Irrgarten bilden können. Diese lassen sich in normalem Wachzustand nur sehr aufwändig aufschlüsseln, so wie es die typische Langzeitgesprächstherapie versucht. Doch mit Logik lassen sich emotional verankerte Verhaltensmuster nur sehr zeitaufwändig, falls überhaupt, lösen oder verändern. Dies liegt unter anderem daran, dass im Beta-Zustand nur sehr wenig Information zu unserem Kern durchdringt. „Sehr wenig" ist hier in Vergleich mit dem Alpha-Zustand zu verstehen, in dem unsere Aufnahmefähigkeit für neue Informationen um ein Vielfaches höher ist. So ist es nicht verwunderlich, dass viele Methoden des Super-Learning klar den Vorteil vom Lernen auch klassischer Schulstoffe wie Mathematik, Sprachen, Wissenschaft und so weiter im Alpha-Zustand aufzeigen[iv].

Der Alpha-Zustand ist das für Hypnose typische Gehirnwellenmuster, das im Fachjargon trotz vieler unterschiedlicher Definitionen unter dem Begriff „Zustand erhöhter Suggestibilität" subsumierbar ist. Um einen kleinen Vergleich zwischen Alpha- und Beta-Zustand zu bieten, soll diese Gegenüberstellung dienen, die mehr anschaulichen als wissenschaftlichen Charakter hat[v]:

| Wachbewusstsein | Hypnose (Trance) |
| --- | --- |
| Beta-Zustand | Alpha-Zustand |
| Logisches Denken | Intuition und assoziatives Denken |
| 5-9 Informationen auf einmal | Unbegrenzte Informationsaufnahme |
| Begrenzte Aufmerksamkeit | Unbegrenzte Aufmerksamkeit |
| Rationales Denken | Gefühle, Wahrnehmung |
| Wachzustand | Träumen, Schlafen, Fantasie |
| Gewählte Handlungen | Automatische Handlungen |
| Gewählte Bewegungen | Unfreiwillige Bewegungen |
| Linear | Systemisch, komplex |
| Akademisches Wissen | Gelernte Erfahrungen |
| Verbal | Nonverbal |
| Sequentielle Gedanken / Handlungen | Parallele Gedanken / Handlungen |
| Bewusstsein des Hier und Jetzt | Speicher aller Erinnerungen |
| Versucht Probleme zu verstehen | Kennt die Lösung |
| Ziele setzen | Ziele erreichen |

Im Alpha-Zustand ist es uns möglich, eine gut aufgebaute Suggestion direkt umzusetzen, sei dies nun gewollt oder ungewollt. Die Umsetzungswahrscheinlichkeit hängt mit der Quelle der Suggestion zusammen, je bekannter sie uns ist, beziehungsweise je mehr wir der Quelle vertrauen, desto wirkungsvoller wird sie umgesetzt werden. Diese Suggestion wird durch das Unbewusste verarbeitet und im Unterbewusstsein gespeichert. Es ist ebenso möglich, dass sich durch diese Befehle an das Unbewusstsein unsere Glaubenssätze und Wahrnehmungsfilter verändern. Ob die Suggestion positiv oder negativ ist, spielt hier nur eine untergeordnete Rolle, dennoch wird sie für beide Zwecke eingesetzt. Ein Hypnotherapeut nutzt beispielsweise positive und für das Selbstbefinden fördernde Suggestionen, wohingegen ein in hypnotischem Verkauf geschulter Vertriebsmitarbeiter selbstdienliche Suggestionen setzen wird[vi]. Die Macht der Suggestion wird in unserem Alltag ständig von Massenmedien und Marketing genützt, um uns alles zu verkaufen; das Spektrum reicht von Krankheit bis hin zu Religion.

Ich werde hier nicht auf die negativen Wirkungen von Suggestionen eingehen, die von externen Quellen dazu genutzt werden, uns unserem Willen nicht entsprechende Glaubenssätze und Werte zu programmieren. Dennoch soll darauf hingewiesen werden, dass Studien belegen, dass das durchschnittliche Individuum innerhalb von einer Minute in einen Alpha-Zustand übergeht, sobald es TV sieht. Dies ist nicht überraschend, denn wir kennen diesen Zustand nur zu gut. Wir betiteln ihn mit „das Hirn auslüften", „in den Narrenkasten schauen" oder einfach nur „abschalten" (welche Ironie, dass wir dazu den Fernseher *an*schalten). Warum tun wir dies? Weil es durchaus positive Wirkung haben kann. Im Alpha-Zustand steigt unser Endorphin-Level. Endorphin ist das körpereigene Opium, was dazu führt, dass sich etwas gut anfühlt – manchmal vielleicht zu gut. Es liegt somit in unserer Entscheidung, wie wir diesen Zustand erreichen wollen und vor allem welchen Einflüssen wir uns dabei aussetzen. Sie können sowohl unser Untergang als auch unser größter Sieg sein.

Der Theta-Zustand wird oftmals mit tiefem Schlaf in Verbindung gebracht oder mit einer besonders tiefen Hypnose, er ist auch als „Somnambulismus" oder „somnambuler Zustand" bekannt. In diesem Zustand wirken Suggestionen nicht unweigerlich besser als im Alpha-Zustand, es tritt jedoch häufig Amnesie, also das Nicht-Erinnern an den Inhalt der Hypnose, auf. Dies liegt daran, dass das letzte Fünkchen Bewusstsein, das im Alpha-Zustand noch als ferner Beobachter anwesend ist, im Theta-Zustand komplett ausgeschaltet ist. Somit wird zwar das Unterbewusste direkt programmiert, im Wachzustand fehlt jedoch jede Erinnerung daran. Dies ist der Hauptgrund, weshalb ich Klienten in Hypnose-Sitzungen einen posthypnotischen Befehl gebe, der wie folgt lautet: „Auch wenn dein Bewusstsein während dieser Sitzung abgedriftet ist, so wirst du dich dennoch an alles, was ich zu dir gesagt habe, erinnern, auch im vollen Wachzustand." So ist für den Klienten sichergestellt, dass der Hypnotiseur auch tatsächlich gearbeitet hat (nach den Vorgaben und Wünschen des Kunden). Mehr zu posthypnotischen Befehlen erfahren Sie in Kapitel 3.

Der Delta-Zustand wird normalerweise als komatöser Zustand bezeichnet. Jahrelang wurde geglaubt, dass die Wahrnehmung nach außen so eingeschränkt wäre, als sei sie gar nicht vorhanden. Demgegenüber bewies Oliver Sacks, dass selbst in diesem Zustand eine gewisse Wahrnehmung vorhanden ist. In seiner Arbeit (nachzulesen unter anderem in seinem Buch *Awakenings*) weckte er (zumindest für kurze Zeit) viele seiner Patienten mit massiven Dosen von Dopaminen auf. Tatsächlich konnten diese Individuen Details zu ihrer Behandlung, dem Krankenhaus, ihrer unmittelbaren Umgebung und so weiter berichten[vii]. Über weitere Begebenheiten des Delta-Zustandes ist wenig bekannt, auf jeden Fall ist auch dies kein Zustand kompletter Bewusstlosigkeit.

**Quelle:** eigene Grafik

Die Grafik oben zeigt, wie Daten von der Umwelt durch unsere fünf Sinne (sehen, hören, riechen, fühlen, schmecken) limitiert werden. Tiere nehmen die Welt anders als wir wahr (Hunde hören besser, Papageien sehen in anderen Farben usw.), was somit bereits die erste Eingrenzung unserer Wahrnehmung der Realität darstellt. Alle aufgenommenen Daten werden sofort und ungefiltert im Unterbewusstsein gespeichert. Diese können wir aber normalerweise nicht bewusst abrufen. Bevor dies geschehen kann und sie zu unserem Bewusstsein gelangen (wo sie zu Informationen werden) geschieht zuerst noch ein weitere Filter-Mechanismus.

Und zwar durch die Glaubenssätze und Werte, die im Rahmen unserer bisherigen Lebenszeit bei uns konditioniert und programmiert wurden. Diese vorbewussten Filter beeinflussen dadurch auch, welche Daten überhaupt erst zu uns durchdringen. Unbewusste Informationen stehen uns laufend zur Verfügung, auch dann, wenn sie im Moment vielleicht nicht bewusst sind. Zum Beispiel können Sie sich daran zurückerinnern, was Sie vor zwei Tagen zum Frühstück gegessen haben (oder dass Sie nicht gefrühstückt haben). Durch Ihren bewussten Fokus haben Sie diese Information aus dem Bewusstsein abgerufen.

Es gibt jedoch auch Informationen und Daten, die uns ebenso wie diese unbewussten Informationen laufend beeinflussen, auf die wir aber bewusst keinen Zugriff haben. Als extremes Beispiel könnte es sich hierbei um ein Trauma aus der Kindheit handeln. Deshalb ist es uns vielleicht nicht möglich, uns für längere Zeit in engen Räumlichkeiten aufzuhalten. Wir sind uns darüber bewusst, dass etwas Schlimmes passiert ist, was zu dieser Einschränkung im Verhalten geführt hat. Wir können aber nicht genau erklären, woran das liegt.

Genau hier kommt die Hypnose ins Spiel: denn durch sie ist es uns möglich, Daten und Informationen des Unterbewusstseins abzurufen, die sonst im Wachzustand nicht zur Verfügung stehen. Ebenso können wir auf dieser Ebene tiefgreifende Veränderungsasarbeit leisten, die sich nachhaltig auf das Verhalten und die Glaubenssätze eines Menschen auswirkt.

## 1.2 Wie wird Hypnose empfunden?

Nahezu jeder, der schon einmal hypnotisiert wurde, wird diesen Zustand der absolut tiefen Entspannung als sehr angenehm beschreiben. Die Empfindungen jedes Einzelnen sind jedoch verschieden. Während es dem einen so vorkommt, als würde er auf einer Wolke schweben, fühlt der andere sich schwer wie ein Stein und meint, in seiner weichen Unterlage zu versinken. Natürlich sind auch die Suggestionen für das jeweilige Gefühl mit ausschlaggebend. Besonders bei Fremdhypnose kann der Hypnotiseur die Stimmung und die Gefühle beträchtlich beeinflussen. Es ist ihm durchaus möglich, beinahe jedes Gefühl hervorzurufen. Natürlich ist es einem Hypnotiseur auch möglich, unangenehme Gefühle zu erzeugen. Leider wird dies sehr häufig gemacht, um z. B. dafür zu sorgen, dass man das Rauchen als Ekel erregend empfindet. Dies ist jedoch absolut kein empfehlenswerter Weg. Unangenehme Gefühle sollten nie suggeriert werden. Ein Klient, der die Hypnose als unangenehm empfunden hat, wird keine große Lust mehr verspüren, sich jemals wieder hypnotisieren zu lassen - auch dann nicht, wenn er durch die Hypnose im Nachhinein durch schlechte Gefühle „bestraft" wird, wie zum Beispiel durch einen Ekel, der aufkommt, wenn er trotz Abgewöhnung wieder raucht. Unangenehme Suggestionen sind selten auf Dauer wirksam, da das Unterbewusstsein das Unangenehme zunehmend abschwächen wird.

Versuche am Wiener Allgemeinen Krankenhaus mittels spezieller EEG-Verfahren zeigten, dass Hypnose es ermöglicht, die Aktivität des Gehirnes auf einen äußerst kleinen Bereich zu beschränken. Die übrigen Zonen sind dabei sehr inaktiv, auch jene, die für die Schmerzverarbeitung zuständig sind.

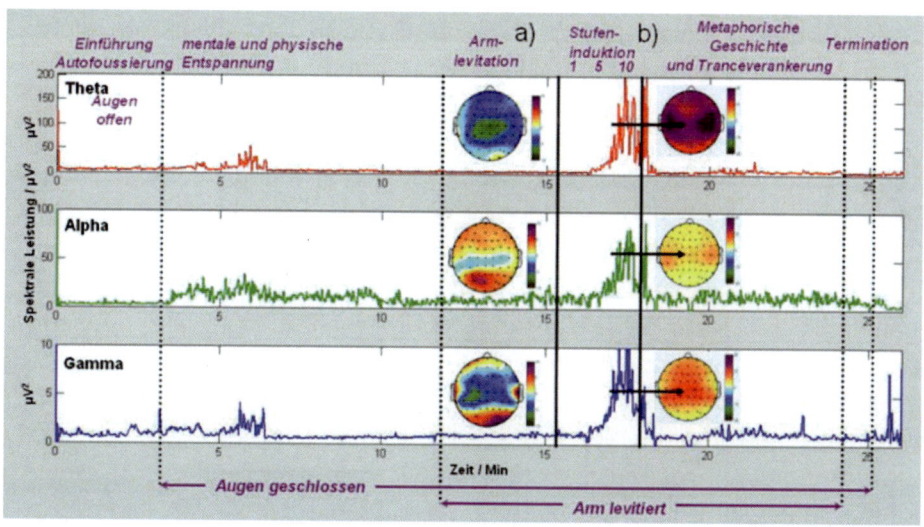

EEG einer hypnotisierten Person im Verlauf einer Arm-Levitation (**Quelle:** s. Fußnote 3)

Zur Abbildung[3]: „Der Zeitgraph stellt die Globale Powerspektrumdichte (PSD) im EEG dar. Sowohl bei der Armlevitation (a) als auch bei der Stufeninduktion (b) wurden Veränderungen im Theta-, Alpha- und Gamma-Band gemessen. Die Farbspektren zeigen signifikante Werte (t-Test) im Bereich von -10 (blau) bis 10 (rot) für die Armlevitationsphase und von -20 bis 20 für die Stufeninduktionsphase.

a: Die Farbspektren der Armlevitationsphase zeigen einen Anstieg (gelb/rot) oder eine Abnahme (blau /grün) der Spektralpower.

b: Die Farbspektren zeigen eine räumliche Verteilung der Aktivität in der letzten Hälfte der Stufeninduktion (Stufe 6 bis Stufe 10) im Vergleich zur Stufe 1 bis Stufe 5."

---

[3] Auszug aus: Hinterberger T, Schoner J, Halsband U (2011): Analysis of electrophysiological state patterns and changes during hypnosis induction. Int J Clin Exp Hypn., 59(2): 165-79.

Nur durch tiefe Meditation können ähnliche Ruhezustände erreicht werden. Im Wachbewusstsein aber, selbst während des Schlafes, steigen Bilder, Erinnerungen und Gedanken auf. In Meditationskursen, beim aus Indien stammenden Pranayama oder beim Autogenen Training wird gelehrt, sich von allen Gedanken zu lösen, dabei jedoch hellwach und konzentriert zu bleiben. Um diesen Zustand zu erreichen, braucht es jedoch viel regelmäßige Übung. Bei Hypnose dagegen stellt sich dieser Zustand automatisch ein und mit dem Gehirn kommt auch der ganze Organismus zur Ruhe - der gesamte Körper läuft, vom Hypnotiseur unterstützt, auf Sparflamme.

Die Atmung wird regelmäßiger und verlangsamt sich, Herzfrequenz und Blutdruck sinken ebenfalls. Andere, gut erforschte physiologische Veränderungen sind die Erniedrigung der allgemeinen Muskelspannung, eine Abnahme des Stresshormonspiegels, Veränderungen im Blutbild sowie eine geringere Aktivierbarkeit von Reflexen. Hypnose ist dadurch auch in der Lage, physiologische Stressreaktionen zu beeinflussen, wodurch sie eine wirksame Behandlung bei Erkrankungen darstellt, die durch psychische Belastung verursacht oder beeinflusst werden.

Des Weiteren haben Halsband & Hinterberger (2010) und Hinterberger et al. (2011) mittels eines 64 Kanal-EEGs die hirnphysiologischen Veränderungen während einer hypnotischen Tranceinduktion systematisch analysiert[4].

Die auffälligsten Veränderungen waren elektrophysiologisch in einer tiefen Hypnose (Stufeninduktion 6-10) und bei der Armlevitation nachweisbar (Abbildung 1).

---

[4] Die folgenden 5 Absätze durfte ich (ebenso wie die beiden Grafiken mit Verweis auf Fußnote 3) mit freundlicher Genehmigung von Frau Univ.-Prof. Dr. Ulrike Halsband (D. Phil., Oxon) abdrucken. Sie lehrt Neuropsychologie (Department Psychology) an der Universität Freiburg.

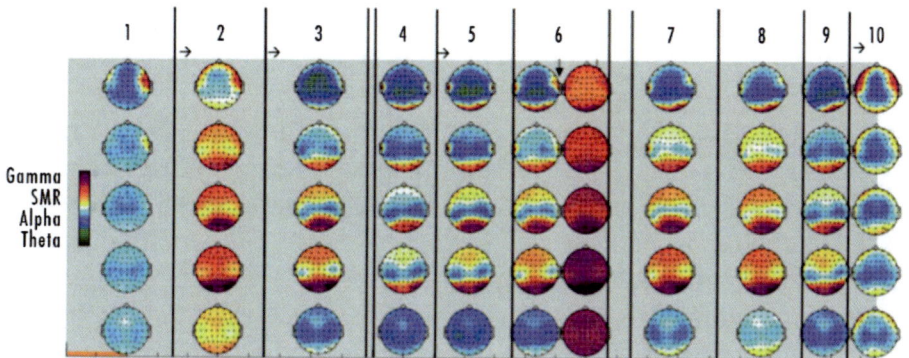

Spektogramm der EEG Aktivitäten in fünf unterschiedlichen Frequenzbändern während einer hypnotischen Induktion (**Quelle:** s. Fußnote 3)

1 Induktion. Autofokussierung, Augen geöffnet
2 Verankerung der hypnotischen Induktion, Augen geschlossen
3 Instruktionen zur mentalen und physischen Entspannung
4 Induktion der Armlevitation
5 Ausführung der Armlevitation
6 Stufeninduktion: Links: Stufen 1 – 5, Rechts: Stufen 6 – 10
7 Metaphorische Adlergeschichte
8 Verankerung der Trance
9 Ende der Armlevitation
10 Ausleitung, Augen geöffnet

*(SMR = sensory motor rhythm)*

Wie aus der Abbildung oben ersichtlich, konnte während der letzten Hälfte der Stufeninduktionsphase ein hoch signifikanter Anstieg in allen Frequenzbändern beobachtet werden. Im Theta-Band ($t > 10{,}0$, $p < 0{,}001$) wurde ein starker globaler Anstieg gemessen, speziell bilateral in den sensomotorischen Arealen. Im Alpha-Band war der Anstieg weniger stark ausgeprägt ($t > 3$, $p < 0{,}002$ für sensomotorische Areale), aber signifikant mit einer stärkeren Aktivierung in bilateralen sensomotorischen Bereichen. Innerhalb des Gamma Bandes konnten die stärksten Aktivierungen in parietalen, zentralen und frontalen Hirnregionen (t > 4, p < 0,001 für zentrale Bereiche) gemessen werden.

Diese Ergebnisse sind in Übereinstimmung mit der EEG-Studie von Katayama und Kollegen (2007), die ebenfalls über unterschiedliche Aktivierungen in einer tiefen im Vergleich zu einer leichten Hypnose berichteten. Interessanterweise zeigten sich in unserer Studie Erhöhungen in der Aktivität innerhalb der sensomotorischen Areale in allen drei untersuchten Frequenzbändern (Alpha, Gamma und Theta). Der Proband berichtete, dass er sich nicht nur eine Steintreppe bildhaft vorgestellt habe, sondern auch in seiner Vorstellung auf dieser Stufe um Stufe nach unten gegangen sei. Es handelt sich hierbei somit um eine Interaktion einer suggerierten Bewegung (Treppen nach unten gehen) und einer bildhaften Vorstellung der Treppe. Hier sei auf die interessante Studie von Konradt et al. (2003) verwiesen. Die Probanden sollten in Hypnose in ihrer Vorstellung ein Tor durchschreiten (Suggestionen wurden mit unterschiedlichen Instruktionen über die mentale Entfernung des Toreingangs durchgeführt). Interessanterweise benötigten die Versuchspersonen mehr Zeit in ihrer Vorstellung ein weiter entferntes Tor zu durchschreiten, als ein nahes Tor zu durchqueren. Das bedeutet, dass in Hypnose eine vorgestellte Bewegung wie ein „reales" Bewegungsmuster eingestuft und als wahr und wirklich erlebt wird.

Bei der Armlevitation konnten signifikante Abnahmen im Theta-Band festgestellt werden. Am stärksten traten diese in zentralen Bereichen (t < -5, p < 0,001) auf. Die Leistung im Alpha-Band stieg im occipitalen und parietalen Cortex signifikant stärker an als in frontalen Arealen (occipital t > 4, p < 0,001). Im Gegenteil dazu konnte in zentralen Bereichen, wie z.B. in sensomotorischen Regionen, ein Trend zu einer Abnahme der PSD im Alpha-Band gezeigt werden. Diese Aktivitätsabnahme tritt im Bereich der Arm- und Handareale der rechten und linken Hemisphäre auf und war noch deutlicher im hier nicht dargestellten Bereich von 12-16 Hz des sensomotorischen Rhythmus (SMR) zu sehen (t < -3, p < 0,001). Die Gamma-Leistung stieg signifikant in occipitalen und temporalen

Arealen an (t > 4, p < 0,001). Im Gegensatz dazu konnte in zentralen Arealen (t > -3, p < 0,002) eine starke Abnahme der PSD im Gamma-Band gemessen werden. Bei der Armlevitation wurde die suggerierte Bewegung als fremdkontrolliert wahrgenommen. Dieses ist im Einklang mit früheren Untersuchungen, die zeigten, dass die hypnotische Armlevitation einem externen Ursprung zugeordnet wird (Blakemore et al. 2003; Heap & Aravind 2002; Oakley 1999; Raz & Shapiro 2002).

Somit ist Hypnose ein wunderbarer, überhaupt nicht willenloser Zustand, unbeschwert, leicht und wissenschaftlich mehrfach belegt. Keine Überraschung mehr, gibt es an der medizinischen Universität Wien schon längst Vertiefungskurse zum Thema[5].

Probleme, Alltagssorgen und Schmerzen können einmal in den Hintergrund treten und die Psyche wird flexibler. All dies stellt eine gute therapeutische Basis zur Behandlung von Krankheiten und unerwünschten Verhaltensweisen dar oder dient einfach nur einer tiefen Entspannung im Alltagsstress.

---

[5] Vgl. http://www.meduniwien.ac.at/homepage/content/studium-lehre/weiterbildung/universitaetslehrgaenge/medizinische-hypnose & http://www.meduniwien.ac.at/typo3/?id=2631 (Stand: 2014-05-15)

## 1.3 Die Geschichte der Hypnose

Im Gegensatz zum angloamerikanischen Sprachraum ist die wissenschaftliche Literatur[viii] zur Hypnose und deren Anwendung in Europa, insbesondere in den deutschsprachigen Ländern, lange übersehen worden. Das hat historische Gründe, ist aber bedauerlich, da die Hypnose gerade in Europa eine lange Tradition als medizinisches und psychotherapeutisches Heilverfahren hat. Der folgende Text ist stark an die exzellente Recherche von Dr. Dirk Revenstorf, Professor für Psychologie des psychologischen Instituts der Universität Tübingen angelehnt (1993).

Als erste Ära der Hypnose dürfen die alten hinduistischen Meditationspraktiken der Fakire und Yogis gelten, die bis ins 2. vorchristliche Jahrtausend zurückverfolgt werden können. Das bis heute verbreitete Yoga hat in der Induktion und dem Zielzustand des ungetrübten Bewusstseins (Trance) starke Ähnlichkeit mit der Hypnose. Aus dem antiken Ägypten gilt der Papyrus Eber (circa 1500 v. Chr.) als ältestes schriftliches Zeugnis für hypnotische Induktionstexte. Der Tempelschlaf aus Ägypten (Isis- und Serapis-Kulte) und Griechenland (Asklepius-Kult) wurde als rituelle Induktion des Orakels benützt (etwa 500 v. Chr.) und diente neben der Heilung hellseherischen Zwecken. Die keltischen Druiden im ersten vorchristlichen Jahrtausend verwendeten reimende Gesänge, um Medien in einen Schlaf mit hellseherischen Träumen zu versetzen. Mittels Handauflegens, das schon im Alten Testament bei König David vorkommt, heilten Jesus und seine Jünger, häufig verbunden mit Augenfixation (Petrus, Paulus). Diese Praktiken wurden auch schon in den ägyptischen Papyri beschrieben. Ähnlich verfuhren im Mittelalter viele kirchliche Würdenträger und weltliche Fürsten zum Teil in Massenzeremonien. Häufig spielen bei den Vorläufern der Hypnose bestimmte Körperhaltungen (liegend, kniend, Lotussitz und andere) und zeremonielle Instruktionen eine Rolle. Seit der Antike bis ins Mittelalter wurde die heilende Wirkung der hypnoseähnlichen Anwendungen im Allgemeinen einer übermenschlichen Kraft zugeschrieben (zum Beispiel bestimmten Göttern oder Halbgöttern) – meist vermittelt durch menschliche Medien. Aus dieser langen Tradition hypnotischer Praktiken wird klar, dass es schon immer Riten gegeben hat, die Menschen in die Lage versetzen, innerhalb physiologischer Grenzen, die im Allgemeinen als solche nicht bewusst wahrgenommenen psychologischen Grenzen des Denkens und körperlicher Reaktionen zu überschreiten. Derartige psychologische Grenzen können durch Glaubenssätze oder durch soziale Normen und Kontextbedingungen bestimmt sein. Erst mit dem Aufklärer Mesmer (1734–1815) wird die Hypnose endgültig des mystisch-religiösen Charakters entkleidet, indem Mesmer die exorzistischen Heilungen des Paters Gassner als natürlich erklärt. Damit setzt die zweite Ära der Hypnose ein, in der sie nicht mehr als spirituelle, sondern als natürliche Kraft gedeutet, aber außerhalb des Menschen lokalisiert wird. Seit der Zeit des Paracelsus (1493–1541) sind Kuren körperlicher Leiden durch Handauflegen oder ähnliche Behandlungstechniken (Streichungen) schon als Magnetisierung gedeutet worden, die Mesmer später als animalisch statt mineralisch charakterisierte. Mesmers Versuch der wissenschaftlichen Akkreditierung der Hypnose durch die Akademie der Wissenschaften in Paris (1784) misslang. Seine hypnotischen Kuren hatten das Aussehen hysterischer Krisen. Er führte seine Behandlungen oft als Gruppensitzungen durch und kann daher als erster Gruppenpsychotherapeut angesehen werden. Seit der Mitte des letzten Jahrhunderts wird in der dritten Hypnose-Ära die Annahme einer Kraft fallen gelassen, die außerhalb des Patienten zu suchen sei. Dennoch wurde die Hypnose – so benannt von Braid (1795–1860) – als abnormes Phänomen betrachtet. Er geht von physiologischen Veränderungen aus, die er zunächst als Schlaf beschrieb („Hypnose"), der durch die Monotonie der Fixation herbeigeführt wird. Von englischen und schottischen Ärzten wird die Hypnose in dieser Zeit erfolgreich zur Analgesie bei chirurgischen Eingriffen eingesetzt. Esdaile (1808–1859) beschrieb über 300 schmerzfrei durchgeführte und gut verheilende Amputationen unter Hypnose. Die analgetische Verwendung der

Hypnose verschwand weitgehend mit der Einführung der Betäubungsmittel Äther, Chloroform und Lachgas um 1850. Von dem Neurologen Charcot und seinen Schülern (u. a. Janet und Freud) wurde sie Ende des Jahrhunderts als psychiatrisches Phänomen wieder aufgegriffen. Charcot etwa betrachtete den hypnotischen Zustand als künstlich herbeigeführte Neurose.

In der vierten Ära seit Ende des letzten Jahrhunderts wurde die Hypnose von Liebeault (1823–1904) und Bernheim (1840–1919) in Nancy als normalpsychologisches Phänomen erkannt, das auf Suggestion beruht. Daran knüpft die heutige Auffassung der Hypnose an: Voraussetzung ist die Fähigkeit des Individuums, die Fremdsuggestionen in Autosuggestionen und lebhafte Vorstellung umzusetzen. Diese Interpretation der Hypnose als im Wesentlichen innerpsychisches Geschehen steht im Gegensatz zur älteren Auffassung von einer heteronomen Einwirkung spiritueller (Antike), magnetischer (Mesmer) oder psychologischer Natur. Die Tradition der beiden französischen Schulen (Charcot in Paris und Bernheim in Nancy) wurde im deutschsprachigen Raum von zahlreichen bekannten Psychiatern und Neurologen weitergeführt. In Zürich von Forel (1848–1930) und dessen Nachfolger Bleuler (1857–1939), von Benedikt (1835–1920) und seinen Nachfolgern Krafft-Ebing (1840– 1903), Wagner-Jauregg (1957–1940) und später Hoff und Berner in Wien; in Jena von Heidenheim (1843–1897), dessen Schüler Pavlow (1849–1936) und Vogt (1870–1959) waren. Vogt gründete später in Berlin ein eigenes Institut und führte unter anderem die Fraktionierungstechnik ein. Freud (1856–1939) interessierte sich zunächst sowohl für die Auffassung von Charcot als auch für die von Bernheim, verwarf die Hypnose später jedoch, weil er sie nicht für zuverlässig genug hielt und hat so vermutlich zum Rückgang dieses Verfahrens in der ersten Hälfte des 20. Jahrhunderts beigetragen. Sie lebte als Heilverfahren in der reduzierten Form des autogenen Trainings, als Selbsthypnose mit formelhaftem Inhalt und als gestufte Aktivhypnose weiter. Seit den dreißiger Jahren entwickelte sich an den Universitäten eine experimentelle Hypnoseforschung, die sich mit der

Standardisierung der Phänomene und der psychometrischen Erfassung der Suggestibilität befasst. In neuerer Zeit sind besonders die Notwendigkeit formeller Induktion und die spezifische Qualität des durch Hypnose herbeigeführten Zustandes durch Autoren wie Sarbin, Barber und Spanos experimentell untersucht worden. Diese Autoren betonen den sozialpsychologischen Aspekt der Kooperation bei den hypnotischen Phänomenen. Autoren wie Hilgard oder Orne dagegen versuchen, die These vom hypnotischen Sonderzustand experimentell zu stützen.

Schon nach dem Ersten Weltkrieg setzte eine Entwicklung ein, Hypnose zur Behebung funktioneller Störungen, amnestischer Erscheinungen und posttraumatischer Neurosen zu verwenden. Seit etwa 1950 gewinnt die Hypnose zunehmend an klinischer Bedeutung, indem sie bei Verhaltensproblemen, Neurosen und psychosomatischen Erkrankungen und in der Medizin erfolgreich angewendet wird. Einen wesentlichen Anteil hieran hatte Erickson (1901–1980), der eine große Vielfalt von hypnotischen und damit verknüpften allgemeinen psychotherapeutischen Vorgehensweisen in den unterschiedlichsten klinischen Bereichen einführte. Er gründete die American Society of Clinical Hypnosis (ASCH) und das international führende Journal auf diesem Gebiet (American Journal of Clinical Hypnosis). Die von ihm entwickelte Hypnotherapie ist von zahlreichen Autoren zusammenfassend dargestellt und konsolidiert worden, unter anderem auch von Bandler und Grinder, die seine Fähigkeiten mit dem „Milton-Modell" in das NLP integrierten. Diese durch Erickson eingeleitete Erneuerung könnte man als fünfte Ära der Hypnotherapie bezeichnen.

Die Bemühungen um eine wissenschaftliche Fundierung der Hypnose in Europa sind also schon mindestens 200 Jahre alt. Die Grundlagenforschung wie auch der Ausbau als klinisches Heilverfahren sind in den letzten Jahrzehnten jedoch verstärkt in den angloamerikanischen Ländern vorangetrieben worden. Die Ergebnisse werden jetzt zunehmend in Europa rezipiert. Das vorliegende Buch soll an diese wissenschaftlichen Studien anknüpfen und als Ergänzung aus der Praxis dienen, was weitere Einblicke in die Empirie der Hypnose ermöglicht.

## 1.4 Die Aufgaben unseres Unterbewusstseins

In unserem Unterbewussten liegen unendlich viele Talente und Ressourcen verborgen. Nur einen Bruchteil davon nutzen wir bewusst. In Trance (dem Alpha-Zustand) ist es sehr einfach, diese Ressourcen zu aktivieren. Um in diesen Zustand gewollt zu kommen, ist Hypnose eines der effektivsten Werkzeuge. Neben diesem Potential hat das Unterbewusstsein weitere wichtige Funktionen[ix]:

- Körperfunktionen erhalten

Die Basis unseres Überlebens, Kreislauf, Atmung, Körpertemperatur, jegliche Aktion in unserem Bewegungsapparat und viele andere Beispiele zeigen sehr schnell auf, dass unser Unterbewusstsein hier eine wichtige Rolle einnimmt. All diese Funktionen gleichzeitig zu überwachen und steuern, würde unseren bewussten Verstand schlichtweg überfordern. Ebenso schützt uns unser Unterbewusstsein vor Gefahren, indem es bei dem ersten Anzeichen von Gefahr blitzschnell reagiert und das Blut in unsere Beine schießen lässt, damit wir, sollte sich der Verdacht bestätigen, sofort flüchten können.

- Emotionaler Schutz

Aber auch vor emotionalen Angriffen werden wir geschützt, was vor allem in Konditionierung und unseren vorbewussten Filtern zum Tragen kommt, sich aber auch in tiefer verankerten Verhaltensmustern äußern kann. Dies ist einer der Gründe, weshalb manche Menschen Angst vor bestimmten Situationen haben wie beispielsweise vor größeren Gruppen Vorträge zu halten oder eine Prüfung zu schreiben.

- Emotionen steuern

Gerade unsere Emotionen sind unbewusste Reaktionen, was bedeutet: Sie laufen automatisch ab, ohne dass wir darauf bewusst Einfluss nehmen können. Dennoch leiten emotionale Zustände ineinander über und die Reihenfolge und Art der Überleitung lässt sich sehr wohl und gerade mit Hypnose leicht verändern.

- Wissensdatenbank

Jede Erfahrung unseres Lebens ist in unserem Unterbewusstsein gespeichert. Je intensiver die emotionale Komponente dabei ist, desto leichter abrufbar ist die Erinnerung. Es kann jedoch vorkommen, dass der emotionale Faktor so stark ist (sowohl positiv als auch negativ), dass die Erinnerung für den bewussten Zugriff gesperrt wird. Sie bleibt jedoch im Unterbewusstsein verankert und bestimmt weiter unser Denken und Handeln, oftmals behindern uns jene negativen Erfahrungen am meisten, an die wir uns gar nicht mehr erinnern können. Hypnose ist ein effektiver Zugang zu diesen verborgenen Situationen, die dann positiv neu bewertet werden können, um negative Glaubenssätze aufzulösen oder ins Positive zu kehren. Ob man in Hypnose war oder nicht, ist oftmals nur schwer festzustellen. Tatsächlich befinden wir uns die meiste Zeit des Tages in einem mal stärkeren, mal schwächeren Alpha-Zustand der leichten Trance. Oftmals ertappt man sich erst nach diesem Zustand dabei, wenn man wieder ins volle Wachbewusstsein zurückkehrt, beispielsweise aus einem Tagtraum *aufwacht*. Einige wesentliche Merkmale der Trance sollen hier erwähnt werden.

- Zeitverzerrung

In Trance erleben wir die Zeit anders als im Wachzustand, sie kann sich verkürzen oder ausdehnen. Durch die Mischung aus physischer Entspannung und mentalem Abdriften verliert sich das Gefühl für Raum und Zeit.

- Amnesie

Nach einem tiefen Schlaf ist es uns nur selten möglich, uns an den Inhalt des Traums zu erinnern. Dies ist auch bei tiefer Trance (Somnambulismus) der Fall. Wir können nicht mehr bewusst auf die Geschehnisse zugreifen, sie bleiben jedoch unbewusst gespeichert und lassen sich in Hypnose wieder abrufen.

## 1.5 Rechtliche Bestimmungen

Abschließend möchte ich noch auf die rechtliche Behandlung von Hypnose hinweisen, die leider einerseits relativ undurchsichtig und andererseits je nach Land, teilweise sogar Bundesland, verschieden ist. Die Rahmenbedingungen richten sich meist nach dem Themengebiet der Anwendung und wer die Hypnose durchführt. So ist es einem Menschen ohne therapeutische Ausbildung durchaus gestattet, Gewichtsreduktion oder Raucherentwöhnung anzubieten, jedoch nicht Schlafstörungen oder Allergien. Im Zweifelsfall sollte stets ein behandelnder Arzt zu Rate gezogen werden und die Hypnose in Absprache, gegebenfalls unter dessen Supervision, durchgeführt werden. In Österreich etwa ist seit Juli 2014 auch großteils die präventive Arbeit nur noch Medizinern und Gesundheitspsychologen vorbehalten. Im relevanten Gesetzestext[6] heißt es dazu u.a.:

> *(...) gesundheitspsychologische Maßnahmen bei Personen aller Altersstufen und Gruppen in Bezug auf Gesundheitsverhalten, insbesondere im Hinblick auf gesundheitsbezogenes Risikoverhalten wie Ernährung, Bewegung, Rauchen, einschließlich Beratung in Bezug auf die Förderung und Aufrechterhaltung der Gesundheit sowie die Vermeidung von Gesundheitsrisiken unter Berücksichtigung der Lebens-, Freizeit- und Arbeitswelt (...) ist den Gesundheitspsychologinnen und Gesundheitspsychologen vorbehalten.*

---

[6] Link zum aktuellen Gesetz: http://www.parlament.gv.at/PAKT/VHG/BR/I-BR/I-BR_09041/fname_314239.pdf (Stand: 2014-05-11)

In Deutschland und der Schweiz ist die Arbeit mit diversen Themen hingegen auch ohne Heilerlaubnis möglich. Hiefür soll die folgende Tabelle zur groben Unterteilung dienen[x]:

| Ohne Heilerlaubnis (Hypno-Coaches, Lebensberater etc.) |
|---|
| Lösung sämtlicher seelischer und geistiger Blockaden |
| Raucherentwöhnung |
| Gewichtsreduktion |
| Aufschieberitis – das Hinauszögern von Erledigungen |
| Stärkung des Selbstbewusstseins |
| Unterstützung beim Zahnarztbesuch |
| Nägel kauen |
| Reden halten |
| Leistungssteigerung im Berufs- und Privatleben |
| Prüfungsvorbereitung (Führerschein, Examen, Abitur etc.) |
| Flugvorbereitung |
| Wellness-Hypnose |
| Stress-Abbau bzw. Burn-Out-Prävention |
| Ego-Stärkung, Persönlichkeitsentwicklung |
| Mentaltraining und Leistungssteigerung |
| Wettkampfvorbereitung für Sportler |
| Versteckte Potentiale finden und entwickeln |
| Allgemeine Gesundheitsprävention |
| Stärkung des Immunsystems |
| Kommunikationstraining |
| Geburtsvorbereitung |
| Trauerbegleitung |
| Rückführung und Regression |
| Unsicherheit, Schüchternheit, Hemmungen u.v.a. |
| Hilfe bei Gedächtnis- und Konzentrationsschwäche |
| Hilfe gegen Stottern |
| Hilfe bei Tinnitus (Ausfiltern der Geräusche) |

| Ausschließlich mit Heilerlaubnis |
|---|
| Schmerzen, körperliche Symptome |
| Depressionen |
| Ängste (Flugangst, Prüfungsangst,…) |
| Zwänge |
| Phobien |
| Allergien |
| Schlafstörungen |
| Persönlichkeitsstörungen |
| Abhängigkeiten und Süchte |
| Migräne oder Monatsbeschwerden, Phantomschmerzen |

| Nur in Absprache mit einem Arzt |
|---|
| Wahnvorstellungen |
| Geisteskrankheiten |
| Starker Medikamenteneinfluss |
| Psychosen |
| Suizidgefahr |
| Klinische Depressionen |
| Schizophrenie |
| Sonstige Ich-Störungen |

## 1.6 Zusammenfassung

In diesem Kapitel wurde gezeigt, wie unsere Wahrnehmung durch Filter beeinflusst wird. Dieser vorbewusste Selektionsmechanismus unterstützt uns beim Zurechtfinden in der Welt, kann jedoch auch negative Auswirkungen auf unser Denken und Handeln haben. Diese Filter gründen in unserer Programmierung, sei dies nun angeboren, erlernt oder imaginiert. Wir unterscheiden vier Stufen der Wahrnehmung, die sich nach den Gehirnwellenzyklen ausrichten. Im Beta-Zustand sind wir „normal" wach, im Alpha- in einem leichten, für Suggestionen sehr empfänglichen Trance-Zustand. Im Theta-Zustand befinden wir uns in tiefer Trance oder tiefem Schlaf, oft fehlt hiernach die Erinnerung an das in der Trance Programmierte, wobei das Unterbewusstsein weiterhin darauf zugreifen kann. Komatöse Zustände fallen in den Delta-Bereich, doch auch hier ist keine komplette Bewusstlosigkeit feststellbar. Die Geschichte der Hypnose geht bis an die Anfänge der menschlichen Existenz zurück, da dieser Zustand evolutionär nötig (Reaktionszeit, Aufnahmefähigkeit usw.) und sinnvoll ist. Während er über die Historie für diverse Zwecke, sei es nun medizinisch oder zur Unterhaltung eingesetzt wurde, so wird heute vor allem in der Werbung in diesem Feld geforscht, aber auch (Anti-)Spionagedienste greifen immer wieder auf das Wissen der Hypnose zurück. Aber auch der Einsatz der Hypnose zur spirituellen Entwicklung, besonders mittels der Reinkarnationstherapie, erfreut sich immer größerer Beliebtheit. Mit Hypnose ist es uns möglich, dem Unbewussten Suggestionen, also Wünsche, in speziell formulierter Form zu geben, die im Unterbewusstsein verankert werden. Dadurch werden unsere künftigen Denk- und Verhaltensmuster beeinflusst und verändert. Von einem gut ausgebildeten Hypnotiseur werden stets nur positive Suggestionen gegeben, die den Wünschen des Klienten entsprechen und zu dessen Zielerreichung beitragen. Abschließend wurde geklärt, welche Aufgaben unser Unterbewusstsein übernimmt und unter welchen rechtlichen Voraussetzungen Hypnose anwendbar ist und in welchen Fällen davon abzusehen ist.

# *KAPITEL 2: VORAUSSETZUNGEN*

Um Menschen in Hypnose zu führen (Hypnose „induzieren" oder einleiten), ist die wichtigste Voraussetzung einerseits der Wille des Klienten sich hypnotisieren zu lassen und andererseits das Vertrauen zum Hypnotiseur (bekannt aus dem NLP als „Rapport"). Deshalb soll in diesem Kapitel zuallererst auf den empathischen Umgang mit dem Klienten eingegangen werden, bevor die einzelnen Varianten einer möglichen Hypnoseinduktion vorgestellt werden. Die beliebteste ist hierbei die verbale Induktion, bekannt aus Gesprächshypnose (Stichwort Milton Erickson, deshalb oft auch als „Ericksonsche Hypnose" bezeichnet) und der Showhypnose, weil sie oft für Gruppentrancen eingesetzt wird. Eine weitere sehr bekannte Induktionsvariante ist die Fixationsmethode, bei der die bewusste Wahrnehmung auf einen Punkt gerichtet wird, um Zugriff auf das Unbewusste zu erhalten. Nachdem der Zugriff hergestellt worden ist, wird das Bewusstsein schnell und damit meist ohne dass es der Klient bewusst wahrnehmen kann, ausgeschaltet. Das Wichtigste an einer guten Hypnose ist jedoch nicht die Induktion, sondern die sorgfältige Auflösung, also das geführte Wieder-Erwachen des Klienten aus der Trance. Hierbei soll auch auf mögliche Komplikationen eingegangen werden, um eine bestmögliche Auflösung zu ermöglichen.

Wie bereits im Vorwort erwähnt, ist die Technik des Hypnotisierens nicht sehr schwer zu erlernen. Wesentlich schwieriger ist das Abschätzen und Erkennen von Gefahren. Es ist jedoch ein absolutes Muss für jeden angehenden Hypnotiseur, darüber genauestens Bescheid zu wissen. Neben ein wenig Intelligenz braucht ein guter Hypnotiseur auch ein sehr hohes Verantwortungsbewusstsein. Er muss sich darüber im Klaren sein, dass er für alle seine Suggestionen die absolute Verantwortung übernehmen muss. Fehlerhafte oder nicht sorgfältig durchdachte Suggestionen können - besonders in tiefer Trance - fatale Folgen haben.

Der Hypnotiseur muss die Reaktionen seiner Klienten gut abschätzen können. Eine gute Menschenkenntnis ist daher von Vorteil. Will sich der Hypnotiseur später einmal mit Lebensberatung befassen, so ist es wichtig, auch sehr einfühlsam zu sein. Weiterhin gehört es zur Aufgabe des Hypnotiseurs, in einem Vorgespräch eventuelle Bedenken und Erwartungshaltungen des Klienten zu erkennen und abzubauen. Ist der Klient nervös, so hat er Mühe, sich zu entspannen und zu konzentrieren. Dies kann eine Trance erschweren. Aus diesem Grunde sollte eine Hypnose in einer vertrauensvollen und ruhigen Atmosphäre ablaufen, damit solche Probleme leicht ausgeglichen werden können. Besonders Probanden, die zum ersten Mal hypnotisiert werden, haben oft bestimmte Erwartungen. Außerdem sind sie aus Neugierde oft bestrebt, den Übergang in die Hypnose bewusst erfühlen zu wollen. Beides bewirkt, dass das Bewusstsein erhöht aufmerksam ist - also genau das Gegenteil dessen, was man für eine gute Induktion (Hypnoseeinleitung) benötigt. Um eine Hypnose erfolgreich einleiten zu können, ist es erforderlich, das Bewusstsein beiseite zu schieben. Aber auch Nervosität und Unsicherheit des Hypnotiseurs behindern unter Umständen eine reibungslose Einleitung. Die Unsicherheit des Hypnotiseurs wird häufig auf den Probanden übertragen. Dem Hypnotiseur nahe stehende Personen sind häufig wesentlich schwieriger in Trance zu bringen. Aus diesem Grund sollte man - besonders als Anfänger - erst mit ausreichender Erfahrung solche Personen hypnotisieren. Zwar vertrauen einem nahe stehende Personen durchaus, aber sie zweifeln gegebenenfalls an der neu erworbenen Fähigkeit. Wenn eine Hypnose aus diesem Grund nicht funktioniert, kann es dazu führen, dass der Hypnotiseur an sich selbst zu zweifeln beginnt. Es versteht sich von selbst, dass Kinder nur mit Einwilligung ihrer Eltern hypnotisiert werden dürfen.

Dr. Revenstorf[xi] schreibt in seiner Zusammenfassung aus „Hypnose und Hypnotherapie" (1993): „Hypnose gilt als ältestes Verfahren mit medizinischer, psychotherapeutischer und psychosomatischer Tradition. Die mit ihrer Hilfe induzierte Trance kann als Bewusstseinszustand mit vermehrter psychosomatischer Durchlässigkeit und kognitiver Flexibilität betrachtet werden (verbesserte Vorstellung, Assoziations-

und Dissoziationsfähigkeit, Wahrnehmungs- und Zeitverzerrung u.a.).

Hypnose umfasst als Sonderform solche Verfahren wie Meditation, autogenes Training, Entspannung und Ähnliches. Die Erklärung der Hypnose und ihrer Erscheinungen stützt sich auf verschiedene Forschungsbereiche der Wahrnehmungs- und Kognitionspsychologie (subliminale Wahrnehmung), der Sozialpsychologie und Psychophysiologie. Es sind zahlreiche Auswirkungen des hypnotischen Zustandes auf physiologische Korrelate nachgewiesen: hirnphysiologisch (Durchblutung, Theta-Aktivität, evozierte Potentiale), endokrinologisch (Stresshormone), immunologisch (Leukozytenmobilität, bessere Wundheilung), zentralnervös (Tonusveränderung), vegetativ (trophotrope Umstellung). Diese Veränderungen haben erhebliche Bedeutung für die klinischen Anwendungen der Hypnose im Bereich der Schmerz-, Angst- und Stressbewältigung, der Behandlung allergischer Reaktionen und für die Wundheilung.

Bei der zeitgenössischen Hypnotherapie stehen nicht die Suggestibilität des Klienten und die Fremdbestimmtheit hypnotischer Behandlung im Vordergrund, sondern die veränderte Informationsverarbeitung unter Trancebedingungen. Daraus leitet sich eine Reihe von Therapieprinzipien ab, die zum großen Teil auf Erickson zurückgehen. In der Hypnotherapie wird der Klient angeleitet, eigene Ressourcen so zu nutzen, dass er Verhaltensmuster verändern kann, defizitäre oder traumatische Erfahrungen ebenso wie Schmerzen verschiedener Art verändert wahrnimmt und psychophysiologische Prozesse anregt, die eine somatische Heilung unterstützen. Die Wirksamkeit der Hypnotherapie ist in zahlreichen kontrollierten Untersuchungen nachgewiesen. Hier wurden 74 experimentelle Gruppenstudien mit insgesamt über 5000 Klienten zusammengetragen. Damit ist der empirische Status dieses Verfahrens im Bereich der Psychotherapie mit dem anderer anerkannter Methoden durchaus vergleichbar. Als primäre therapeutische Methode hat die Hypnotherapie außer bei einigen speziellen Erkrankungen (zum Beispiel Warzen) einen definitiven Platz in der Behandlung von

Angststörungen und posttraumatischen Reaktionen. Hier ist auch die Einbeziehung psychodynamischer Aspekte sinnvoll.

Hypnose ist in vielen Bereichen als Ergänzung zu medizinischen und psychotherapeutischen Behandlungsformen einzusetzen. Solche Bereiche sind etwa Wundheilung, Schmerzbewältigung in Chirurgie, Geburtshilfe, Zahnheilkunde, die Tumorbehandlung und die Behandlung chronischer Schmerzen. Bei vielen psychosomatischen Störungen (bestimmten Dermatosen, allergischen Reaktionen oder ulcerösen Erkrankungen) hat die Hypnose sich unterstützend als nützlich erwiesen. Bei einer Reihe von Verhaltensproblemen (Rauchen, Übergewicht und Ähnlichem) hat sich die Kombination mit verhaltenstherapeutischen Interventionen bewährt. (...) „**Hypnotherapie hat bei relativ breiter theoretischer Anbindung an die allgemeine Psychologie und Psychophysiologie aufgrund der technischen Vielfalt und der empirischen Validität gute Voraussetzungen zu einer Therapieform sui generis.**"

## 2.1 Rapport

Unter Rapport[xii] versteht man eine gemeinsame Basis des Vertrauens und der Sympathie. Diese entsteht besonders schnell, wenn zwei Menschen aufeinander treffen, die eine ähnliche Art zu kommunizieren haben. Dadurch ergibt sich eine klare Hierarchie (je nach Gesprächsrichtung), mit der auch beide zufrieden sind. Natürlich können beide gleichberechtigt sein, meist übernimmt jedoch der die Führung, der den höheren Status hat. Status ist etwas Dynamisches, er verändert sich und gleicht sich im Laufe der Unterhaltung an. Unsere Kommunikation wird also essentiell von den nonverbalen Signalen bestimmt, die wir völlig unbewusst senden. Um die Kommunikation wertvoller und gelungener zu gestalten, empfiehlt sich eine Selbstreflexion, am besten kombiniert mit professionellem Feedback durch einen ausgebildeten Trainer oder Coach. Rapport erkennt man daran, dass eine Gleichheit der Körperhaltung und im Verhalten besteht. Paare oder Freunde gehen beispielsweise im Gleichschritt und wenn der eine zum Glas greift, trinkt der andere auch einen Schluck, obwohl er gar keinen Durst hat. Je besser sich zwei Menschen verstehen, desto ähnlicher wird auch ihre Körpersprache. Entweder passt sich einer an sein Gegenüber an (jener mit Hochstatus) und lässt sich führen, oder beide nähern sich gegenseitig an. Der Prozess dieser Angleichung wird als **spiegeln** oder **„pacing und leading"** bezeichnet. Im Englischen bedeutet „to **pace**" im gleichen Schritt gehen. Rapport entspringt dem NLP (Neurolinguistisches Programmieren) und beschreibt Pacing als Prozess des sich Angleichens, des Spiegelns von Kommunikationspartnern. Eine Person A, die eine Person B spiegelt, gibt B in ihrem Verhalten jenes Verhalten „zurück", das A an B vorher hat beobachten können. Spiegeln beinhaltet verbale und non-verbale Aspekte mit dem Zweck, Rapport herzustellen. Wenn wir Menschen in den Bereichen Beratung/Vertrieb oder Führung dabei beobachten, wie sie Kontakt mit ihrem Kunden herstellen, so ist oft zu sehen, dass die ganze Konzentration, eine Gemeinsamkeit zu finden, sich allein auf den inhaltlichen Anteil der Kommunikation beschränkt. Somit verschwenden sie einen Großteil ihrer Möglichkeiten. Wenn in Meetings ein Gefühl der Uneinigkeit oder Unstimmigkeit aufkommt und man merkt, dass es „brodelt", versuchen Moderatoren oder Führungskräfte sehr oft, über den Inhalt ein gemeinsames Commitment zu erreichen (auf einen gemeinsamen Nenner zu kommen). Viele von uns haben schon solche mühevollen, sehr zeitaufwändigen Versuche erlebt. Um solche Fettnäpfchen zu vermeiden, können wir die nonverbale Ebene nutzen, um zunächst über Pacing einen angenehmen Kontakt herzustellen. Indem wir unser Gegenüber spiegeln (pacen), stellen wir mit diesem Rapport her. Beobachten Sie in nächster Zeit einmal andere Leute und sich selbst bei der Kontaktaufnahme mit anderen Menschen. Sie werden schnell erkennen, dass die Leute umso mehr Gemeinsamkeiten zeigen, je mehr sie sich verstehen. Mit Pacen ist übrigens kein affektiertes Nachäffen gemeint, sondern ein empathisches Einlassen auf den anderen. Diese Technik beschreibt also das Basiswerkzeug für alle Menschen, die im Zusammenspiel mit anderen arbeiten. Es ist der Unterschied, der einen Unterschied macht - ob für Verkäufer, Manager, Berater, Erzieher oder alle anderen (und wie wir wissen, kommunizieren wir alle), die auf ihre

Kommunikationsfähigkeit angewiesen sind. Jeder, der Interesse daran hat, mit jemand anderem schnell einen guten Kontakt herzustellen und ganz besonders der Hypnotiseur, sollte das Pacing beherrschen.

Wenn guter Rapport besteht, kann durch **Leading** der Gesprächspartner langsam in einen anderen Zustand geführt werden. Der Hypnotiseur gibt die Richtung vor. Der Begriff des Leading stammt aus dem angloamerikanischen Sprachraum und bedeutet in positiver Form führen (to lead). Der Prozess des leading ist relativ einfach. Wenn wir wahrnehmen können, dass Rapport vorhanden ist, beginnen wir erste kleine Veränderungen in unserem Ausdrucksverhalten (Physiologie, Sprache,...) herbeizuführen und überprüfen am Verhalten unseres Gesprächspartners, ob er diese Veränderungen mitmacht. Beim Schritt vom Pacing zum Leading ist der sanfte Übergang von entscheidender Bedeutung. Massive Wechsel bewirken in der Regel einen Rapportverlust. Da Menschen den guten Kontakt mit anderen sympathischen Personen instinktiv halten wollen, werden sie die Schritte des Leaders mitgehen. So kann der Hypnotiseur oder Coach durch geschicktes Leading einen traurigen Klienten in neutrale Stimmung versetzen, um den Coachingprozess erfolgreicher zu gestalten. Selbstverständlich sind für jeden Berater oder jede Führungskraft Pacing und Leading absolute kommunikative Basiswerkzeuge.

## 2.2 Rapport aufbauen

Folgende und weitere Möglichkeiten bieten sich einem geschulten Kommunikator, um schnell und erfolgreich Rapport aufzubauen und eine Ebene des Vertrauens zu schaffen:

- Nonverbale Möglichkeiten
- Verbale Möglichkeiten
- Umgebung und materielle Voraussetzungen

Nonverbale Ebene
- Mimik
    - Augen, Blickrichtung, Blickkontakt
    - Emotionaler Gesichtsausdruck
    - Augenbrauen
    - Lächeln
- Gestik
    - Hand- und Armhaltung
    - Bewegungsintensität
    - Bewegungshäufigkeit
    - Bewegungsgeschwindigkeit
    - Spielen mit Gegenständen
    - Wiederholen von typischen Bewegungen
    - Oberer, mittlerer oder unterer Körperbereich
- Körpersprache
    - Gesamtphysiologie
    - Körperspannung
    - Steh- und Sitzposition
    - Offen oder verschlossen
    - Arm- und Schulterhaltung
    - Fußhaltung
    - Kopfbewegungen und seitliche Haltung
    - Ideomotorische Bewegungen (zum Beispiel unbewusstes Zucken der Finger)

Verbale Ebene
- Tonhöhe
- Sprechgeschwindigkeit
- Aussprache
- Betonung
- Pausen
- Sprachfluss
- Wiederholungen
- Einsatz von Füllwörtern wie „Ähm"

Umgebung und materielle Voraussetzungen
- Sitzordnung
- Sichthöhe
- Direkte Umgebung
- Kultureller Raum
- Kleidung
- Frisur
- Gefühle
- Persönliche Geschichte
- Interessen, Werte und Glaubenssätze

Bevor die Hypnosesitzung startet, sollten Sie testen, ob ausreichend Rapport vorhanden ist. Ist eine gute nonverbale Basis gegeben, steigt nämlich die Erfolgswahrscheinlichkeit der Hypnose rapide an. Dies gründet einerseits darin, dass der Klient dem Hypnotiseur vertraut. Andererseits ist es wichtig, dass der Klient auch unterbewusst (in diesem übertragenen Sinne auch nonverbal) zeigt, dass er den Vorgaben des Hypnotiseurs Folge leistet. Da der Hypnotiseur bei der Induktion für eine gewisse Zeitspanne (meist ein bis eineinhalb Stunden pro Sitzung) die Führung für das Unterbewusstsein des Klienten übernimmt, ist es hier besonders wichtig, dass die Vorgaben des Leaders umgesetzt werden.

## *2.3 Rapportübergabe*

In seltenen Fällen kann es nötig sein, dass ein Hypnotiseur während einer laufenden Sitzung abbrechen muss und an einen anderen Hypnotiseur übergeben möchte. Da der Klient jedoch nur auf die Stimme desjenigen hört, der ihn in Trance geführt hat, ist eine Übergabe des Vertrauens und der Führung nötig, eine so genannte Rapportübergabe. Diese ist denkbar einfach: der Hypnotiseur spricht einfach einen Satz ähnlich aufgebaut wie folgender:

> *„... und ab jetzt folgst du nicht nur meiner Stimme, sondern hörst auch auf die Stimme von (Name des anderen Hypnotiseurs) und wirst seinen Worten ebenso folgen wie meinen."*

## 2.4 Rapportverlust

In seltenen Fällen ist es möglich, dass während einer Hypnose der Rapport zwischen dem Probanden und dem Hypnotiseur abbricht. In solch einem Fall spricht man von Rapportverlust. Am häufigsten geschieht dies durch fehlerhafte Suggestionen unerfahrener Hypnotiseure, die gegebenenfalls Ängste oder Unbehagen beim Probanden auslösen. Aber auch durch zu lange Pausen (mehrere Minuten) ohne ausreichende Vorbereitung auf diese Pausen kann ein Rapportverlust eintreten. Merkt man als Hypnotiseur, dass kein Rapport mehr zum Probanden besteht, ist es zunächst erst einmal wichtig, absolute Ruhe zu bewahren. Leichte Berührungen des Klienten können zum Wiedererlangen des Rapports behilflich sein. Dabei sollte der Hypnotisierte dann mit ruhigen Worten angesprochen werden und der Hypnotiseur sollte versuchen, die Hypnose weiter zu vertiefen.

> *„Du bist sehr tief entspannt und ruhig. Du lässt dich tiefer und tiefer in diese wunderschöne Entspannung sinken. Während du ein paar Momente mit dir selbst beschäftigt warst, fokussierst du dich jetzt wieder ganz genau auf meine Worte. Du verstehst mich nun wieder sehr deutlich ..."*

Wenn man merkt, dass der Proband wieder auf die gegebenen Suggestionen reagiert, kann man damit anfangen, die ursprünglichen Hypnoseinhalte wieder aufzunehmen. Sollte es einmal vorkommen, dass sich der Rapport nicht wieder herstellen lässt, wird die Trance nach einiger Zeit automatisch in normalen Schlaf übergehen, aus dem der Proband ganz normal geweckt werden kann (oder von allein erwacht, wenn er ausgeschlafen hat). Sofern keine Suggestionen gegeben wurden, die unbedingt einer Rücknahme bedürfen, besteht hier keine Gefahr.

Problematisch kann es werden, wenn der Rapport aufgrund eines Vertrauensbruchs geschieht. Dann hat der Hypnotiseur kaum noch eine Chance, den Rapport wieder aufzubauen. Ein Vertrauensbruch ist nicht zwangsläufig immer ein Missbrauch des Vertrauens, solches kann auch durch Missverständnisse geschehen. Dementsprechend wichtig ist es, mit klaren Aussagen und entsprechenden Rückfragen alle Missverständnisse auszuschließen.

## 2.5 Die Stimme

Eines der wirkungsvollsten Werkzeuge, die wir haben, um Menschen in tiefe Trancezustände zu versetzen, ist nicht, wie irrtümlich viele denken, der Inhalt unserer Geschichten oder die perfekte Wiedergabe der Induktionstexte, sondern vielmehr die Art, *wie* wir sprechen. Darum ist es auch so wichtig, Hypnose von einem geschulten Profi zu lernen, da dieser normalerweise mehr Aufmerksamkeit auf diesen Aspekt verwenden wird als ein Laie. In meinen eigenen Ausbildungen ist die erste Trance-Induktion, die die Teilnehmer sprechen, keine normale Hypnoseinduktion, sondern eine x-beliebige Gebrauchsanleitung oder ein Werbeflyer. Besonders spannend ist es, die Teilnehmer dabei zu beobachten, wie sie sofort Mut schöpfen, da sie nun erkennen, dass sie keine zu intensive Aufmerksamkeit allein auf den Inhalt legen müssen. Natürlich ist es wichtig, sich auch hierauf zu konzentrieren, doch es gibt einfach ungemein viel Selbstsicherheit, einen anderen Menschen zum ersten Mal in Trance zu schicken – und das mit einer Gebrauchsanleitung für Wäschetrockner!

Der Aha-Effekt ist didaktisch jedoch sehr wertvoll. Wenn die Einleitung von Hypnose nicht mit dem Inhalt zusammenhängt, womit dann? Es handelt sich hier hauptsächlich um ein bestimmtes Sprachmuster, das meist relativ monoton oder zumindest langsam und entspannt ist. Je tiefer die Stimme moduliert wird, desto angenehmer ist das Zuhören, die Tiefe der Stimme selbst ist aber nicht ausschlaggebend für den Erfolg der

Hypnose. Wer diese Sprachmuster selbst erlernen möchte, kann dies auch ganz einfach, indem Hypnose-CDs von bekannten Trainern oder Therapeuten angehört werden. Ich empfehle stets mehr als nur einen Hypnotiseur kennen zu lernen, um unterschiedliche Richtungen auszuloten und um den eigenen Stil je nach Geschmack selbst definieren zu können.

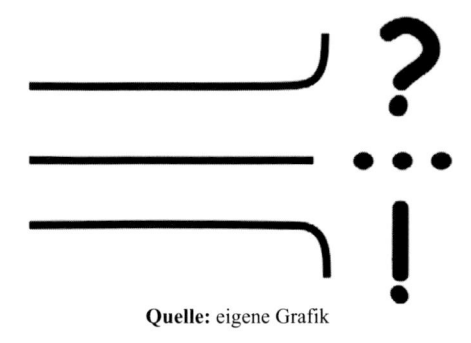

**Quelle:** eigene Grafik

Die eben angesprochene tiefe Stimmlage bezieht sich vor allem auf die Betonung von Sätzen (bzw. dem Satzende) und unterscheidet dabei drei Arten:

Geht die Stimme am Ende eines Satzes
- nach oben, stellt man eine Frage
- bleibt sie monoton, ist es eine Feststellung
- nach unten, ist es ein Befehl

Als erfahrener Sprecher und besonders in der Gesprächshypnose wird meist nur **Downward Inflection** genutzt, also die dritte Option und damit das Tieferwerden der Stimme mit jedem Satzende.

## 2.6 Gefahren der Hypnose

Wie bei allem, was unprofessionell bearbeitet wird, können auch bei der Hypnose die verschiedensten Gefahren auftreten. Die Hypnose kann sehr tief greifende Wirkungen haben. So ist es möglich, dass sowohl körperliche als auch psychische Probleme durch die Hypnose ausgelöst werden.

Ein oft zu wenig beachtetes Problem ist der Kreislauf. Wenn nicht bekannt ist, ob der Blutdruck stabil und hoch genug ist, wird oft zu spät bemerkt, dass dieser zu tief absinkt. Es kann dadurch zum Kreislaufkollaps und zu Bewusstlosigkeit kommen. Erhöhter Blutdruck hingegen ist für den hypnotischen Zustand nicht gefährlich. Weiterhin sollte man keine Personen hypnotisieren, die an Herz-, Kreislauf- und Atemproblemen sowie an Asthma oder Anfallskrankheiten wie zum Beispiel Epilepsie leiden. Bei Herz- Kreislaufproblemen liegt das Problem darin, dass durch die Blutdruck- und Pulsfrequenzänderung eine Attacke ausgelöst werden kann. Bei Anfallskrankheiten wie beispielsweise Epilepsie kann die Entspannung einen Anfall begünstigen (nicht auslösen). Da die wenigsten Hypnotiseure damit umzugehen wissen, kann sich jeder leicht vorstellen, dass dies nur zu unerwünschten Problemen führt. Auch Personen, die an schweren psychischen Störungen, Neurosen und Psychosen sowie an Depressionen leiden, dürfen, wie bereits weiter oben erwähnt, nicht hypnotisiert werden. Diese Erkrankungen gehören ausschließlich in ärztliche Behandlung. Psychische Störungen, wie zum Beispiel Depressionen, können durch die Hypnose eine deutliche Besserung erfahren. Der Hypnotiseur sieht seinen Erfolg und glaubt, dem Klienten etwas Gutes getan zu haben. Kommt es dann jedoch zu einem Rückfall (die Wahrscheinlichkeit ist gegeben), wird der Zustand des Klienten unkontrollierbar. Die Suizidgefahr eines Depressiven ist dann nicht mehr abzuschätzen. Eine Hypnosebehandlung einer solchen Person ist also absolut unverantwortlich, wenn diese nicht in Zusammenarbeit mit einem Facharzt geschieht.

Wer Psychopharmaka, starke Beruhigungsmittel oder Drogen jeglicher Art zu sich genommen hat, beziehungsweise unter Alkoholeinfluss steht, darf ebenfalls nicht hypnotisiert werden. Alle genannten Mittel beeinflussen eine Hypnose so sehr, dass die Auswirkungen nicht abzuschätzen sind. Psychische Gefahren entstehen durch alle Arten von Suggestionen, die dazu beitragen, Ängste hervorzurufen. Die Gefahr von unliebsamen Empfindungen in Trance entsteht häufig bei Rückführungen, in denen ein Proband die Geschehnisse assoziiert miterlebt. Auch das Versetzen in die Vergangenheit kann einen Probanden in eine Zeit bringen, die er in seiner Erinnerung unterdrückt hat, weil er dementsprechend schlimme Erlebnisse hatte. Dies kann im schlimmsten Fall zu einem (erneuten) Trauma führen. Bei Rückführungen ist also besonders darauf zu achten, dass der Proband nichts körperlich miterlebt, da sonst alle Schäden physischer und psychischer Art wieder erneut auftreten können (die Technik „dissoziierter Wahrnehmung" entstammt dem NLP und kann hier besonders hilfreich sein). Es lässt sich trotzdem häufig nicht vermeiden, dass dabei sehr hohe Emotionen freigesetzt werden. Um damit zurechtzukommen, muss der Hypnotiseur behutsam und einfühlsam vorgehen. Ohne reichliche Erfahrung ist so etwas kaum zu bewältigen. Mitunter werden Personen auch ganz unbewusst in eine Szene versetzt, die zu einer panischen Reaktion führt.

Beispiel: In einer Traumreise lässt der Hypnotiseur die Person durch einen wunderschönen See schwimmen. Die Person kann zwar schwimmen, hat aber starke Ängste, in tiefem Wasser zu sein, wo sie nicht mehr stehen kann - ein leider sehr häufiger Umstand. Die Reaktion kann sich jeder selbst ausmalen. Selbst Situationen wie das Zusehen bei einem Feuerwerk kann verschiedenste Ängste auslösen. Das Fahren in einem Lift führt bei vielen zu Beklemmungen, die Ängste vor kleinen geschlossenen Räumen haben. Manche wiederum fühlen sich unwohl, wenn sie inmitten einer Menschenmenge eingezwängt sind. Wiederum andere können und wollen niemals allein sein. Es ist also sehr wichtig, in einem Vorgespräch die geplanten Suggestionen durch gezielte Fragen zu besprechen, damit es während der Hypnose nicht zu solchen unangenehmen Erlebnissen für den Probanden kommt – mehr dazu erfahren Sie in Kapitel 5.

Körperliche Schäden treten meist bei Showhypnosen oder Hypnosen mit besonderen Effekten als Folge von Unachtsamkeit oder risikoreichen Darbietungen auf. Ein häufiges Problem sind ebenfalls Stürze. Wenn dem Probanden suggeriert wird, dass er „schlafen" soll und dabei nicht ausreichend auf ihn geachtet wird, kann es zu unkontrollierten Stürzen mit schlimmen Verletzungen kommen. Das kann nicht nur bei Showhypnosen, sondern natürlich auch bei ganz normalen Hypnosesitzungen geschehen, wenn der Proband dabei nicht sicher sitzt oder liegt. Keinesfalls darf eine hypnotisierte Person völlig unbeaufsichtigt bleiben - auch nicht für kurze Zeit. Der Hypnotisierte könnte beispielsweise aus der Trance erwachen, aufstehen wollen und dabei stürzen.

Viele Hypnotiseure zeigen zu Demonstrationszwecken die Schmerzunempfindlichkeit der Probanden, indem sie bewusst kleine Verletzungen beifügen, zum Beispiel das Durchstechen der Haut oder ähnliche Experimente. Solche Aktionen sind in jedem Fall abzulehnen, da es sich hierbei um Körperverletzung handelt. Manchmal wird einem Probanden etwas zum Essen gegeben oder auch nur eine Speise suggeriert. Wenn nicht bekannt ist, ob diese Person darauf allergisch reagiert, kann dies fatale Folgen haben. Gefährlich ist es auch, dem Probanden den Genuss von alkoholischen Getränken oder Drogen zu suggerieren. Es kann eine bestehende bereits bewältigte Sucht wieder zurückbringen, es kann aber auch bei Drogen zu einer Abhängigkeit führen. Auch das Anpusten, um einen Probanden zu wecken oder wieder in Trance zu bringen, wie es in der Showhypnose gerne angewandt wird, ist, abgesehen von den hygienischen Aspekten, eine potentielle Gefahr zur Übertragung jeglicher ansteckender Erkrankungen, die der Hypnotiseur (unter Umständen auch unwissend) in sich trägt. In harmloseren Fällen sind dies nur einfache Erkältungserkrankungen, in härteren Fällen zum Beispiel Lungenentzündung und Tuberkulose. Der Hypnotiseur sollte außerdem in jedem Fall vor jeder Hypnose erfragen, ob körperliche Gebrechen jeglicher Art oder Hemmnisse einer besonderen Rücksichtnahme bedürfen. Es ist sonst eine Überanstrengung oder eine Schädigung allzu leicht möglich (der Hypnotiseur muss beispielsweise auf eine schwangere Frau anders reagieren als auf eine körperlich fitte und sportliche Person).

Eine oft nicht beachtete Gefahr ist das unbeabsichtigte Hypnotisieren dritter anwesender Personen. Wenn eine Person hypnotisiert wird und dabei noch andere Personen anwesend sind, so können diese durchaus auf alle Suggestionen reagieren. Wenn dies der Hypnotiseur nicht beachtet, wird die Person deshalb unter Umständen nicht richtig eingeführt, bekommt Suggestionen mit, die nicht für sie bestimmt sind und wird zu guter Letzt auch nicht wieder richtig aus der Hypnose herausgeführt. Suggestionen, die speziell an eine Person gerichtet sind, können bei einer anderen Person zu völlig unerwarteten Wirkungen führen. Durch das nicht richtige Herausführen aus der Hypnose können Suggestionen weiterwirken, obwohl sie aufgelöst werden sollten.

Beispiel: Eine bei der Hypnose anwesende dritte Person bekommt als Suggestion mit, bei einem bestimmten Wort müde zu werden, dies vielleicht unabhängig von Sprecher und Ort. Nun kann man sich leicht vorstellen, was passieren kann, wenn diese Person genau dieses Wort während der Fahrt aus dem Autoradio hört.

Leider neigen auch Probanden dazu, eventuelle Hemmnisse wie Anfallskrankheiten (zum Beispiel Asthma oder Epilepsie), zu niedrigen Blutdruck oder gar Herzschwäche trotz Nachfragens zu verschweigen, weil sie die Hypnose unbedingt erleben möchten. Dies kann natürlich zu den schlimmsten Ergebnissen führen. Es ist also nicht nur unsinnig, sondern unter Umständen auch gefährlich, dem Hypnotiseur solches zu verheimlichen. Bei normalen Hypnosen zur Lebenshilfe, bei denen der Hypnotiseur nur auf eine Person fixiert ist, kann praktisch fast jeder hypnotisiert werden. Es ist einem erfahrenen Hypnotiseur durchaus möglich, eine Person mit schwachem Blutdruck oder Anfallskrankheiten oder gar mit einer Herzschwäche gefahrlos in Trance zu bringen, sofern er über den physischen und psychischen Zustand des Probanden Bescheid weiß, damit er sich darauf einstellen und seine Suggestionen dementsprechend anpassen kann. Die Betonung liegt dabei allerdings auf „erfahren"! Bevor nicht wirklich genügend Erfahrungen gesammelt sind, darf man sich keinesfalls darauf einlassen, solche Personen zu hypnotisieren.

Ebenfalls Wert sollte auf den Inhalt der Texte gelegt werden. Da in Tieftrance jedes Wort, das der Hypnotiseur sagt, direkt und wortwörtlich umgesetzt wird, ist es nötig, möglichst keine Doppeldeutigkeiten negativer Natur zu verwenden. „Häng dich nicht an Worten auf" wäre hier ein treffendes Beispiel. Auch interessant ist die Geschichte eines bekannten deutschen Show-Hypnotiseurs,[xiii] der von einem Probanden erzählt, dem suggeriert wurde, er würde auf einer neuen Harley Davidson sitzen, während er auf einem Plastik-Dreirad über die Bühne jagte. Als der Hypnotiseur nach weiteren Synonymen für das Motorrad suchte, kam er auf „geiles Bike, dieses tolle Gefährt ... was für ein heißer Ofen!" und plötzlich sprang der Mann wie vom Blitz getroffen hoch und hielt sich den Po – er hatte sich tatsächlich leichte Verbrennungen zugezogen. Dieses Phänomen ist nicht selten in Hypnose anzutreffen, es wurden einige Studien erstellt, die bewiesen haben, dass solche Verletzungen in Hypnose möglich sind. Beispielsweise wurde Probanden in Trance suggeriert, die kalte Türklinke wäre brennend heiß, und eine Mehrheit der Hypnotisierten hatte nach dem Berühren derselben Brandblasen an den Händen. Mehr zu diesem und anderen Phänomenen der Hypnose folgt in Kapitel 4. Um solche Versprecher, die einen bösen Ausgang nehmen können, zu vermeiden, empfiehlt es sich, möglichst alternative Formulierungen im Kopf zu haben und somit immer eine zweite Variante anzubieten, damit sich der Klient die positive heraussuchen kann. Eine andere Möglichkeit wäre es, den Hypnosetext vorher schriftlich zu verfassen und auf seine Doppeldeutigkeiten hin zu überprüfen. Bei Interesse empfiehlt es sich, das Thema „Ambiguitäten" aus dem NLP zu recherchieren. Hier finden sich viele Informationen zur Gestaltung und Vermeidung dieser Synonyme. Als kurze Übersicht habe ich eine kleine

Liste von bekannten Doppeldeutigkeiten aus dem deutschen Sprachraum zusammengetragen, im Englischen gibt es hingegen weitaus mehr Möglichkeiten, Worte ähnlich klingen zu lassen, wie beispielsweise *„trance-formation"*.

| Ambiguitäten (Doppeldeutigkeiten) | |
|---|---|
| Meer | mehr |
| Arm | arm |
| lehren | leeren |
| Bund | bunt |
| säen | sehen |

Bei allen Vorsichtsmaßnahmen kann es immer wieder einmal vorkommen, dass Unvorhergesehenes passiert. Daher ist es von großem Vorteil, wenn jeder Hypnotiseur entsprechend in erster Hilfe ausgebildet ist, um so im Notfall sofortige Hilfe leisten zu können. Häufig werden solche Kurse sehr günstig oder sogar gratis bei Rettungsdiensten wie zum Beispiel dem Deutschen Roten Kreuz, dem Malteser Hilfsdienst und so weiter angeboten.

## 2.7 Trancetiefen[7]

Man kann eine Trance in leicht, mittel und tief einstufen. Je tiefer die Trance ist, desto weiter ist das Bewusstsein eingeschränkt (jedoch niemals ganz abgeschaltet). Selbst bei einer tiefen Trance bekommt das Bewusstsein noch alles mit, es interessiert sich allerdings nicht mehr für das, was in der Umgebung geschieht. Dadurch werden die reale Wahrnehmung und die Kritikfähigkeit extrem eingeschränkt.

---

[7] Das Kapitel 2.7 „Trancetiefen" entstand in Zusammenarbeit mit **Stefan Strobl**.

**Alltagsbewusstsein**

**Unbewusstes**

**Ressourcen**

**Quelle:** Stefan Strobl

„Je nach Literatur laufen über 90%, neuesten Erkenntnissen der neuronalen Forschung zufolge sogar 99,999% unserer Wahrnehmungen, Gedanken und Entscheidungen jenseits unseres Bewusstseins ab. Vera F. Birkenbihl erzählt in diesem Zusammenhang oft: „Wenn unser Bewusstsein 1 cm lang wäre, so wäre unser Unbewusstes – einschließlich Funktionen wie Atmung und Kreislauf – etwa 7 km lang." Erstaunlich, oder?

Sie können sich das Unbewusstsein aber auch wie ein riesiges Warenhaus vorstellen, während unser Bewusstsein nur immer die Regale links und rechts von sich wahrnehmen kann. Und das ist gut so! Warum? Nun, unser Bewusstsein wäre ziemlich beschäftigt, wenn es sich um alles kümmern müsste. Ein Chef, der alles macht, ist immer überfordert!

Überlassen Sie doch Ihrem Mitarbeiter - Ihrem Unbewussten - die Arbeit! Er ist sowieso viel besser darin. Sagen Sie ihm genau, was Sie wollen. Und Ihr Unbewusstes wird ihr stärkster Verbündeter. Sind Sie jedoch ungenau, könnte es sein, dass es fleißig arbeitet und Sie am Ende feststellen, dass das Ergebnis Ihnen nicht behagt."

Diese simplen Erklärungen können Sie wunderbar verwenden, um einem Klienten, der sich zum ersten Mal mit dem Thema Hypnose konfrontiert sieht, bildlich darzustellen, worum es geht.

Ein anderer gern gemachter Vergleich ist der mit einem Eisberg. Die Summe von allem, was wir unser „Ich" nennen, ist wie ein Eisberg. Und wie bei einem Eisberg ist nur ein kleiner Teil offensichtlich. Der größte Teil ist unter der Wasseroberfläche verborgen. Dieser verborgene Teil enthält eine schier unzählige Anzahl an Ressourcen, die genutzt werden könnten.

Leichte Trance (Somnolenz)
Eine leichte Trance ist ein Entspannungszustand, in dem man sich auf ein bestimmtes Thema konzentriert (Lesen in einem spannenden Buch, aber auch eine angeregte Diskussion kann diesen Zustand bereits hervorrufen). Ist der Proband auf den Hypnotiseur fixiert, befolgt seine Anweisungen und lässt sich nicht mehr ohne weiteres von anderen Dingen stören, hat der Hypnotiseur bereits einen leichten Entspannungszustand induziert. Der Proband kann sich zu jeder Zeit selbst aus dem leichten Trancezustand zurückholen. Eine leichte Trance erkennt der Hypnotiseur, indem er die Atmung des Probanden beobachtet. Diese wird deutlich ruhiger und flacher, während sich die Aufmerksamkeit, die der Proband gegenüber dem Hypnotiseur hat, erhöht. Somit ist der erste hypnotische Zustand schon erreicht.

Mittlere Trance (Hypotaxie)
Die mittlere Trance wird in den meisten therapeutischen Hypnoseanwendungen angestrebt. In mittlerer Trance sind Beeinflussungen aller Art bereits möglich. Man kann damit den Blutkreislauf, den Hormonhaushalt sowie andere Körperfunktionen direkt beeinflussen. Auch Langzeitsuggestionen entfalten in diesem Stadium ihre volle Wirkung. Weiterhin ist die Schmerzausschaltung bereits in mittlerer Trance möglich (Analgesie). Auch aus einer mittleren Trance kann sich der Proband selbst zurückholen. In den meisten Fällen

wird er dies jedoch gar nicht wollen. In mittlerer Trance ist die Atmung flach und ruhig. Der Pulsschlag hat sich deutlich gesenkt. Wenn man den Probanden dazu bringt, zu sprechen, wird er seine Worte deutlich langsamer aussprechen. Manchmal können auch die Augen leicht flattern. Der Gesamteindruck des Probanden ist fast schon so, als wäre er im Halbschlaf.

Tiefe Trance (Somnambulismus)
In tiefer Trance ist es möglich, eine andere Realität und auch Halluzinationen zu erzeugen. Im tiefsten Trancezustand ist ein Eingreifen des Bewusstseins kaum oder gar nicht mehr möglich. Der Hypnotiseur nimmt alle Entscheidungen des Bewusstseins ab. Eine tiefe Trance kann auch zu einer Amnesie (Vergessen, was während der Hypnosesitzung geschehen ist) führen, die jedoch suggestiv verhindert werden kann, sofern dies gewünscht wird. Die tiefe Trance ist hauptsächlich zur Ausführung von Befehlen und für Halluzinationen notwendig. Weiterhin ist auch totale Anästhesie (Betäubung/Narkotisierung) möglich.

Beim Übergang in eine tiefe Trance ist häufig zu beobachten, dass der Proband die Augen verdreht, nach hinten kippt und die Augenlider sehr oft auch ziemlich stark flattern (REM-Phase). Dies muss natürlich nicht immer der Fall sein. Bei manchen sind die Augen sehr fest verschlossen.

## 2.8 Der Aufbau von Suggestionen[8]

Ein wichtiger, wenn nicht sogar der wichtigste Anteil der Hypnose sind Suggestionen (lat. Suggestio: „Hinzufügung"). Eine Suggestion ist ein Gedanke, bzw. eine Idee, die umgesetzt werden soll. Dabei ist es zuerst unwichtig, ob es sich um eine Fremdsuggestion oder eine Eigensuggestion handelt. Damit eine Suggestion ihre Wirkung entfalten kann, muss sie angenommen werden. Zum Glück geht dies nicht immer so einfach. Wir haben uns durch unser Leben Sicherheitsmechanismen

---

[8] Das Kapitel 2.8 „Der Aufbau von Suggestionen" entstand in Zusammenarbeit mit **Stefan Strobl**.

aufgebaut, die verhindern, dass wir einfach jede neue Idee annehmen. Was einen sinnvollen Schutz vor Manipulationen darstellt, kann einem im Weg stehen, wenn es darum geht, gewünschte neue Ansätze in unser Leben zu integrieren.

Um diesen Schutz zu umgehen, gibt es mehrere Möglichkeiten, auf die im Folgenden eingegangen werden soll.

- Autorität

Wenn uns Autoritäten etwas sagen, nehmen wir es an. Egal ob es die eigenen Eltern sind oder es ein Arzt ist. Allein aufgrund der Autoritätsstellung wird die Aussage nicht hinterfragt. „Wissenschaftler haben herausgefunden, dass ..." ist ein passendes Beispiel für nicht hinterfragte Autorität. Wir könnten fragen: Welche Wissenschaftler? Wie haben sie das herausgefunden? Wurden das Ergebnis und die Feldstudie selbst kontrolliert? Wie oft wurde das Experiment durchgeführt? Solche und ähnliche Fragen machen schnell deutlich, dass nicht jeder Information blind zu vertrauen ist.

- Konsequente Wiederholung

Wenn wir eine Sache nur oft genug gesagt bekommen, werden wir früher oder später daran glauben. Dieser Ansatz birgt jedoch eine Gefahr! Wenn wir uns immer wieder sagen: „Ich bin schön!", uns aber nicht wirklich für schön halten, kann es geschehen, dass an das „Ich bin schön" eine kleine, fast nicht wahrnehmbare Ergänzung unbewusst angehängt wird: „Aber das stimmt nicht, ich bin hässlich" oder Vergleichbares, Sie erinnern sich bestimmt an das Vorwort. Und dieses Anhängsel kehrt die Bemühungen ins Gegenteil.

- Ablenkung

Wenn wir abgelenkt werden, zum Beispiel durch das Fernsehen, werden die Informationen viel weniger hinterfragt und viel bereitwilliger angenommen. So funktioniert Werbung und dies ist auch ein Ansatz, der in der Hypnose verwendet werden kann. Beispielsweise mit der

Fixationsmethode, die unsere bewusste Wahrnehmung auf einen unwichtigen Punkt fokussieren lässt, während die Befehle des Hypnotiseurs an das Unterbewusstsein dringen und Trance entstehen lassen.

- Eine schöne Verpackung

Eine schön verpackte Suggestion wird leicht angenommen, da wir die Verpackung gerne haben wollen. Ein Beispiel dazu finden Sie gleich im nächsten Absatz mit „Ich erlaube mir ... zu sein!"

- Der passende Bewusstseinszustand

Wir können auch einen Bewusstseinszustand herstellen, der es uns erlaubt, Suggestionen leichter anzunehmen, das bedeutet im Kontext der Hypnose, dass wir in Trance, den Alpha-Zustand, gehen. Im normalen Coaching ist von einem „ressourcenvollen" oder „ressourcenreichen" Zustand die Rede. In einem solchen Bewusstseinszustand ist es dem Klienten möglich, sich kreativ und zielführend zu verhalten und neue Lösungsansätze für bekannte Probleme zu finden. Der Gegensatz hierzu wäre der „ressourcenleere" oder „eingeschränkte Ressourcenzustand". Mehr zu diesem Thema finden Sie in Kapitel 5.

Anhand der oben genannten Beispiele ergeben sich einige „Regeln" für gute Suggestionen.

- Die Suggestion muss geglaubt werden können

Damit eine Idee angenommen werden kann, muss sie als „wahr empfunden" werden. Das bedeutet nicht unbedingt, dass sie wahr sein muss. Es reicht das *Gefühl*, dass sie wahr ist. Es kann sinnvoll sein, sich einem Thema langsam zu nähern – Stück für Stück.

---

*„Ich bin ..."* hat die stärkste Kraft, aber auch die höchste Gefahr des oben genannten Widerspruches

---

> *„Ich wähle ... zu sein!"* entschärft den möglichen Widerspruch, hat aber weniger Kraft.
>
> *„Ich erlaube mir ... zu sein!"* ist noch sanfter.
>
> Eine wunderbare Formulierung ist: *„Wie wäre es wenn, ...?"*. Sie erlaubt einem, eine Idee anzunehmen, da die Frage ein inneres Bild erzeugt, jedoch kein direktes: „Das ist aber nicht wahr".

- Die Suggestion sollte motivierend sein

Erinnern Sie sich noch an die schöne Verpackung? Wenn eine Suggestion ein gutes Gefühl auslöst, wird sie viel lieber angenommen. Beispielsweise hat ein: *„Ich bin so glücklich, 70 kg zu wiegen und genau das wiege ich!"*, eine ganz andere Wirkung als ein einfaches: *„Ich wiege 70 kg."*

- Sie sollte positiv formuliert sein

Denken Sie nicht an den rosa Elefanten. Dieses Beispiel hat schon wilde Diskussionen ausgelöst, ob das Unbewusstsein nun das Wort „nicht" versteht oder nicht. Tatsächlich ist es so, dass unser Wachbewusstsein das „nicht" nicht direkt verarbeiten kann (wir denken an den rosa Elefanten), unser Unterbewusstsein aber sehr wohl. Deshalb ist es auch essentiell, genau auf die Formulierung der Suggestion zu achten. Zudem ist die Tatsache wichtig, dass etwas erst gedacht werden muss, um es dann nicht zu denken. In dem oben genannten Beispiel muss also erst der rosa Elefant da sein, bevor nicht mehr an ihn gedacht wird. Und das Ganze birgt auch wieder eine Gefahr: jede bildhafte Vorstellung hat die Tendenz, sich zu verwirklichen. Dass jetzt spontan ein rosa Elefant entsteht, ist zwar unwahrscheinlich, es ist nur ein Beispiel. Anders sieht es aber beispielsweise mit dem Rauchen aus. Wenn ich erst ans Rauchen denke, bevor ich ans Aufhören denke, habe ich zwei widersprüchliche Vorstellungsbilder. Welches wird sich nun verwirklichen? Mögliche Varianten sind:

1) Das Bild vom Nichtrauchen ist viel stärker als das des Rauchens. Sehr gut. Das Nichtrauchen wird sich verwirklichen.
2) Beide Vorstellungen sind gleich stark. Es wird sich nichts verändern, alles bleibt beim Alten. Nicht ganz: Es gibt einen inneren Konflikt, der Kraft kostet.
3) Die Vorstellung vom Rauchen ist stärker. Der Effekt: das Rauchen verstärkt sich.

- Zielsuggestionen oder Prozesssuggestionen?

Prinzipiell gibt es zwei verschiedene Möglichkeiten von Suggestionen. Die erste umfasst all jene Suggestionen, die ein Ziel als bereits erreicht beschreiben.

*„Ich lebe rauchfrei."*
*„Mein Arm ist schwer."*
*„Ich wiege 70 kg."*

Die zweite Gruppe beschreibt den Weg zum Ziel.

*„Zigaretten werden immer unwichtiger."*
*„Der Arm wird immer schwerer."*
*„Ich werde dünner und dünner."*

Beide haben ihre Vorteile, aber auch ihre Nachteile:

- Eine **Zielsuggestion** ist eindeutig und kann eine starke Anziehung auf uns ausüben. Sie verliert aber an Kraft, je näher wir unserem Ziel kommen.
- Eine **Prozesssuggestion** gibt kein eindeutiges Ziel vor, an dem wir uns orientieren könnten. Sie erlaubt aber eine kontinuierliche Verbesserung, weit über ein Ziel, das wir uns vorstellen können, hinaus.

## 2.9 Beispielsuggestionen[9]

- Leben allgemein

„*Mir geht es jeden Tag in jeder Hinsicht immer besser und besser.*"

Typ: Prozesssuggestion.

Bemerkung:
Die Universalformel von Emil Coué. Sie deckt alle möglichen Bereiche ab. Es ist wie Zähneputzen: 3 x täglich 2 Minuten und wir werden unser Leben lang Freude haben.

„*Ich nehme jeden Tag immer mehr das Positive wahr.*"

Typ: Prozesssuggestion.

Bemerkung:
Eine gute Suggestion, um den Fokus zu verändern. Auch wenn es sehr simpel klingt. Konsequent angewandt, kann diese Suggestion ein ganzes Leben verändern.

- Körpergewicht

„*Ich werde immer dünner und dünner.*"

Typ: Prozesssuggestion.

Bemerkung:

---

[9] Das Kapitel 2.9 „Beispielsuggestionen" ist geistiges Eigentum von **Stefan Strobl**.

Der Vorteil ist, dass dem Zielgewicht nicht widersprochen werden kann, aber wann weiß unser Unbewusstes denn, wann es aufzuhören hat? Besser ist eine Zielsuggestion.

> „Mein Idealgewicht ist xx kg und genau das wiege ich."

Typ: Zielsuggestion.

Bemerkung:
Sollte diese Suggestion Widerstand hervorrufen, ist es sinnvoll, eine der folgenden Suggestionen zu verwenden:

> „Ich wähle xx kg zu wiegen", oder
> „Ich erlaube mir xx kg zu wiegen", bzw.
> „Wie wäre es, wenn ich xx kg wiege?"

Solange, bis die Ursprungssuggestion keinen Widerstand mehr erzeugt. Dann kann diese verwendet werden.

- Schmerzkontrolle

> „[:Körperstelle:] ist angenehm kühl."
> „[:Körperstelle:] ist angenehm warm."
> „[:Körperstelle:] ist ganz taub."

Typ: Zielsuggestion.

Bemerkung:
Achtung: Schmerz ist ein Warnsignal und darf nicht einfach nur unterdrückt werden. Immer therapeutisch abklären, ob eine andere Therapie notwendig ist.

- Rauchen – also Nichtrauchen

> *„Ich bin Nichtraucher."*
> *„Zigaretten sind unwichtig / gleichgültig."*
> *„Ich bin so glücklich, dass ich Nichtraucher bin."*

Typ: Zielsuggestion.

- Lernen

> *„Ich lerne gern."*
> *„Lernen fällt mir leicht."*
> *„Ich freue mich darauf, Neues zu lernen."*

Bemerkung:
Spezifisch auf das gewünschte Fach anzuwenden.

## *2.10 Erwartungshaltung*

Um Hypnose erfolgreich zu gestalten, bedient sich ein guter Hypnotiseur vor allem der Erwartungshaltung. Wir alle haben, wenn wir neuen Situationen begegnen, eine bestimmte Erwartungshaltung (selbst wenn sie nur lautet, dass wir „keine Erwartungshaltung" haben). Dies trifft umso mehr auf Situationen zu, die mit etwas Mystischem assoziiert werden, wie eben auch bei Hypnose. Dies ist jedoch nicht negativ zu bewerten, denn je höher die Erwartungshaltung, desto wahrscheinlicher ist es auch, dass Hypnose funktioniert. Es liegt also im Interesse des Hypnotiseurs und des Klienten selbst, dass die Erwartungshaltung, mit der der Hypnotisand zum Coach kommt, möglichst verstärkt wird.

Beispiel: Ein Interessent ruft beim Hypnotiseur auf Grund einer persönlichen Weiterempfehlung an und möchte ebenfalls hypnotisiert werden. Der Hypnotiseur antwortet freundlich, stellt sich kurz vor und wird dann wahrscheinlich einige Standardfragen zu klären haben. Häufig ist zum Beispiel die Frage, ob Hypnose *wirklich* funktioniert. Dieser

Moment ist entscheidend: wenn der Hypnotiseur selbstverständlich und sicher antwortet, dass Hypnose natürlich funktioniert, weil sie ja ein ganz natürlicher Prozess ist, den wir alle schon zig Male durchlebt haben (auch wenn wir gar nicht wussten, dass wir in Trance sind), wird der Klient den Eindruck gewinnen, dass Hypnose mit ihm tatsächlich funktioniert. Zögert der Hypnotiseur jedoch und meint: „Nun ja, es gibt immer wieder ein paar bayrische Eichen, die nicht in Trance gehen können", dann erhöht sich die Wahrscheinlichkeit, dass dies auch beim Klienten so sein wird, weil er sich vielleicht mit dem Bild assoziiert.

In meinen Ausbildungen bringe ich den Teilnehmern bei, auf jede Standardfrage so zu reagieren, dass sie voller Selbstsicherheit und Überzeugung (und der Wahrheit gemäß) alles so zu beantworten wissen, dass der Klient sich bestmöglich abgeholt fühlt und schon darauf freut, endlich von ihnen hypnotisiert zu werden. Was an sich eine reine Übungssache ist und mit der Erfahrung zur Routine wird, kann für manchen Anfänger jedoch ein Stolperstein sein, im Besonderen, wenn im engen Bekanntenkreis begonnen wird zu hypnotisieren. Viele Familienmitglieder oder gute Freunde wissen um den Umstand, dass man noch keine oder erst eine kurze Ausbildung hinter sich hat, und fragen: *„Wie, du hast jetzt an einem Wochenende einen Kurs besucht und schon kannst du meisterhaft hypnotisieren? Dir beweise ich das Gegenteil!"* Sie tun dies nicht aus Argwohn, sondern weil sie der festen Überzeugung sind (Glaubenssatz!), dass Hypnose nicht so schnell erlernbar ist. Das ist ja auch ganz logisch, denn wer sich mit Hypnose nicht eingehender befasst, für den bleibt es ein Begriff mystischer Natur und hat mehr mit Magie als moderner Wissenschaft zu tun. Deshalb lautet meine Empfehlung, zuerst Menschen zu hypnotisieren, die Ihnen nicht so nahe stehen, wo Sie also eine angemessen hohe Erwartungshaltung aufbauen können. Besonders unterstützt wird dies durch kleine Tricks wie beispielsweise Visitenkarte, auf denen Ihr Name und als Berufsbezeichnung „Hypnotiseur" stehen, oder schlichtweg der Umstand, dass Sie für eine Hypnosesitzung bares Geld verlangen. Tatsächlich ist der Preis für eine Hypnose einer der wichtigsten

Einflussfaktoren auf die Erwartungshaltung des Klienten. Besonders im deutschen (und allgemein dem westlichen) Sprachraum ist der Glaubenssatz „Was nichts kostet, ist nichts wert" in der Gesellschaft sehr stark verankert. Darum wird auch eine Hypnosesitzung umso erfolgreicher sein, je teurer Sie sie ansetzen. Üblicherweise wird für eine Sitzung von zwei bis drei Stunden ein Honorar im Rahmen zwischen 150-450 € verrechnet, egal, ob dies nun als „Investition", „Energieabgleich" oder einfach nur als Preis betitelt ist. Im Endeffekt geht es um folgenden Prozess: Der Klient möchte Hypnose machen, vielleicht, um ein bestimmtes Ziel in seinem Leben zu erreichen. Dafür setzt er seine Zeit ein, und Sie setzen Ihre Zeit ein. Das Tauschverhältnis ist ausgeglichen; Sie verbringen Zeit miteinander. Erst (beziehungsweise spätestens) indem Sie einen (hohen) Preis verlangen, entsteht im Klienten das Gefühl, dass er während dieser Sitzung auch ein weiteres Tauschgeschäft eingeht. Er gibt Ihnen Geld, und dafür bekommt er Unterstützung bei der Erreichung seines Zieles.

Aus eigener Erfahrung weiß ich, dass es nicht um den Betrag selbst geht, der entrichtet wird, sondern um die *subjektive Bewertung* der Betragshöhe. Sie sollten einen Preis festsetzen, der dem Klienten kommuniziert: Es ist viel wert, also funktioniert es. Arbeiten Sie beispielsweise mit einer relativ gleich bleibenden Klientel (ähnliche demographische Merkmale wie beispielsweise Einkommensniveau, Bildung, Alter oder privates Umfeld), können Sie hier nach etwas Erfahrungswert den passenden Preis ansetzen. Ändert sich Ihre Klientel öfters, empfehle ich, auf jeden Fall einen fixen Satz beizubehalten und je nach Thema bestimmte Aufschläge zu verlangen. So sind künftige Klienten nicht enttäuscht, wenn Sie mehr zu zahlen haben als der Empfehlungsgeber. Denn kostet zum Beispiel eine Wellness-Hypnose 150 €, soll jedoch das lästige Nägelkauen endlich aufhören, wird ein Zuschlag von 100 € fällig, weil Sie hier intensiver mit dem Unterbewussten arbeiten müssen (und ebenfalls ein längeres Vorgespräch anfällt). Dies ist nicht nur logisch nachvollziehbar, sondern entspricht auch einem erhöhten Arbeitsaufwand.

Wie auch immer Sie sich entscheiden sollten, dies zu tun, Ihr oberstes Ziel sollte vor allem in den ersten Minuten des Kontakts zum Klienten sein, die Erwartungshaltung möglichst hoch zu setzen. Sie können dabei auch schon eine für die eigentliche Induktion unterstützende Technik einsetzen, die sich *„double bind"* nennt. Hierbei geben Sie dem Klienten zwei Möglichkeiten zur Wahl, beispielsweise:

> *„Willst du lieber sitzen oder liegen, wenn du gleich in Trance gehst?"*
>
> *„Was wird sich wohl zuerst entspannen, deine Atmung oder deine Muskeln?"*
>
> *„Wenn ich einen Magneten an deiner Hand und einen an deinem Kopf befestige ... und die Magneten sich nun so stark anziehen, dass du augenblicklich in Trance gehst, sobald sich deine Hand und dein Kopf berühren ... welcher Magnet ist stärker?"*
>
> *„Es gibt zwei Arten von Menschen: die einen gehen besonders schnell in Trance, andere brauchen fünf Minuten."*

Der Kniff an der Sache ist jedoch, dass die Wahlmöglichkeit an sich eine Illusion ist, denn in Wirklichkeit ist der Ausgang in beiden Fällen jener, dass der Klient auf jeden Fall in Trance geht. Ob nun sofort oder erst nach fünf Minuten, ist dabei komplett zu vernachlässigen, weil es nur darum geht, *dass* der Hypnotisand in Trance geht!

## 2.11 Zusammenfassung

In diesem Kapitel wurde auf die wichtigsten Voraussetzungen für eine erfolgreiche Hypnose eingegangen. Besonders hervorzuheben ist hier der Begriff „Rapport", der im NLP durch die Technik des *pacing und leading* bekannt geworden ist. Dadurch wird schnell eine vertraute Atmosphäre geschaffen, in der sich der Klient entspannen kann, sie ist aber auch in vielen anderen Alltagssituationen sinnvoll einsetzbar. Ebenso wurde auf die Gefahren der Hypnose eingegangen und wie diese bereits im Voraus vermieden werden können. Der Überblick über die Trancetiefen dient nicht nur dem Hypnotiseur dazu zu verstehen, was im Klienten passiert, sondern oft ist es auch nötig, dieses Wissen kurz und verständlich dem Klienten vor der eigentlichen Hypnose darzulegen.

Der korrekte Aufbau von Suggestionen und der gezielte Einsatz von gesteigerter Erwartungshaltung sind zwei der essentiellen Bestandteile einer erfolgreichen Trance. Suggestionen sollten stets zielführend, positiv formuliert und vom Klienten erwünscht sein. Im besten Fall klären Sie diese in einem ausführlichen Vorgespräch gemeinsam ab. Achten Sie darauf, den Klienten immer im Blick zu haben, es empfiehlt sich das Sitzen seitlich zum Hypnotisierten, um ständig dessen Atmung und Augenbewegungen wahrnehmen zu können.

# *KAPITEL 3: INDUKTIONSMETHODEN*

Bevor mit der eigentlichen Induktion begonnen wird, legt sich der Klient normalerweise entspannt hin oder sitzt gemütlich in einem bequemen Sessel. Zu diesem Zeitpunkt sollten alle offenen Fragen geklärt sein, der Rapport hergestellt und ein ausführliches Vorgespräch zum Inhalt der Suggestionen geführt worden sein. Zu diesem Vorgespräch erfahren Sie später mehr in Kapitel 5. Nun sollen diverse Methoden vorgestellt werden, wie Hypnose eingeleitet wird. Ihnen allen ist gemein, dass sie umso besser funktionieren, je mehr Sie daran glauben, dass sie funktionieren. Wenn diese Selbstsicherheit, die Sie ausstrahlen, sich auf den Klienten überträgt, wird er gerne und leicht Ihren Anweisungen folgen, um das Maximum an Entspannung und Erfolg aus der Hypnosesitzung mitnehmen zu können. Sie müssen nicht autoritär auftreten, um einen bestimmenden Eindruck zu machen. Es genügt, dass Sie sich bei allem, was Sie sagen, wohl fühlen und gut auf den Klienten Acht geben. Andere Menschen werden diese Ruhe in Ihnen spüren und sich nun umso tiefer fallen lassen. Die folgende Grafik soll exemplarisch verdeutlichen, wie sich die Trancetiefen während einer typischen Hypnosesitzung intensivieren.

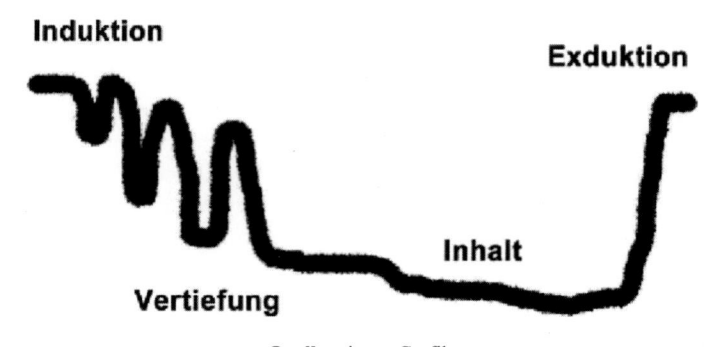

**Quelle:** eigene Grafik

Nun können Sie den Klienten ruhig bitten, noch einmal auf die Toilette zu gehen und vielleicht beim Hinlegen den obersten Hosenknopf oder die Gürtelschnalle zu öffnen, sowie alle beengenden Halsketten, Armbänder und Ähnliches abzulegen. In esoterischen Kreisen besteht die Überzeugung um, dass ein Stein, der so genannte „schwarze Turmalin", an sich als Auraschutz gedacht, die Induktion verhindern, beziehungsweise die Hypnose beeinträchtigen kann. Deshalb sollten Klienten, die diesen Glaubenssatz haben, darum gebeten werden, den Stein (meist in Form eines Ringes oder einer Halskette) abzulegen. Ist sich der Klient über die Wirkung bewusst, zeigen Sie damit, dass sie in seine Glaubenswelt einsteigen können, was den Rapport weiter vertieft; der Klient fühlt sich richtig abgeholt. Sobald all diese Schritte getan sind, kann der Klient seine Augen schließen und sich entspannen. Nachdem die Augen des Probanden geschlossen sind, befindet dieser sich schon in einer ganz leichten Trance. Nun beginnt man mit der Induktion, um diese Trance zu vertiefen. Sie erreichen dies, indem Sie eine angenehme Geschichte erzählen oder den Klienten darum bitten, sich einfach nur auf seine Atmung zu konzentrieren.

*„Nun, wo du so entspannt daliegst, lass all deine Gedanken los. Alles, was dich beschäftigt, ist jetzt nicht mehr wichtig, jetzt geht es nur noch darum, dich zu entspannen. Lass all deine Gedanken aufsteigen wie Luftblasen im Wasser, oder sperr sie in einer Truhe ein, du kannst sie dort später wieder abholen, nachdem unsere Sitzung beendet ist. Ich möchte, dass du dich jetzt nur auf meine Stimme ... und auf deine Atmung konzentrierst. Atme tief ein ... und aus. Und du spürst, wie du mit jedem Atemzug frische, neue Luft in deine Lungen strömen lässt und damit neue Energie durch deinen Kreislauf zirkuliert. Atme mit jedem Ausatmen all die Anspannung aus ... und mit jedem Einatmen all die Entspannung ein ... Genau so ... sehr gut. Du kannst spüren, dass du schon jetzt viel entspannter bist. Ja, mit jedem Wort, das ich zu dir sage, mit jedem Atemzug, den du nimmst, sinkst du immer tiefer in diesen entspannten Zustand. All deine Muskeln lockern sich, die Entspannung breitet sich*

> *immer mehr in dir aus, bis sie jede Zelle deines Körpers durchdringt. Ein unglaublich angenehmes Gefühl der Sicherheit und Entspannung breitet sich von innen heraus in dir aus."*

## 3.1 Zählen

Bei der verbalen Induktion wird Hypnose allein durch die Worte des Hypnotiseurs induziert, der Klient liegt dabei meist oder sitzt in einer bequemen Position vor ihm. Achten Sie auf die Atmung des Klienten und passen Sie sich dem Rhythmus an. Sie können im selben Takt atmen, zum Beispiel beide ein, beide aus und so weiter. Es kann jedoch vorkommen, dass der Hypnotiseur eine zierliche Frau und der Hypnotisand ein bulliger Mann ist. Auf Grund ihrer Statur atmen beide sehr unterschiedlich, sie einerseits flach und schnell, er hingegen sehr langsam und tief. Hier empfiehlt es sich zum Beispiel für die Hypnotiseurin, zweimal ein- und auszuatmen, während der Klient nur einmal ein- und ausatmet.

Bei der verbalen Induktion ist darauf zu achten, dass nicht zu schnell gesprochen wird, sondern langsam und entspannt. Sie können sich Hypnose so vorstellen, als würden Sie als geruhsamer Vater die kleine, unsichere Tochter an der Hand nehmen und sie durch eine dunkle Gasse führen. Sie wissen, dass keine Gefahr droht, aber weil die Situation neu für Ihre Tochter ist, fühlt sie sich leicht unsicher. Darum bieten Sie Halt und Unterstützung und führen sie langsam und sicher durch diese Situation. Genauso nimmt der Hypnotiseur im übertragenen Sinn seinen Klienten an der Hand und geleitet ihn bis an die Pforte zu seinem Unterbewusstsein.

Inhaltlich kann dies durch unterschiedlichste Varianten erreicht werden, ein besonders beliebter Weg ist das Herunterzählen. Aber auch Traumreisen oder einfach nur eine angenehme Erzählung können hypnotisierende Wirkung haben, wenn die Stimme passend moduliert wird. Beginnen wir zuerst mit einer typischen Zähltechnik für eine eher leichte Trancetiefe:

*„Ich zähle nun von 1 bis 5 und du sinkst mit jeder Zahl immer tiefer in einen angenehmen Entspannungszustand. Du hörst nur noch auf meine Stimme, alles andere ist dir absolut gleichgültig und du sinkst immer tiefer und tiefer.*

*1) Alle deine Muskeln entspannen sich vollständig, alle Verspannungen fallen von dir ab. Alle deine Gedanken ziehen einfach an dir vorbei wie Wolken. Du hältst sie nun nicht mehr fest. Du fühlst dich ganz leicht - beinahe schwebend. Dabei sitzt/liegst du vollkommen sicher auf deiner Unterlage und fühlst dich absolut wohl. Ein angenehmes Gefühl der Geborgenheit begleitet dich. Du liegst einfach nur ganz ruhig und entspannt da und lässt die tiefe Entspannung in dir zu. Und du genießt das Gefühl, zu spüren, wie die Entspannung immer tiefer und tiefer wird. Auch deine Nerven beginnen sich zu entspannen.*

*2) Du hörst nur noch auf meine Stimme. Alle anderen Geräusche interessieren dich nicht mehr. Sie sind dir vollkommen gleichgültig. Du sinkst immer tiefer in die angenehme Entspannung und fühlst dich immer leichter. Und du entspannst dich immer mehr und sinkst immer tiefer in den wunderschönen Zustand der absoluten Entspannung, und du fühlst dich immer freier und leichter. Du hast das Gefühl, beinahe zu schweben und fühlst dich vollkommen wohl. Alles um dich herum wird ganz leicht, jeder Ballast fällt völlig von dir ab. Trotzdem weißt du, dass du ganz sicher und fest auf deiner Unterlage sitzt/liegst und fühlst dich völlig geborgen und wohl.*

*3) Immer noch tiefer und tiefer sinkst du in die schöne Entspannung und je tiefer du sinkst, desto wohler fühlst du dich. Du fühlst dich dabei ganz harmonisch und vollkommen geborgen. Alle deine Gedanken sind dir nun vollkommen gleichgültig und ziehen einfach an dir vorbei, - so wie Wolken am Himmel einfach vorbeiziehen.*

*4) Du bist nun schon völlig entspannt. Du hörst nur noch auf meine Stimme und genießt den angenehmen Zustand der absoluten Leichtigkeit und Geborgenheit. Dein Unterbewusstsein öffnet sich ganz weit und nimmt alles auf, was ich dir sage. Meine Worte dringen ganz tief in Dein Unterbewusstsein ein und werden dort fest verankert.*

*5) Du bist nun in tiefster Entspannung. Du fühlst Dich ganz leicht und geborgen und vollkommen wohl."*

## 3.1.2 Verbale Induktion

Wünscht sich der Klient eine sanfte und einfühlsame Induktion und Vertiefung können Sie mit dieser Technik arbeiten. Es handelt sich um eine Traumreise zum Aufbau einer mittleren bis tiefen Trance und wurde von Benedikt Ahlfeld für seine Traumreisen und geführten Meditationen entwickelt:

*„Finde eine angenehme Position, in der du entspannt und locker sitzen oder liegen kannst. Wenn du das getan hast, schließe deine Augen und höre meinen Worten zu. Mach es dir jetzt sehr bequem und entspanne dich so sehr du nur kannst. Höre jetzt sehr genau zu und finde heraus, dass du dich sogar noch mehr entspannen kannst. Lenke den Fokus deines wachbewussten Verstandes nun auf deine Atmung. Du schließt deine Augen nach außen, aber du öffnest sie nach Innen. Es ist dies der Zustand der Dämmerung, der Moment zwischen Tag und Nacht, der Augenblick zwischen aufwachen und einschlafen. In diesem Zustand, in den du dich jetzt begibst wirst du dich auf die Reise nach innen machen.*

*Spüre die Unterlage unter dir und achte darauf, wie sich mit jedem Atemzug dein Brustkorb hebt und wieder senkt. Atme dreimal tief durch den Mund ein und langsam durch die Nase aus. Je mehr du dich auf deinen Atem konzentrierst, umso unwichtiger wird alles andere um dich herum. Du bist nun bereit, dich tiefer, immer tiefer zu entspannen.*

*Du bemerkst, dass du schon jetzt deutlich ruhiger geworden bist. Vor deinem geistigen Auge entsteht nun eine Truhe. Sie ist noch etwas entfernt. Es ist eine sehr alte Truhe und weil es deine Truhe ist, kannst du sie nun immer mehr zu dir heranholen. Mit jedem Atemzug holst du sie ein Stück näher, du atmest sie an dich heran, bis sie direkt vor dir ist. Du prüfst die Stärke ihrer Wände und fühlst, wie angenehm das Material beschaffen ist. Es ist nun an der Zeit, alles, was dich jetzt noch beschäftigt, aber für diese Meditation nicht benötigt wird, abzulegen. Alle Bedenken, Ängste und Sorgen, die dich beschäftigen, wirst du nun in dieser Truhe ablegen. Egal was, - alles, was deiner Entspannung im Weg stehen könnte.*

*Hebe den schweren Deckel der Truhe. Gib all deine Gedanken, Ängste und Sorgen hinein. Wenn du sie alle abgelegt hast, schließe den schweren Deckel, sodass er komplett abschließt und wende dich von der Truhe ab, damit sie sich hinter dir befindet. Ich werde eine Minute lang warten, während du das tust. Und diese Minute entspricht all der Zeit, die du benötigst, um das zu tun.*

*Du bemerkst, dass deine Atmung mittlerweile schon sehr, sehr ruhig geworden ist. Nun werde ich dir helfen, den Vertiefungsprozess deiner Entspannung weiter zu verstärken. Dein Geist bleibt wach, währenddessen dein physischer Körper in tiefen, angenehmen Schlaf sinkt. Lass dich fallen und erinnere dich: je höher die Zahl, desto tiefer entspannt bist du.*

*Lass vor deinem geistigen Auge 10 Kerzen entstehen, die du gleich der Reihe nach auspusten wirst. Puste sie mit einem tiefen Atemzug aus und lasse die Luft dabei langsam und mit Bedacht aus deinen Lungen strömen, sodass du deinen Atem über die Lippen vibrieren spüren kannst. Du kannst dabei einen tiefen Ton erzeugen, der dich immer tiefer in die Entspannung führt.*

*Die ersten 5 Kerzen leuchten in angenehm warmen Rot. Mit jeder dieser roten Kerzen wirst du mehr und mehr in tiefe Entspannung sinken. Es ist fast so, als würde mit jeder dieser ausgeblasenen Kerzen ein großer Teil der letzten Anspannung, die sich jetzt noch in deinen Muskeln und Sehnen befindet, komplett von dir abfallen.*

*Blas nun die ersten 5 Kerzen aus. Mit der fünften Kerze ist dein Körper komplett entspannt. Ich warte, während du das tust.*

*Die letzten 5 Kerzen leuchten in angenehm kühlen Blau. Mit jeder dieser blauen Kerzen wirst du mehr und mehr den Kanal zu deinem Unbewusstsein öffnen. Es ist fast so, als würde mit jeder dieser ausgeblasenen Kerzen ein großer Teil deiner höheren Verbindung aktiviert werden, die dir sonst in wachbewusstem Zustand nicht zur Verfügung steht.*

*Blas nun die letzten 5 Kerzen aus. Mit der fünften Kerze ist der Kanal zu deinem Unbewussten komplett geöffnet. Ich warte, während du das tust.*

*Dein Geist ist wach, dein physischer Körper schläft.*

*Du befindest dich nun auf dem Weg einen langen Gang hinab. Es ist ein sehr alter Gang, der dich in das unterirdische Zentrum eines sehr alten Berges führt. Du spürst, dass du hier geborgen und sicher bist. Über dir angebracht kannst du Fackeln erkennen, deren warmes Licht hinabstrahlt und dir ein Gefühl der Ruhe und Sicherheit gibt. Am Ende des Ganges wartet eine uralte, schwere Tür aus wundervoll verziertem Holz auf dich. Eine magische Anziehung geht von dieser Türe aus.*

*Ich zähle nun von 11 bis 20. Mit jeder Zahl sinkst du tiefer, immer tiefer in dieses angenehme Gefühl der absoluten Entspannung. Und mit jeder Zahl fühlst du dich wohler und entspannter. Während ich zähle, schreitest du immer tiefer den Gang entlang, in den Berg hinab, bis du schließlich bei der Zahl 20 vor dieser uralten Tür aus schwerem Holz zu stehen kommst.*

> *11, 12, schlaf, 13, tiefer und tiefer, 14 entspann dich, 15 lass los, 16, ruhig und geborgen, 17 mit jeder Zahl tiefer, 18, sicher und entspannt, 19, und du weißt, bei der nächsten Zahl bist du so tief entspannt wie schon sehr, sehr lange nicht mehr... 20.*
>
> *Du stehst nun im Zentrum des Berges, am Ende des langen Ganges, vor der Tür aus uraltem Holz, die sehr kunstvoll gefertigt ist. Nun erkennst du auch, dass über der Türe eine Inschrift angebracht ist. Hier, aus der Nähe, ist es dir möglich zu lesen, was in dicken Buchstaben darin geschrieben steht: „TITEL DER TRANCE".*
>
> *Du weißt, wenn du gleich durch diese uralte Tür trittst, dieses Portal durchschreitest, ist die Verbindung zu deinem tiefsten Unterbewusstsein völlig hergestellt. Öffne die Tür. Schreite hindurch. Nun bist du so tief entspannt wie noch nie zuvor."*

## 3.1.3 Sicherheitsort

Bevor inhaltlich mit einem Klienten gearbeitet wird – egal bei welchem Thema – empfehlen wir die Installation eines sogenannten „positiven Ressourcenankers". Dieser steht dafür, dass sich der Klient temporär – aber jederzeit und wenn nötig automatisch - von selbst an einen gedanklichen Ort zurückziehen kann, an dem er absolut sicher und geborgen ist. Es ist ratsam, diesen Sicherheitsort (bzw. einen vergleichbaren Ressourcenanker, der auch in Trance abrufbar ist) direkt nach der Induktion vor der eigentlichen hypnotischen Arbeit einzubauen. Dabei kann es sich um einen Raum handeln, aber auch jeder andere Ort, der von dem *Klienten* erwünscht wird, ist passend. Wichtig ist nur, dass dort das Gefühl der Sicherheit besonders stark ist und nicht unterbrochen werden kann. Idealerweise klären Sie diesen Ort bereits im Vorgespräch ab, um Missverständnisse zu vermeiden.

> *„Du befindest dich nun an einem Ort, an dem du absolut sicher bist. Falls es sich um einen Raum handelt, beobachte genau, wie schön er eingerichtet ist; ganz nach deinem Geschmack. Vielleicht handelt es sich aber auch um einen ganz anderen Ort... das ist nicht wichtig. Wichtig ist nur, dass du tief in dir spüren kannst, wie sicher und geborgen du jetzt – an diesem Ort – bist. Es gibt nichts, das dich hier ablenken kann. Du bist ganz bei dir: sicher, ruhig, entspannt. Dieses tiefe Gefühl der Geborgenheit wächst in dir, es wird mit jedem Atemzug immer intensiver. Und du weißt, dass du jederzeit an diesen Ort zurückkehren kannst, wenn du das brauchst. Ja, auch wenn du nur unbewusst bemerkst, dass es wichtig für dich ist, wird automatisch dieses Gefühl wieder da sein. Genauso präsent, ja sogar noch intensiver, - jetzt mit jeder Sekunde, dieses schöne Gefühl der Sicherheit und tiefen Geborgenheit."*

## 3.1.4 Grundlagen einer Trance-Induktion

Um Ihnen einen noch konkreteren Überblick über den Aufbau einer Trance-Induktion zu geben, soll dieser Raster dienen. Erklärungen zu den Begriffen finden Sie darunter.

| Durchführung einer verbalen Trance-Induktion | |
|---|---|
| Pacen des gegenwärtigen Zustandes | Während du deine Unterlage unter dir spürst und entspannt ein- und ausatmest … |
| Repräsentationsmodell (VAK) durchlaufen | … und dir vielleicht eine angenehme Situation aus Vergangenheit, Gegenwart oder Zukunft vorstellst … was du gesehen hast … welche Geräusche da waren … wie es sich angefühlt hat ... |
| Ja-Kette (yes-set) einbauen | … und du hörst meine Stimme und meine Worte und sinkst tief in Entspannung …. |
| Nutzen der Umgebung | … und jedes Umgebungsgeräusch, das du wahrnimmst, verstärkt diesen Zustand mehr und mehr … |
| Fokus nach innen lenken | … während du den Fokus völlig nach innen lenkst und auf deinen Atem achtest … |

Den gegenwärtigen Zustand zu pacen verweist auf das Modell von Rapport aus Kapitel 2. In diesem Zusammenhang lässt sich nicht nur nonverbale Körpersprache angleichen, sondern es können auch verbal aktuelle Prozesse oder die Umgebung des Klienten beschrieben werden. Indem mehrere richtige Fakten aufgezählt werden, erkennt das Bewusstsein des zu Hypnotisierenden an, dass Ihre Worte wahr sind.

So wird es Ihnen leichter folgen, damit Sie später auf das Unterbewusstsein Zugriff erhalten. Sie können dies in allen Sinneskanälen, vor allem dem (v)isuellen, (a)uditiven und (k)inästhetischen (Körpergefühl) Kanal tun. Mehr dazu in Kapitel 5.3.4 Repräsentationssysteme. Eine Ja-Kette führt dazu, dass der Klient die Führung vom Bewusstsein an Sie abgibt und ermöglicht erst den Zustand der Hypnose. Trance kann auch von selbst eintreten, Sie erinnern sich an den Alpha-Zustand beispielsweise vor dem TV, in Hypnose wird dies jedoch künstlich erzeugt und so ist es besonders wichtig, dass der Verstand des Klienten abgelenkt ist bzw. darauf vertraut, dass Sie im Interesse des zu Hypnotisierenden handeln. Auch wenn draußen störende Geräusche, beispielsweise das Schlagen einer Glocke oder das Bellen eines Hundes zu hören sein sollten, ist dies kein Grund, eine Hypnoseinduktion abzubrechen.

Benutzen Sie einfach alles, was Sie finden, denn jedes Geräusch, jede Bewegung, jeder Moment der Ruhe sind nur weitere Gründe, sich mehr zu entspannen. So könnten die „Glocken des Schicksals" die Hypnose „einläuten" oder der „Hund als treuer Begleiter" hinunter in Trance führen. Je tiefer und entspannter dieser Zustand wird, desto mehr richtet sich der Fokus des Klienten nach innen. Es ist nur hilfreich, diesen Umstand auch in Worte zu fassen und damit den Zustand weiter zu vertiefen.

Sobald der Klient in dieser tiefen Entspannung angekommen ist, können Sie die Hypnose entweder weiter vertiefen (beispielsweise durch

Fraktionierung oder indem Sie einfach weitererzählen) oder auflösen. Achten Sie jedoch darauf: auch wenn Sie nicht bis zu Ende zählen, muss dies nicht bedeuten, dass die hypnotisierte Person noch nicht in Trance ist.

> Egal, wie lange Sie erzählt haben
> oder wie leicht Sie glauben, dass die Hypnose war:
> **Lösen Sie zum Schluss immer komplett auf!**

## 3.2 Exduktion

Möchten Sie eine von Ihnen hypnotisierte Person wieder zurück ins Hier und Jetzt holen, auch bekannt als Ausleitung oder Exduktion, empfiehlt sich als einfachste und sicherste Variante das Hinauszählen. Sie können dieses immer anwenden, egal, ob Sie mit Hinunterzählen eingeleitet haben oder nicht. Grundsätzlich sollten Sie den Weg, den Sie in Hypnose gegangen sind auch wieder zurückgehen, bevor Sie auflösen. So können Sie beispielsweise in einer Traumreise mehrere Orte besucht oder zuerst eine Treppe hinabgestiegen, dann durch ein Tor getreten und schließlich in einem Raum angekommen sein. Falls Sie den Weg vergessen haben sollten, können Sie sich auch einfach retten, indem Sie sagen: *„Du findest nun langsam wieder zurück zu dem Punkt, wo du in Trance gegangen bist. Mit den nächsten fünf Atemzügen bist du wieder dort angekommen."* Wir begrenzen diesen Prozess zeitlich durch die Atemzüge, durch eine Angabe von beispielsweise zehn Sekunden oder indem wir sagen: *„Sobald ich „Jetzt" sage, bist du wieder dort angekommen."* Hauptsache, der Klient hat einen klar vorgegebenen Zeitrahmen. Es könnte sonst passieren, dass er länger braucht und ein Rapportverlust eintritt.

> *„Ich zähle langsam von 5 bis 1 und mit jeder Zahl, die ich sage, wirst du mehr und mehr aus deinem tiefen Entspannungszustand zurückkehren.*

> *Wenn ich bei 1 angelangt bin, bist du wieder hellwach und wirst vollkommen erholt sein und du wirst dich absolut wohl fühlen.*
>
> *5) Du bist noch immer tief entspannt und fühlst dich vollkommen wohl. Ganz langsam jedoch spürst du nun, wie dein Gefühl der Leichtigkeit zurückgeht und du merkst, wie du die Unterlage unter dir wieder deutlicher spüren kannst.*
>
> *4) Dein Puls, dein Blutdruck und auch deine Atmung normalisieren sich wieder. Dein ganzer Körper wird wieder völlig normal. Und wenn ich bei 1 angelangt bin, wirst du dich ausgeruht und erholt fühlen wie nach einem ausgiebigen Schlaf.*
>
> *3) Du bewegst leicht deine Finger und Zehen und spürst, wie du sie wieder deutlicher wahrnimmst und wie du mehr und mehr aus deinem angenehmen Entspannungszustand zurückkehrst.*
>
> *2) Dein Puls und dein Blutdruck steigen nun wieder auf für dich normale Werte an und du fühlst dich ausgeruht und wohl. Wenn ich nun die letzte Zahl sage, wirst du deine Augen wieder öffnen, bist wieder vollkommen wach und fühlst dich absolut wohl. Deine angenehme und harmonische Stimmung wird dir auch im Wachzustand erhalten bleiben.*
>
> *1) Öffne nun deine Augen. Du bist wieder vollkommen wach und absolut entspannt."*

Wenn Sie anders auflösen möchten als durch Hinauszählen, so ist dies durchaus möglich und funktioniert genauso gut, wenn Sie folgende Punkte beachten:

- Sie geben einen Prozess vor und verknüpfen das Ende mit dem Aufwachen
    - Du steigst die Stufen hinauf und bei der obersten Stufe bist du wieder hellwach und völlig erholt, zurück im Hier und Jetzt.
    - Der Lift fährt nach unten und im untersten Stockwerk

angekommen, bist du wieder hellwach und völlig erholt, zurück im Hier und Jetzt.
  - Mit den nächsten fünf Atemzügen kommst du langsam wieder zurück. Mit dem fünften Atemzug (Achtung: *nicht* mit dem „letzten"!) bist du wieder hellwach und völlig erholt, zurück im Hier und Jetzt.
  - Wenn ich gleich schnippe, kehrst du in deiner Geschwindigkeit zurück ins Hier und Jetzt, aber maximal in zehn Sekunden. Spätestens dann bist du wieder hellwach und völlig erholt, zurück im Hier und Jetzt.

- Sie erwähnen während des Aufwachens folgende (alle!) Punkte:
  - Deine Atmung normalisiert sich wieder
  - Dein Puls ist wieder normal
  - Auch dein Blutdruck ist wieder im Optimalzustand
  - (Am Ende des Prozesses) bist du wieder hellwach und vollkommen erholt

---

*„Wenn ich jetzt gleich die Worte „Guten Morgen!" sage, kehrst du in einer für dich angenehmen Geschwindigkeit, aber maximal in zehn Sekunden, zurück ins Hier und Jetzt. Du öffnest dann die Augen und bist wieder hellwach und völlig entspannt, auch dein Puls und Blutdruck sowie die Atmung sind wieder völlig normal ... Guten Morgen!"*

---

In seltenen Fällen kann es vorkommen, dass der Klient zwar wieder ansprechbar ist und sich wie normal bewegt, jedoch darüber klagt, dass sich alles noch „wie in Watte gepackt", so wie durch Nebel getrübt und viel zu langsam oder ihm etwas schummrig ist. Dann ist die hypnotisierte Person aus Gründen, die im Kapitel „Wachhypnose" erklärt werden, noch nicht ganz zurück. Die einfachste und sicherste Methode, den Klienten doch wieder zurückzuholen, ist denkbar simpel: einfach noch einmal Trance einleiten (zum Beispiel mittels Hinunterzählen) und danach gleich wieder Hinauszählen. Nun ist der Klient wieder hellwach. Lassen Sie die hypnotisierte Person nach einer Trance erst einmal entspannt liegen und sitzen, danach geruhsam aufstehen und durch den

Raum gehen, um den Kreislauf wieder in Schwung zu bringen. Ein Glas Wasser zu trinken, wirkt auch unterstützend und gibt genug Zeit, wieder ganz wach zu sein. Achten Sie unbedingt darauf, dass der Hypnotisand wieder komplett zurück im Hier und Jetzt ist, bevor er Ihre Räumlichkeiten verlässt.

> **Tätigkeiten, die volle Konzentration erfordern,
> sind während und kurz nach Hypnose keinesfalls möglich**
> und sollten auch nicht durchgeführt werden!

## 3.3 Gesprächshypnose

Das Milton Modell (bekannt aus dem NLP) ist eine Sammlung von Techniken aus der Gesprächshypnose, um Menschen in tiefste Entspannungszustände zu versetzen. Diese Trancezustände wurden von Dr. Richard Bandler und John Grinder, den Erfindern von NLP, vor allem in Zusammenarbeit mit dem bekannten Hypnotherapeuten Milton Erickson erforscht. Erickson war seit seinem 19. Lebensjahr durch Polio gelähmt und lernte die Außenwelt auf andere Art zu beeinflussen als viele seiner Mitmenschen: Er konzentrierte sich größtenteils auf seine Stimme und erkannte, dass der Inhalt im Vergleich zum Gebrauch, also dem *Wie*, von verschwindend geringer Wichtigkeit war. Durch die Entwicklung dieser Fähigkeit wurde er zu einem weltbekannten Hypnotherapeuten, der tief greifende Glaubenssatz- und Veränderungsarbeit mittels Gesprächshypnose leistete. Bandler, damals noch auf der Universität, durfte bei vielen seiner Sitzungen anwesend sein und kam hinter das Geheimnis seiner hypnotischen Fähigkeiten: wie er seine Stimme einsetzte und welche Sprachmuster er anwandte, um Menschen schnell und unbemerkt in tiefe Trancezustände zu führen. Erickson betonte, im Gegensatz zu Freud, dass das Unbewusste eine besonders positive Wirkung auf uns habe, da es eine wertvolle und unbegrenzte Ressource darstelle. Es beinhalte alle Erfahrungen und Fähigkeiten eines Menschen, die jedoch meist nicht bewusst genutzt würden. In Trance findet der Hypnotisierte diese unbewussten

Ressourcen wieder und aktiviert sie, um positive Veränderung schnell und erfolgreich zu bewirken. Das Unbewusste ist die Quelle aller positiven Energie und verborgener Fähigkeiten und Werte, die uns als Mensch ausmachen. Tad James listete einige sehr treffende Fähigkeiten auf, die das Unbewusste beschreiben:
- Steuern und Erhalten der Körperfunktionen
- Kommunizieren mit dem Bewusstsein
- Speichern und Abrufen von Erinnerungen
- Erzeugen und verarbeiten von Emotionen
- Organisieren von Erinnerungen
- Verdrängen von negativen, unaufgelösten Erinnerungen
- Aufnahme, Filterung und Weiterleitung aller Sinneseindrücke an das Bewusste
- Erzeugen von Verhaltensmustern und Reaktion mit denselben

Folgende Eigenschaften rechnete James dem Unbewussten zu:
- Es funktioniert ohne „Teile" als Ganzes, als Einheit
- Es kennt den Körper, - in aktuellen und früheren Zuständen
- Es kennt perfekte Gesundheit und Entspannung
- Es verarbeitet Information wortwörtlich und persönlich
- Es befolgt Anweisungen und Befehle
- Es erzeugt, speichert, verteilt und überträgt „Energie"
- Es arbeitet nach dem Prinzip der geringsten Anstrengung und des geringsten Widerstandes

Das Milton Modell des NLP ist tatsächlich die Umkehrung des Meta Modells: Anstatt durch passende Fragen gezielt Information zu sammeln, bedienen wir uns nun einer möglichst vagen Sprache. Diese bewussten Meta Modell Verletzungen vor größeren Gruppen begehen wir, um möglichst viele Menschen anzusprechen und abzuholen. Dies kennst du bereits aus Werbung und Politik, besonders wenn sich hohe Entscheidungsträger in Interviews nicht festlegen wollen und sie keine spezifischen Aussagen tätigen, obwohl sie sich eingehend mit dem Thema beschäftigen.

| **Die Sprachmuster des Milton-Modells**[xiv] | |
|---|---|
| Gedankenlesen | Ich weiß, du überlegst gerade … |
| Verlorener Performativ | … und es ist gut, sich zu überlegen … |
| Ursache-Wirkung | … weil … |
| Komplexe Äquivalenz | … das zeigt … |
| Präsupposition (Vorannahme) | … dass du noch besser lernst … |
| Universelle Quantifizierung | … all die Dinge, diese vielen Dinge … |
| Modaloperatoren | … die du lernen kannst … |
| Nominalisierungen | … ermöglichen dir neue Erkenntnisse … |
| Unspezifische Verben | … und du erlebst dabei neue Möglichkeiten … |

## 3.4 Gruppenhypnose

Eine Gruppentrance zu sprechen, stellt für viele Hypnotiseure eine kleine Hürde dar. Anders als bei den bisherigen Einzelsitzungen ist kein direktes Vorgespräch möglich. Es muss also mehr mit „Gießkannenprinzip" als mit Individualcoaching gearbeitet werden. Dies wirkt sich nun nicht nur auf die Induktion aus, die meist verbal ist, sondern auch auf den inhaltlichen Aufbau. Die Gruppe wird dennoch in den meisten Fällen per „Du" angesprochen, um das Unterbewusstsein eines jeden Einzelnen direkt zu erreichen. Interessant ist jedoch das Phänomen, dass auch wenn alle Teilnehmer bereits die Augen geschlossen haben und in tiefer Trance sind, sich Personen angesprochen fühlen, wenn diese direkt vom Hypnotiseur adressiert werden – völlig ungeachtet dessen, dass er keinen Namen nennt und auch nicht auf die Person zeigt. Dies lässt auf eine „unsichtbare" Verbindung schließen, die zwischen Hypnotiseur und Klient während der Trance besteht. Ein weiteres Indiz dafür, dass in Hypnose sehr sorgsam mit dem Teilnehmer umgegangen werden sollte. Inhaltlich ist darauf zu achten, dass möglichst bei jeder Suggestion und jeder beschriebenen Situation mehrere Alternativen zur Verfügung stehen. Es werden zwar genug Details genannt, um eine bildliche Vorstellung zu ermöglichen, aber nicht zu viele, um die Trance nicht zu unterbrechen. Wird eine gewisse Situation nämlich zu detailliert vom Hypnotiseur beschrieben, schaltet sich die Kritikfähigkeit des Bewusstseins wieder ein und holt den Teilnehmer zurück aus der Trance.

Beispiel: Während einer (Gruppen-) Trance erzählt der Hypnotiseur fortwährend von einer besonders angenehmen Situation aus der Vergangenheit des Klienten. Der Hypnotisierte hat natürlich bereits eine bestimmte Vorstellung im Kopf, die gerade die Pforten zum Unterbewusstsein öffnet. Spricht der Hypnotiseur diese Situation jedoch an und betitelt sie beispielsweise als „damals am Strand", wobei der Klient gerade in seiner Erinnerung in einem sattgrünen Wald steht, dann wird sich der Verstand zurückmelden und sagen: „Moment, so war das doch gar nicht! Komm lieber wieder zurück, hier stimmt etwas nicht..."

Nach dem Beenden der Gruppentrance, zum Beispiel durch normales Herauszählen, sollten sich alle Teilnehmer noch einmal strecken, durch den Raum bewegen und etwas trinken, bevor sie aus dem Raum entlassen werden. Vereinzelt kann es vorkommen, dass einzelne Teilnehmer so tief in Trance waren (oder so müde) waren, dass sie weiterschlafen, obwohl bereits aufgelöst wurde. Dann einfach noch einmal zum Teilnehmer gehen und erneut auflösen, am besten mit direkter Ansprache des Hypnotisierten. Sollte dies nicht helfen, so verlassen Sie sich einfach auf Ihre Intuition. Beispielsweise kann es genügen, die flache Hand kurz über den Solarplexus zu halten und schon ist der Schlafende wieder wach. Eines ist auf jeden Fall sicher: jeder wacht aus Trance wieder auf!

Muss der Raum unbedingt geräumt werden und es bleibt keine Zeit mehr, den Klienten ausschlafen zu lassen (oft genügen dafür zehn bis zwanzig weitere Minuten), so kann er durch leichtes, sehr sanftes Rütteln an Schulter oder Oberarm aus dem Schlaf „gewogen" werden.

## 3.5 Fixationsmethode

Die Fixation, also das visuelle Fokussieren auf einen einzelnen Punkt, zum Beispiel ein Pendel, einen Finger oder eine Kerzenflamme, ermöglicht sehr schnelle Induktionen. Dies ist dadurch zu erklären, dass der bewusste Verstand so sehr darauf konzentriert ist, auf diesen Punkt zu achten, quasi die komplette Aufmerksamkeit des Wachbewusstseins darauf konzentriert wird, dass der Hypnotiseur leicht daran vorbeikommt und Zugriff auf das Unterbewusstsein hat. Während der Verstand noch damit beschäftigt ist, sich auf den Punkt zu konzentrieren, können gezielte Suggestionen zu einer relativ raschen Tranceinduktion führen. Dies ist oft auch Grundlage der Showhypnose, kann jedoch als Alternative zur verbalen Induktion oft auch im Coaching-Kontext und der Entspannungshypnose eingesetzt werden. Theoretisch kann jeder Gegenstand fokussiert werden, üblicherweise ist das ein Pendel, das vor den Augen des Klienten hin- und herschwingt, oder ein Finger, der eine ähnliche Wirkung hat.

Zu beachten ist hierbei, dass der Klient gemütlich sitzen kann (bereit in Trance zu gehen) und sein Kopf gerade bleibt. Das zu fixierende Objekt wird nun in einem Abstand von zehn bis fünfzehn Zentimetern von seiner Nasenwurzel entfernt gehalten und zwar so hoch, dass es mit den Augen, die nach oben gerichtet sind, gerade noch zu sehen ist. Bewegt sich der Kopf des Klienten nach oben, ist es schon aus dem Blickfeld verschwunden, für die volle Wirkung dieser Induktionsmethode sollte der Gegenstand also gerade noch zu sehen sein. Nun wird das Pendel oder der Finger in kleinen, geraden Bewegungen hin- und hergeschwungen, gerade genug, um beide Augen immer wieder von links nach rechts zu bewegen, die weiterhin auf den Gegenstand fokussiert bleiben. Dies ist durchaus anstrengend und oft kommt es vor, dass ein leichtes Brennen in den Augen zu spüren ist, weil diese überanstrengt werden. Der Hypnotiseur nutzt dies als Suggestion für eine Ja-Kette und baut den Effekt in die Hypnoseinduktion ein. Parallel zu den Bewegungen mit dem Gegenstand spricht der Hypnotiseur beispielsweise:

*„Ich möchte, dass du dich nun entspannt hinsetzt. Halte deinen Kopf gerade und richte all deine Aufmerksamkeit, deinen kompletten Fokus,*

> *nur auf diesen Punkt (am jeweiligen Gegenstand). Folge diesem Punkt, während ich ihn bewege, mit deiner höchstmöglichen Aufmerksamkeit und Konzentration. Je mehr du dich konzentrierst, desto tiefer sinkst du in Entspannung, aber noch machst du deine Augen nicht zu. Du schließt sie erst, wenn ich es sage.*
>
> *Fokussiere dich mehr und mehr, achte nur noch auf meine Worte und diesen Punkt ... Vielleicht spürst du ein leichtes Brennen in den Augen, das ist ein weiteres Zeichen dafür, dass du gleich sehr tief in Trance gehen wirst.*
>
> *Ich zähle jetzt von 3 bis 1 und bei 1 schließt du deine Augen. Sobald sie geschlossen sind, sinkst du augenblicklich doppelt so tief in Entspannung wie du jemals zuvor warst.*
>
> *3 ... 2 ... 1. Schließ deine Augen, sink ganz tief...“*

Nun, da die Augen des Klienten geschlossen sind, kann die Hypnose ganz normal weiter vertieft werden. Anstatt hinunterzuzählen, kann der Hypnotiseur auch eine Suggestion geben wie: *„Sobald ich dich mit meinem Finger an der Stirn berühre, sinkst du augenblicklich tief in Trance."* Wichtig sind dabei wiederum der Prozess und die zeitliche Restriktion (siehe Kapitel 3.2). Der Hypnotiseur hat die Führung übernommen und sollte dies dem Unterbewusstsein auch klar kommunizieren. Erst dadurch wird möglich, dass die späteren Suggestionen ihre volle Wirkung entfalten.

Die Fixationsmethode kann auch verbal induziert werden, ohne dass Sie dazu ein Pendel oder Ihre Finger benützen. Dies dauert im Durchschnitt etwas länger, weil Sie nicht aktiv in den Prozess eingreifen. Sie können den Klienten einfach auf irgendein Objekt in der Umgebung fokussieren lassen. Theoretisch ist es nicht wichtig, ob Sie Ihren Klienten per „Du" oder „Sie" ansprechen, ich persönlich bevorzuge das „Du", um einen intimeren Kontakt zu dem Unterbewusstsein herstellen zu können. Doch in der Wirkungskraft der Hypnose selbst macht dies keinen signifikanten Unterschied.

> *„Setzen Sie sich nun ganz bequem hin und genießen Sie die angenehme und wohltuende Erfahrung der Entspannung. Setzen oder legen Sie sich so, wie es für Sie am bequemsten ist. Sie sind auf Ihre eigene, besondere Art und Weise einzigartig, und deshalb entspannen Sie auf Ihre eigene, einzigartige und besondere Art und Weise. Vielleicht fällt es Ihnen leichter zu entspannen, während Sie in einem bequemen Sessel sitzen, oder vielleicht möchten Sie sich lieber entspannen, während Sie auf einer Liege oder einem weichen Bett liegen oder auch auf einem Teppich auf dem Boden.*
>
> *Wenn Sie sich so hinsetzen oder hinlegen, wie es für Sie am bequemsten ist, dann ist es ganz leicht, sich zu entspannen ... Und wenn Sie nun so vollkommen bequem und entspannt liegen oder sitzen, lassen Sie Ihre Augen einen Punkt im Raum finden, den Sie fokussieren können, das kann ein Lichtschalter sein oder auch ganz einfach irgendein Punkt an der Wand oder an der Decke ... oder suchen Sie sich irgendetwas anderes aus ... ..Und während Ihre Augen diesen Punkt fixieren, können Sie sich auf das Gefühl wohliger Entspannung, das sich nun ganz sanft in Ihrem Körper ausbreitet, konzentrieren oder Sie können es auch gar nicht beachten. Und wenn Sie das möchten, können Sie Ihre Gedanken wandern lassen. Und Sie werden feststellen, dass Ihr Körper und Ihr Geist mehr und mehr entspannen, je länger Sie Ihren Punkt fixieren ... ....und je mehr Sie Ihre Gedanken schweifen lassen ... ...desto mehr können Sie loslassen und entspannen, während Sie auf meine Stimme hören. Und ebenso wie Sie spüren, wie Ihr Körper entspannt, spüren Sie auch die Schwere in Ihren Augenlidern. Vielleicht achten Sie auch darauf, wie tief und rhythmisch Ihr Atem jetzt fließt ... während sich Ihre Augen langsam schließen... .*
>
> *Die meisten Menschen fühlen sich wohler, wenn sie ihre Augen schließen. Es ist so viel leichter, die Augen zu schließen und tief zu*

*entspannen ... Schließen Sie nun Ihre Augen und entspannen Sie ... erleben Sie, wie die Gefühle von Wohligkeit und Entspannung Ihren Körper durchströmen. Jegliche Geräusche, die zu Ihnen durchdringen, scheinen von weit her zu kommen und können Ihnen helfen, sich noch tiefer zu entspannen. Sie interessieren sich viel mehr für das Gefühl von Ruhe, Frieden und Entspannung, das Sie in sich spüren ... Und jetzt, wo Sie sich immer mehr entspannen und sich immer wohler fühlen, sind Sie auch in der Lage, sich ganz deutlich auf das auszurichten, was Sie wirklich erreichen wollen, was auch immer es ist. Nutzen Sie also Ihre natürliche Begabung der Konzentration, um jetzt die Muskeln Ihrer Augen, Ihrer Augenlider zu entspannen, nutzen Sie die Kraft Ihrer Phantasie, um sich das Gefühl angenehmer Schwere und Entspannung in den Muskeln Ihrer Augen vorzustellen. Lassen Sie diese Muskeln entspannen, so sehr, dass Ihre Augen einfach geschlossen bleiben wollen ... .Und ebenso wie Ihre Augen entspannen, können auch Sie entspannen, und während Sie entspannen, können Sie zulassen, dass sich das angenehme Gefühl der Entspannung und der Schwere von Ihren Augen aus in Ihrem ganzen Körper ausbreitet. Sie können entspannen, genau wie Ihre Augen entspannen, und erleben, wie dieses wunderbare Gefühl jede Faser Ihres Körpers, Ihr gesamtes Sein durchströmt und dabei an Intensität zunimmt ... Und wenn Sie wollen, dann können Sie spüren, wie alles, jeder Teil von Ihnen vollkommen und völlig mühelos entspannt ist, ruhig und gelassen. Sie können spüren, dass jeder Atemzug zu Ihrer Entspannung beiträgt, tiefer und tiefer; Sie können dieses wachsende Gefühl der Entspannung in Ihrem Körper auch einfach gar nicht beachten. Wenn Ihre Gedanken abschweifen wollen - dann lassen Sie sie abschweifen."*

## 3.6 Blitzhypnose

Die Blitzhypnose ist eine gute Möglichkeit, Menschen besonders schnell in sehr tiefe Trancezustände zu führen. Meistens wird sie im Stehen durchgeführt, kann jedoch auch im Sitzen erfolgen. Dabei richtet der Klient seine Konzentration wie bei der Fixationsmethode auf einen

Punkt, diesmal die Spitze Ihres Zeigefingers, der den Daumen berührt. Ihre Hand befindet sich die Armlänge vom Gesicht des zu Hypnotisierenden entfernt, während Sie seitlich neben ihm stehen oder sitzen. Sie suggerieren dabei, dass, je näher der Finger kommt, desto tiefer sich der Klient entspannen kann. Sobald der Finger die Stirn berührt (Suggestion), wird dieser ganz tief in Trance gehen. Steht der Klient, wird er leicht nach hinten wanken, Sie können dies zur Verstärkung der Trance nutzen (wie mit den brennenden Augen bei der Fixationsmethode) und hinzufügen, dass der Klient ein leichtes Ziehen im Rücken verspürt, das ihn nach hinten kippen lässt.

**Achtung!** Auf Grund der Suggestion, aber oft auch aus Intuition heraus, **wird sich der Klient im Stehen nach hinten fallen lassen**. Der Effekt der Hypnose (beziehungsweise die Trancetiefe) wird durch dieses physische „Fallenlassen" besonders verstärkt. Bemerkenswert ist dabei auch, dass die Hypnotisanden bereits im Fallen in Trance sind, zu erkennen daran, dass häufig eine Katalepsie (Körper- oder Gliederstarre, mehr dazu in Kapitel 4) in Beinen und Armen feststellbar ist. **Deshalb ist es ganz besonders wichtig, hier eine zweite Person im Raum zu haben, die den Klienten sicher auffängt!** Mit etwas Erfahrung ist es möglich, den Klienten auch allein aufzufangen, am sichersten lassen Sie ihn jedoch auf ein Bett oder eine Couch sinken. Dieser Effekt ist auch im Sitzen möglich, wobei der Klient zum Beispiel auf einer Bettkante sitzt und sich dann nach hinten sinken lässt. In solchen Fällen ist es jedoch nötig, in einer kurzen Wachhypnose den Klienten darum zu bitten, sich noch einmal aufzusetzen und normal hinzulegen, weil ansonsten auf Grund der Gliederstarre die Beine über den Bettrand hinausragen und dies mit der Zeit sehr unangenehm sein kann, da es zu Muskelzerrungen oder Durchblutungsstörungen führen kann.

---

„Wenn eine Hypnoseinduktion unter Zeitdruck steht,
dient sie wahrscheinlich mehr dem Hypnotiseur als dem Patienten."
**- Werner Eberwein**

---

Für Anfänger empfiehlt es sich, die Blitzhypnose nur unter professioneller Aufsicht durchzuführen und mit einer zweiten Person, die den Hypnotisand auffängt. Eine weiche Turnmatte oder Decke, die auf den Boden gelegt wird, ist ebenfalls praktisch. Wenn der Klient nach hinten kippt, sobald der Hypnotiseur ihm (ganz leicht) auf die Stirn tippt und sich seine Augen automatisch schließen, ergreift der Hypnotiseur sanft sein Genick, um den Kopf zu schützen. Die andere Person steht breitbeinig hinter dem Klienten, ausbalanciert und etwas in die Knie gegangen, mit einem Bein etwas weiter nach vorne. Sie fängt ihn mit den Armen auf, wobei die Ellenbogen nach unten abgewinkelt sind, die Handflächen also von unten hin zum Rücken des Klienten zeigen. Nur so ist sichergestellt, dass genug Kraft da ist, um den Klienten auch sanft abzulegen. Unterschätzen Sie nicht die Wucht und das Gewicht auch von kleinen Personen, die plötzlich nach hinten kippen! Seien Sie stets besonders vorsichtig bei der Durchführung einer Blitzhypnose und achten Sie darauf, dass die fangende Person verstanden hat, wie der Klient fallen wird. Sie können dies durchaus dazu benützen, die Erwartungshaltung im Hypnotisanden weiter zu steigern, indem Sie den kompletten Prozess vorab mit beiden durchgehen und beschreiben.

*„Du stellst dich bitte einfach gerade hin, schau in diese Richtung (egal welche, Hauptsache hinter dem Klienten ist genug Platz zum Umkippen und Hinlegen). Wenn du gleich auf den Strich und nur auf den Punkt zwischen meinem Daumen und Zeigefinger schaust, wenn ich die Hand so halte (vorzeigen), dann werde ich die Hand immer näher an deine Stirn heranführen (jetzt noch nicht). Sobald meine Finger deine Stirn berühren, wirst du nach hinten umkippen und besonders tief in Trance gehen. Weil du dann ja ganz gerade umkippst, wie ein Baum, der nach hinten fällt (deine Glieder werden ganz starr sein durch die eintretende Katalepsie), haben wir hier {Name des Auffängers}, der dich sicher fangen wird.*

*(Zum Fänger, während der Klient zuhört:) Dazu stellst du dich einfach breitbeinig hin und hältst die Arme so (vorzeigen), dass deine*

*Handflächen nach oben schauen und du {Name des Klienten} am Rücken auffangen kannst. Du legst ihn/sie dann ganz sanft hin, indem du in die Knie gehst. Ich halte dabei den Kopf, damit auch dieser ganz sachte zum Liegen kommt.*

*(Zum Klienten:) Bist du bereit, in eine besonders tiefe Trance zu gehen?"*

*Der Klient: „Ja!"*

*„Dann schau mal auf meine Finger, fokussiere genau den Strich zwischen meinem Daumen und Zeigefinger ... und du spürst schon jetzt, dass je näher dieser Punkt kommt, desto entspannter wirst du ... deine Atmung ... ganz entspannt. Genau so ist es gut...*

*Wenn ich dich gleich an der Stirn berühre, schließt du deine Augen und sinkst ganz tief in Trance, vielleicht doppelt so tief wie du jemals warst ... denn du wirst ganz sicher aufgefangen, also lass dich dann einfach nach hinten kippen.*

*Vielleicht spürst du schon jetzt ein leichtes Ziehen im Rücken, so wie ein unsichtbares Band, gib dem Gefühl einfach nach und tauch ein in dieses Meer (Ambiguität: Mehr) der Entspannung."*

Während Sie den Text sprechen, kommen Sie langsam und in gleich bleibender Geschwindigkeit mit der Hand immer näher an die Stirn des Klienten und wenn Sie möchten, können Sie, sobald Sie ihn berühren, noch einmal den Befehl *„Schlaf ein!"* geben. Der komplette Prozess sollte nicht länger als eine Minute in Anspruch nehmen und mit wachsender Erfahrung können Sie den Inhalt weiter abkürzen. Es heißt nicht umsonst Blitzhypnose, denn *mit ausreichender Erwartungshaltung können Sie Klienten auch völlig ohne Worte innerhalb von zwei bis drei Sekunden in Tieftrance schicken!*

Achten Sie unbedingt darauf, die andere Hand bereits im Genick oder am Hinterkopf des Klienten bereitzuhalten (noch nicht berühren), kurz bevor er umfällt. Sobald er umkippt, können Sie ihn auffangen und die andere Hand zur Unterstützung beim Hinlegen nehmen.

## 3.7 Überlastung

Bei der Überlastung bedienen wir uns der Millerschen Zahl. Dieser Begriff geht auf den US-amerikanischen Psychologen George A. Miller zurück. 1956 erschien in *The Psychological Review* sein Artikel „The Magical Number Seven, Plus or Minus Two: Some Limits an our Capacity for Processing Information".

Nach Miller kann ein Mensch im Kurzzeitgedächtnis gleichzeitig 7±2 Informationseinheiten (Chunks) präsent halten. Die Größe des Kurzzeitgedächtnisses ist genetisch bestimmt. Sie kann nicht erweitert oder verändert werden und die durchschnittliche Chunk-Kapazität verbleibt bei 6 bis 7 Chunks. Wer eine Leistung von 8 Chunks aufweist, liegt demnach schon über dem Durchschnitt, eine Leistung von 9 Chunks ist weit überdurchschnittlich und damit außergewöhnlich.

Für das Trainings- und Präsentationsdesign ergeben sich daraus folgende Erkenntnisse:

- Wer mehr als sieben Ziele in seiner Präsentation verfolgt, kann dabei schnell den Überblick verlieren. Vor allem beim Publikum besteht diese Gefahr.
- Meetings und andere Besprechungen verlieren an Effizienz, wenn mehr als 7 Personen teilnehmen.
- Die Gliederung von Unterpunkten sollte die Zahl sieben nicht überschreiten.
- Maximal sieben Mitarbeiter sollten in Hierarchieebenen einen direkten Vorgesetzten haben. Ansonsten besteht die Gefahr der Ineffizienz.

- Arbeitsgruppen verlieren stark an Effizienz, wenn diese aus mehr als sieben Personen bestehen und nicht von einer Führungskraft begleitet werden.
- **Um komplexe Informationen überschaubar und verständlich zu machen, lohnt es sich, diese in bis zu sieben Einzelelemente zu gliedern.**

Besonders der letzte Punkt ist für die Hypnoseinduktion interessant. Wir sind bisher bemüht gewesen, den bewussten Verstand auf einen Punkt zu fokussieren, damit wir daran vorbeikommen und dem Unterbewusstsein Suggestionen geben können, damit der Klient in Trance geht. Warum aber nicht anders: den bewussten Verstand so weit überlasten, dass er sich nach einer gewissen Zeit (meist drei bis fünf Minuten, während Sie erzählen) einfach komplett ausschaltet und Sie diesen Moment als gezielten Übergang in Trance nutzen? Darum sollte bei dieser Induktion im Vergleich zu anderen verbalen Methoden eher schnell gesprochen werden, um dem kritischen Verstand wenig Zeit zu lassen zu folgen.

*„Du suchst dir nun mit offenen Augen einen Punkt an der Wand oder im Raum, den du ganz genau betrachtest. Richte all deine Aufmerksamkeit auf diesen und nur auf diesen Punkt. Lenk all deine Energie nur auf diesen einen Punkt. Wenn du all deine Konzentration darauf gerichtet hast, such dir einen zweiten Punkt. Richte nun genauso viel Aufmerksamkeit auch auf diesen Punkt, fokussiere also beide Punkte gleich stark mit demselben Ausmaß an Energie und Aufmerksamkeit.*

*Wenn du all deine Konzentration auf diese zwei Punkte gerichtet hast, such dir einen dritten Punkt. Richte nun genauso viel Aufmerksamkeit auch auf diesen Punkt, fokussiere also alle drei Punkte gleich stark mit demselben Ausmaß an Energie und Aufmerksamkeit.*

*Wenn du all deine Konzentration auf diese drei Punkte gerichtet hast, such dir einen vierten Punkt. Richte nun genauso viel Aufmerksamkeit auch auf diesen Punkt, fokussiere also alle vier Punkte gleich stark mit demselben Ausmaß an Energie und Aufmerksamkeit."*

Sie wiederholen den oberen Absatz, bis Sie bei acht bis neun Punkten angekommen sind (sie können auch hinter dem Sichtfeld des Klienten liegen), die gleichzeitig fokussiert werden. Nun fahren Sie fort:

*„Jetzt, wo du all deine Konzentration auf diese Punkte verteilt hast, steigere deinen Fokus so sehr, bis zu dem Grad, wo du gar nicht mehr kannst. Wenn du am allerhöchsten Punkt deiner Konzentration angekommen bist, wirst du, sobald ich „Jetzt" sage, all deinen Fokus loslassen, die Augen schließen und in einen ganz tiefen Zustand absoluter Entspannung übergehen. Mach dich bereit ... 3 ... 2 ... 1 ... Jetzt!"*

## 3.8 Konfusion

Diese Hypnoseinduktion funktioniert überaus gut bei Menschen, die übermäßig logisch-rational und analytisch denken, deren Kritikfähigkeit also besonders stark ausgeprägt ist. Bei ihnen ist der wachbewusste Verstand hartnäckiger und schwieriger beiseite zu schieben, um Zugriff auf das Unbewusstsein zu erhalten. Darum empfiehlt sich diese oder eine ähnliche verbale Einleitung. Die Wirkungsweise entspricht dabei jener der Überlastung, wobei hier das Wachbewusstsein verwirrt wird, bis es die Information nicht mehr verarbeiten kann, und sich kurzzeitig abschaltet. Dieser Moment wird mit einer Suggestion zur Überleitung in den Trancezustand benutzt, beispielsweise mit: *„Es ist in Ordnung, jetzt loszulassen und in Trance zu gehen."* Auch hier sollte deshalb im Vergleich zu anderen Induktionen eher schnell gesprochen werden, um dem kritischen Verstand keine Zeit zum Hinterfragen zu lassen.

*„Konzentriere dich nun ganz auf deinen rechten Oberarm und spür in dich hinein. Bemerke, wie der rechte Oberarm angenehm warm wird, je mehr du dich darauf konzentrierst.*

*Richte deinen Fokus nun genauso auf deine linke Wade und spür in dich hinein. Bemerke, wie die linke Wade genauso angenehm warm wird, je stärker du darauf deinen Fokus lenkst, während dein rechter Oberarm weiterhin warm bleibt und sich immer angenehmer anfühlt.*

*Während beide Bereiche deines Körpers nun immer entspannter sind, richtest du deine Aufmerksamkeit auf deinen Brustkorb, auch er wird ganz angenehm warm, während du tief und entspannt atmest.*

*Nun spür auch deine Schulter, erst die linke, dann die rechte. Und fühl hinein, wie es immer wärmer wird, je mehr du dich entspannst. Auch deine Hände, bis in die Fingerspitzen. Von der Fußsohle bis hinauf zum Scheitel.*

*Und während alles immer wärmer wird, konzentrierst du dich noch mehr, auch auf deinen linken Oberarm. Während alles immer entspannter und angenehm warm wird, ist auch deine rechte Wade ganz locker.*

Sie können nach diesem Muster über den ganzen Körper springen und die Trance damit vertiefen. Nun fahren Sie fort:

„*Jetzt, wo du all deine Konzentration auf deinen Körper gerichtet hast und alles ganz angenehm warm ist, achte nur auf dieses angenehme Gefühl und deinen Atem. Wenn ich gleich „Schlaf ein" sage, lass all deinen Fokus los, schließ die Augen und sinke in einen ganz tiefen Zustand absoluter Entspannung. Mach dich bereit, - ... 3 ... 2 ... 1 ... Schlaf ein!"*

## 3.9 Dave Elman Induktion[10]

Die auf den amerikanischen Showhypnotiseur zurückgehende *Dave Elman - Induktion* ist bekannt dafür, schnell einen tiefen Trancezustand zu erzeugen. Besonders geeignet ist sie für Menschen die klare Anweisungen umsetzen können. In der Praxis wird sie nicht nur als Schnellinduktion bei Hypnosecoaching verwendet, sondern auch für medizinische Bereiche wie Zahnarztbehandlungen genutzt. Dave Elman unterrichtete lange Zeit Mediziner und Zahnärzte in Hypnose. Seine Induktionen wurden daher nach deren Bedürfnissen aufgebaut.

Wichtig für diese Induktion ist, dass der Klient die Anweisungen des Hypnotiseurs genau umsetzt und der Hypnotiseur die Tests, die in der Trance eingebaut sind, gewissenhaft überprüft. „Scheitert" der Klient an einem Test, soll nicht weitergegangen werden. In diesem Fall sollte der Hypnotiseur ein bis zwei Punkte in der Induktion zurückgehen, und noch einmal sicherstellen, dass diese gut vom Klienten umgesetzt werden.

- *"Nimm einen tiefen Atemzug und halte Deinen Atem an"*
- *"Nun lass den Atem herausströmen und schließe Deine Augen und entspann Dich."*
- *"Entspanne jetzt Deine Augen und die Muskeln rund um Deine Augen vollkommen und ganz tief."*
- *"Entspanne sie genau bis zu dem Punkt, an dem sie aufhören zu arbeiten und wenn Du sicher bist, dass sie so entspannt sind dass sie gerade nicht mehr arbeiten wollen teste sie. Und überzeuge Dich davon, beweise dir selber dass sie nicht mehr arbeiten."*
- *Bestätigen, z.B. „Sehr gut".*
- *"Nun kannst Du aufhören, sie zu testen und sie wieder entspannen."*
- *"Nimm jetzt das Gefühl dieser Entspannung und schicke es durch Deinen ganzen Körper bis in die Zehenspitzen."*

---

[10] Die hier beschriebene Induktionstechnik stammt aus der Feder von Stefan Strobl.

- *Bestätigen, z.B. „Sehr gut".*
- *"In einem Moment werde ich Dir sagen, Du sollst Deine Augen öffnen und wieder schließen. Wenn Du sie wieder schließt geh zehnmal tiefer in die Entspannung."*
- *"Augen auf" (Hand davor halten und leicht nach oben führen) "und Augen zu" (Hand leicht nach unten führen) "Geh zehnmal tiefer."*
- *Bestätigen, z.B. „Gut".*
- *"In einem Moment werde ich Dir sagen, Du sollst Deine Augen öffnen und wieder schließen. Dieses Mal wenn Du sie wieder schließt, verdopple einfach Deine Entspannung."*
- *"Öffne jetzt Deine Augen." - "Und nun schließe sie wieder. Und verdopple diese Entspannung."*
- *"Sehr gut... In einem Moment werde ich Dir sagen, Du sollst Deine Augen öffnen und wieder schließen."*
- *"Dieses Mal gehst Du einfach viel tiefer."*
- *"Lass Deine Augen sich öffnen und jetzt schließe sie. Du gehst viel tiefer in die Entspannung."*
- *Bestätigen, z.B. „Sehr Gut. Das machst Du großartig"*
- *"In einem Moment werde ich diesen (berühren) Arm berühren"*
- *"Ich werde dein Handgelenk anheben. Und wenn Du bisher meinen Anweisungen gefolgt bist, wird dieser Arm locker und schlaff sein wie ein klitschnasser Waschlappen. Lass mich das allein machen. Lass den Arm einfach schwer sein. Ich werde Deinen Arm nur ein paar Zentimeter heben und ihn dann auf die Unterlage plumpsen lassen."*
- *"Und wenn ich das mache, geh einfach nur tiefer" (Arm heben und fallen lassen)*
- *Bestätigen, z.B. „genau so."*
- *"Nun haben wir eine gute physische Entspannung erreicht. Lass uns jetzt Deinen Geist ebenso ganz tief entspannen."*
- *"In einem Moment werde ich Dich auffordern, laut und langsam von 100 an rückwärts zu zählen."*

- *"Mit jeder Zahl die Du sagst verdoppelst du deine geistige Entspannung."*
- *"Und mit jeder Zahl die du sagst, lass die Zahlen unwichtiger werden. So unwichtig, dass sie bei spätestens 96 alle verschwunden sind."*
- *"Ganz entspannt lässt du alle Zahlen aus Deinem Gedächtnis verschwinden."*
- *"Beginne jetzt laut und langsam von 100 an rückwärts zu zählen."*
- *"100"*
- *"Gut - verdopple Deine geistige Entspannung."*
- *"99"*
- *"Entspanne mehr und mehr und mach Dich bereit, die Zahlen gehen zu lassen."*
- *"98"*
- *"Mach, dass sie verschwinden, Du musst das machen, ich kann das nicht für dich tun."*
- *"Sind alle Zahlen weg?"*  **(WICHTIG)**

Sobald alle Zahlen verschwunden sind, ist die gewünschte Trancetiefe erreicht, von hier an kann gearbeitet werden.

## 3.10 Schock

Bekannt vor allem aus der Showhypnose, wird die Schockinduktion häufig in Überraschungsmomenten eingesetzt. Sie ähnelt dabei einer Musterunterbrechung, auch als „pattern interrupt" bekannt. Das bedeutet, dass durch eine unerwartete Situation, die plötzlich eintritt, (es könnte zum Beispiel der Hypnotiseur begleitet von einem Kamerateam auf einer Einkaufsstraße sein), eine kurze Pause im Wachbewusstsein des Probanden entsteht. Da er sich gerade erst auf die neue Situation einstellt, die sehr unerwartet kam, vertraut er seiner Intuition. Durch die hinzugewonnene Autorität dank seines Auftretens und des Kamerateams ist es dem Hypnotiseur möglich, eine hohe Erwartungshaltung im

Probanden zu erzeugen. Oft genügt eine suggestive Frage wie: *„Sie sind sicherlich daran interessiert, an einem kleinen Hypnoseexperiment teilzunehmen, oder?"*, um den Menschen bereits in eine leichte Trance zu versetzen. Dieser Moment der Unachtsamkeit kann nun mit einer erneuten, noch überraschenderen Handlung genutzt und in Trance übergeleitet werden. Meist geschieht dies durch das Packen im Genick oder das ruckartige (aber nicht schmerzvolle) Reißen am Arm des Probanden und mit dem gleichzeitigen, sehr autoritär gesprochenen Befehl *„Schlaf!"*, um die Trance zu induzieren. Ob diese Induktion therapeutisch wertvoll ist, sei in Frage gestellt, insbesondere, da hier wenig bis gar keine Zeit bleibt, um Rapport mit dem Klienten herzustellen. Dies ist auch der Grund, weshalb sich professionelle Hypnotherapeuten oft von der Showhypnose distanzieren, da sie eine andere Herangehensweise an die Materie und den Zugang zum Klienten pflegen. Dennoch bleibt die Schockhypnose nicht nur eine weitere Möglichkeit, Trance zu induzieren, sie ist zusätzlich ein besonders eindrucksvoller Effekt, der gerade die Erwartungshaltung des „Mystischen" an der Hypnose verstärkt.

## *3.11 Handshake-Interrupt*

Ähnlich wie die Schockhypnose nutzt auch der Handshake-Interrupt eine Musterunterbrechung, um Hypnose zu induzieren. Dies kann jedoch auch sehr sanft erfolgen und mit einer Fixationsmethode kombiniert werden. Im Normalfall reicht der Hypnotiseur zuerst dem Klienten die Hand, welcher nun ein unbewusstes Muster ablaufen lässt, gemäß dem wir alle konditioniert sind: eine ausgestreckte Hand wird erwidert, wir schütteln sie. Der Hypnotiseur jedoch zieht seine Hand blitzschnell zurück und packt gleichzeitig mit seiner anderen Hand jene des Klienten. Danach hebt er sie ruckartig in die Höhe über den Kopf des Klienten und deutet mit dem Zeigefinger in die Mitte dessen Handinnenseite. Begleitet wird diese Aktion, die eine kurze „Pause" im Verstand des Klienten bewirkt, oft durch folgende Wörter:

> *„Schau mal in die Mitte deiner Hand, genau auf diesen Punkt. Beobachte ganz im Detail, wie sich die Linien in deiner Hand abzeichnen und wie diese langsam, je länger du darauf schaust, beginnen zu verschwimmen."*

Nun kann die Hand meist losgelassen bleiben, sie bleibt in der Luft hängen. Der Hypnotiseur kann weitere Suggestionen geben, um die Trance einzuleiten, beispielsweise eine Verknüpfung von Hand und Kopf mittels Magneten oder eine Fixationsmethode, bei der sich die Hand des Klienten der eigenen Stirn nähert. Am Ende des Prozesses, der nicht länger als fünf bis zehn Sekunden dauern sollte, folgt die Suggestion:

> *„Und sobald deine Hand deine Stirn berührt, schließt du die Augen und sinkst in einen tiefen Zustand der absoluten Entspannung."*

Nun kann wie gewohnt vertieft werden. Eine andere Variante des Handshake-Interrupt ist, dem Klienten die Hand tatsächlich zu geben. Sie ganz locker zu halten und auch mit der anderen Hand seine zu umfassen. Während dieser Aktion spricht der Hypnotiseur kontinuierlich auf den Hypnotisanden ein und sieht ihm direkt in die Augen, um sein Wachbewusstsein abzulenken. Tatsächlich ist er jedoch damit beschäftigt, seine rechte Hand nun so langsam wie möglich, Millimeter für Millimeter, an der Handinnenfläche des Klienten entlangzuziehen. Durch diese für fast jeden Menschen absolut ungewohnte Art des Handgebens wird ebenfalls eine weitere Musterunterbrechung erzielt. Diese kann dazu genutzt werden, inhaltlich einfach in eine normale verbale Induktion überzuleiten, welche relativ schnell vor sich gehen sollte. Meist genügt es zu sagen:

> *„Und während du dich noch fragst, was hier gerade passiert, bist du schon längst in einem Zustand tiefer Entspannung angekommen ... es ist in Ordnung, jetzt die Augen zu schließen und ganz tief zu schlafen."*

**Vorsicht!** Auch hier kann es vorkommen, dass manche Menschen intuitiv (weil Schlaf) umkippen. Achten Sie deshalb immer darauf, eine

2. Person zu haben, die bereit ist aufzufangen, oder geben Sie dem Klienten die Suggestion *„du stehst ganz gerade und sicher, wie ein Baum!"*

Interessant ist auch zu erwähnen, dass der berühmte Hypnotherapeut Milton Erickson, von dem schon weiter oben die Rede war, durch seine Lähmung de facto gezwungen war, eine Musterunterbrechung ähnlich des Handshake-Interrupt durchzuführen. Weil es ihm physisch unmöglich war, die rechte Hand zu heben, nutzte er seine linke Hand, um den rechten Arm zu packen und dann mit diesem ausgestreckten Arm dem Klienten die Hand zu geben, indem er ihn aufsteigen und absinken ließ.

## *3.12 Doppelinduktion*

Bei einer gewöhnlichen Hypnoseinduktion wird der Hypnotisand von einem einzelnen Hypnotiseur in Trance geführt. Dieser Effekt kann zusätzlich verstärkt werden, indem zwei oder gar mehr Hypnotiseure zeitgleich auf den Klienten einsprechen. So ist es zum Beispiel möglich, dass ein Hypnotiseur von 5 bis 1 hinabzählt, während der andere eine Fixationsmethode durchführt. Wichtig sind dabei das Timing und die vorige Absprache der Hypnotiseure, damit sie zeitgleich die Hypnose induzieren. Sobald der Klient tief in Trance ist, empfiehlt es sich für Anfänger, dass ein Hypnotiseur von nun an übernimmt und die Hypnose sowohl inhaltlich als auch die Auflösung betreffend allein beendet. Für geübte Hypnotiseure bietet sich zudem die Möglichkeit, die komplette Hypnose gemeinsam zu sprechen, was viele positive Wirkungen bietet.

- Die Trance wird als tiefer empfunden
- Die Trance wird schneller erreicht
- Es können zwei Geschichten (Thematiken) parallel erzählt werden
- Der Klient kann sich bewusst aussuchen, welcher Stimme er lieber zuhört

- Das Unbewusste nimmt beide Stimmen wahr
- So wird in derselben Zeit die doppelte Wirkung entfaltet

## 3.13 Vertiefung der Hypnose

Um einen Probanden noch tiefer in Trance zu bringen, gibt es mehrere Methoden. Eine einfache und häufig angewendete ist das weitere Vertiefen während der Einleitung. Dazu baut man beim Probanden eine Vorstellung auf, die ihn weiter in einer angenehmen Atmosphäre entspannen soll. Häufig werden Treppen, Lifte und Rolltreppen dazu benutzt, mit denen man immer tiefer in die Entspannung kommt, je weiter man hinabfährt. Nun sollte man jedoch nicht nur einfach herunterzählen, sondern zu jeder Ziffer eine Situation oder Episode neu ausmalen.

> *„Du betrittst eine Rolltreppe in einem Kaufhaus. Es ist ein sehr seltsames Kaufhaus, wo alle Etagen auf ganz besondere Weise eingerichtet sind. Du betrittst die Rolltreppe und siehst die Ziffer 5 auf dich zukommen. In der 5. Etage machst du einen Stopp und betrittst die Etage. Du siehst die ganze Etage wie in einem großen weiten Blumenmeer - ein Blumenfeld nach dem anderen, mit den exotischsten Blumen in allen Größen, Formen und Farben. Sie verströmen einen angenehmen Duft."*
>
> Diese Episode ausmalen und alle Sinne aktivieren! So weiter verfahren mit jeder Ziffer, um am Ende da anzugelangen, wo der Proband eine tiefste Entspannung haben sollte.

Wichtig ist dabei, dass jede Zwischenstufe für den Probanden äußerst angenehm und entspannend wirken soll. Dabei sollten einige Dinge im Vorgespräch schon abgeklärt worden sein. Will man beispielsweise einen Probanden auf eine Blumenwiese mit schönen großen Blüten bringen, so kann das durchaus unangenehme Folgen haben, wenn die Person an Heuschnupfen leidet. Üblicherweise lässt man den Klienten zuerst eine Treppe hinabsteigen, an deren Ende ein Flur wartet (manche Menschen haben Angst, die Treppe hinunterzugehen, wenn sie nicht wissen, was danach kommt, oder sie schlichtweg glauben, ins Leere zu fallen). Diesen Flur entlangschwebend, gelangen sie an einen „Sicherheitsort", der ganz geschmackvoll eingerichtet ist, genauso wie der Klient das will. In diesem Raum ist er absolut sicher (beachten Sie die Ambiguität mit dem Raum in der Imagination und dem Raum, in dem sich der Klient aktuell befindet). In diesem Raum kann nun eine Pforte, ein Fenster, eine Tür, ein Spiegel aus flüssigem Glas, ein großes Bett oder was auch immer stehen, wo der Hypnotisand unbedingt hinmöchte. Weil er sich „wie magisch angezogen" fühlt, geht er nun immer tiefer hinab, mit jeder Treppenstufe doppelt so tief wie zuvor. Am Ende der Treppe ist er ja schon in einer mittleren bis tiefen Trance, dennoch verstärkt sich dieser Zustand mit der Zeit, weshalb wir vor der Arbeit im eigentlichen Inhalt weitere Etappen beziehungsweise Zwischenstufen einbauen. Ebenso können Traumreisen unternommen werden zu grünen Wiesen, weißen Sandstränden oder schneebedeckten Gebirgen; Ihrer eigenen Kreativität sind keine Grenzen gesetzt, solange die Traumreise angenehm entspannend ist und dem Klienten gut gefällt. Im besten Fall sprechen Sie im Vorgespräch ab, welche Metapher Sie erzählen werden.

Vertiefungen können auch physisch herbeigeführt werden, nur weil der Klient in Trance ist, bedeutet das nicht unweigerlich, dass Sie ihn nicht mehr anfassen dürfen. Beispielsweise lässt sich mit der „Armdrop"-Methode die Trance leicht vertiefen. Sie suggerieren dazu Folgendes:

*„Wenn ich nun deinen Arm hebe, wirst du bemerken, dass je mehr ich ihn anhebe, desto leichter fällt es dir, noch tiefer in diesen entspannten Zustand zu gleiten ... ich hebe deinen Arm* (gleichzeitig heben Sie den Arm) *... und du entspannst dich doppelt so sehr ... genau, so ist es gut. Immer tiefer und tiefer sinkst du und immer höher hebt sich der Arm* (Sie heben den Arm immer höher. Wenn der Arm hoch genug ist, beispielsweise auf Kopfhöhe, setzen Sie fort:) *Nun lasse ich deinen Arm gleich los und er sinkt in einer angenehmen Geschwindigkeit schnell nach unten ... am tiefsten Punkt angekommen, vervierfacht sich die Tiefe deiner Entspannung und du bist so tief wie noch nie zuvor.* (Lassen Sie den Arm jetzt los und warten Sie, bis er hinabgesunken ist.)

Zu beachten ist hier, dass Sie den „untersten Punkt" ansprechen, denn wenn Sie davon ausgehen, dass der Arm zum Beispiel auf das Knie sinkt, er aber daneben vorbeigleitet, müssten Sie ihn wieder hinauflegen, was den Klienten gegebenenfalls wieder erwachen lässt. Darum setzen Sie einen Ausgang fest, der auf jeden Fall erreicht wird (ähnlich wie beim „double-bind"). Sollte der Hypnotisand zu lange brauchen oder sich der Arm nur extrem langsam senken, dürfen Sie gefühlvoll etwas nachhelfen und leicht hinunterdrücken. Achten Sie auf jeden Fall auf die Atmung und Mimik des Klienten, er soll sich auf jeden Fall mit der schnelleren Gangart wohl fühlen.

## 3.14 Fraktionierung

Eine weitere Methode zur Vertiefung der Trance ist die so genannte Fraktionierung. Dies bedeutet, dass der Proband zum Teil wieder aus der Trance zurückgeholt, diese Auflösung jedoch nicht vollständig beendet wird, sondern nur so weit, dass sich der Proband wieder normal mit dem Hypnotiseur unterhalten kann. Man kann die Fraktionierung außerdem dazu nutzen, den Probanden zu fragen, ob er sich wohl fühlt, ob so weit alles in Ordnung ist oder um ihn nach seinen Wünschen zu fragen. Bei erneutem Einführen in die Trance ist der Proband fast immer deutlich tiefer in Trance, als er es vorher war - das kann man durchaus zwei- oder dreimal wiederholen. Es ist vergleichbar mit dem morgendlichen Zustand zwischen Halbschlaf und bereits wieder wach sein, wo unser kreatives Unbewusstsein besonders empfänglich für luzides Träumen, aber auch Suggestionen ist.

## 3.15 Posthypnotischer Befehl

Der posthypnotische Befehl ist eine wirkungsvolle Verknüpfung einer typischen Suggestion mit einer Handlungsanweisung. Im Vergleich zu anderen Trancezuständen wird diese Handlung jedoch zumeist erst nach Ende der Trance durchgeführt. Beispielsweise würde derselbe Befehl, etwa "*Bring Person XY diesen Umschlag*" während einer Wachhypnose sofort ausgeführt werden. Mittel eines posthypnotischen Befehls wird dieses Kommando erst später ausgeführt, wenn der Klient wieder zurück im wachbewussten Verstand ist. Den meisten nur aus Spionage-Thrillern oder TV-Serien bekannt, wird diese Technik in der klinischen Hypnose häufig zur Verfestigung der positiven Suggestionen eingesetzt. Hier zum Beispiel zur Bestärkung des eigenen Glaubens an das neu gewonnene Selbstvertrauen:

> *"Mit jedem positiven Ereignis, das du erlebst, mit jedem guten Feedback, bestärkt sich dein neuer Glaubenssatz, dass du schon jetzt viel selbstbewusster bist."*

Gerade auch in der Showhypnose wird der posthypnotische Befehl genutzt, um Effekte vorzuführen, wenn die eigentliche Trance bereits beendet scheint. So kann durch Hinzufügen eines Code-Wortes oder eines anders gearteten Ankers (etwa ein bestimmtes Lied oder ein symbolischer Gegenstand) dieses Verhalten bewusst durch den Hypnotiseur ausgelöst werden; egal, oder der Klient dies erwartet oder nicht und noch in Hypnose versetzt ist oder nicht.

> *"Wann immer du dieses Musikstück hörst, wirst du ganz automatisch und fest davon überzeugt sein, dass ... "*

Auch wenn in der Literatur viele Möglichkeiten aufgeführt werden, diese Technik zu missbrauchen, so ist ihre eigentliche Anwendung doch meist positiver Natur im Sinne der Verfestigung von durch den Klienten gewünschten Suggestionen.

## 3.16 Verfestigung der Suggestionen

Nachdem ein Hypnotiseur seine Suggestionen gegeben hat, wird er bestrebt sein, dass diese auch im Klienten wirken, wenn dieser nicht mehr bei ihm ist. Bei der Verfestigung handelt es sich im Prinzip um einen detaillierten posthypnotischen Befehl, der darauf abzielt, dass der Klient in seinem Alltag immer wieder auf den unbewussten Mechanismus, der in der Hypnosesitzung programmiert wurde, zurückgreifen kann. Dies ist der Hauptgrund, weshalb ein einziger, gut aufgebauter Hypnosetermin ausreichen sollte, um die erwünschte Veränderung im Verhalten oder Denken des Klienten zu bewirken. Diese Technik ist des Weiteren auch mit dem „future-pacing" aus dem NLP bekannt.

*„Und weil all diese Dinge genauso eintreten, wie ich dir sage, dass sie eintreten, immer rasanter und rasanter, stärker und vollständig, mit jedem Abruf, wirst du dich glücklicher fühlen, viel zufriedener, und in jeder Hinsicht viel, viel optimistischer. Deshalb wirst du auch viel besser in der Lage sein zu vertrauen, dich zu verlassen auf dich selbst, dein eigenes Urteilsvermögen, deine eigene Meinung. Und dein Unterbewusstsein hat verstanden, dein Unterbewusstsein hat verstanden und gelernt, dass all die wichtigen Dinge, die ich dir heute gesagt habe, stimmen, und es weiß, du möchtest ein glücklicher Mensch sein, jetzt und auch für die Zukunft. Und deshalb wird das mit Weisheit erfüllte Unterbewusstsein dafür sorgen, dass all das, was ich zu dir gesagt habe, tief in dir verwurzelt bleibt und es wird dich dabei unterstützen und dir helfen, all deine Wünsche und Träume, Ziele und Bedürfnisse zu erfüllen. Und weil diese Dinge haften bleiben, gut eingebettet in deinem Unterbewusstsein, wenn diese Sitzung beendet ist, wenn du nicht mehr bei mir bist, werden sie denselben starken Einfluss ausüben auf deine Gedanken, deine Gefühle, deine Taten, genauso stark, genauso sicher und genauso mächtig, wie du zu Hause bist oder in der Arbeit, genauso wie wenn du hier bei mir bist. Und mit jedem Morgen werden diese*

*Dinge noch stärker in dir wirken, Minute für Minute, Tag für Tag mehr gefestigt. Woche für Woche, Monat für Monat mehr gestärkt, Jahr für Jahr noch stärker und besser. Und das ist ein GUTES GEFÜHL. Ein beruhigendes Gefühl, weil du weißt, wirklich weißt, dass dir jetzt dein Unterbewusstsein dabei hilft, ein glücklicheres und vollkommeneres Leben zu haben. Und du jetzt die innere Energie, die innere Stärke vielleicht schon fühlen kannst, all deine Ziele, deine Wünsche und Träume zu erreichen. Nimm dir einige Augenblicke Zeit, dich zu entspannen. Atme einige Male tief durch und achte darauf, dass sich deine Muskeln mehr und mehr entspannen."*

## 3.17 Trancetiefenverifizierung

Diese Anleitung dient der Tieftranceverifizierung nach NGH (National Guild of Hypnotists) Richtlinien. Die NGH ist die älteste Vereinigung zum Thema Hypnose.

<u>Stufe 1</u>
*"Deine Augen sind geschlossen, während du dich entspannst, und du stellst jetzt erst fest, wie fest deine Augenlider doch geschlossen sind. Vielleicht fühlen Sie sich schwer wie Blei an, vielleicht fast so, als ob sie aneinander kleben würden, und sie fühlen sich immer fester und fester geschlossen an. In einigen Augenblicken werde ich dich auffordern, deine Augenlider zu öffnen — es wird dir jedoch nicht gelingen. Wenn du die Kraft deines Geistes richtig nutzt, wirst du feststellen, dass sie ganz fest geschlossen bleiben — ganz gleich, wie viel Mühe du dir auch gibst. Wir werden gleich testen, wie stark die Kraft deines Geistes ist und dieses Schweregefühl in deinen Augenlidern wächst immer mehr und mehr. Deine Augenlider kleben ganz fest aneinander und sind fest verschlossen und ich zähle nun gleich bis drei, bei drei angekommen wirst du versuchen, deine Augen zu öffnen, es wird dir jedoch nicht gelingen. Eins ... sie kleben ganz fest aneinander ... zwei ... deine Augen bleiben ganz fest geschlossen, all die kleinen Muskeln in deinen Augenlidern haben sich vollständig entspannt und gelöst ... und drei,*

versuch deine Augen zu öffnen, es wird dir nicht gelingen! Entspann dich nun — und sinke noch viel tiefer in Hypnose."

Stufe 2
„Ich werde gleich deinen Arm am Handgelenk anheben. Dein Arm wird nun starr und steif! Er bleibt genau in dieser Position. Ich werde dich gleich bitten, deinen Arm abzusenken, es wird dir jedoch nicht gelingen! Jede Abwärtsbewegung wird dazu führen, dass dein Arm wieder in die Ausgangsposition zurückschwingt. Bei drei angekommen, wird es dir nicht mehr gelingen, deinen Arm abzusenken. Eins ... dein Arm wird immer steifer ... zwei .... Wie eine Eisenstange ... Drei ... versuche nun, deinen Arm abzusenken, es wird nicht gelingen! Entspann dich nun, entspann deinen Arm wieder und gleite noch viel tiefer."

Stufe 3
„In Hypnose kannst du sprechen. Zähle nun von 1 bis 10, zwischen jeder Zahl sage ich TIEFER und du wirst in dem Augenblick noch viel tiefer sinken. Beginne nun ... nun noch einmal, aber diesmal wirst du 1, 2, 3, 4, 5, ... 7, 8, 9, 10 zählen, ganz automatisch. Dieses Zählen wird auch nach dem Aufwecken ganz normal für dich bleiben, bis ich zweimal mit den Fingern schnippe — in dem Augenblick kannst du wieder normal zählen."

Stufe 4
„Sämtliches Gefühl verlässt deine Hand zwischen Handgelenk und Fingerknöchel. Du fühlst überhaupt nichts mehr ... (Zwicken) — hast du etwas gefühlt? (Gefühl wieder herstellen!)"

Stufe 5
„Bei drei angekommen, öffnest du deine Augen, bleibst aber in Hypnose. Du wirst dann an der Wand gegenüber eine Uhr sehen und mir diese beschreiben können. 1, 2, 3 ... bleib in dem Zustand, beschreib mir die Uhr!"

> **Stufe 6**
> *"Bei drei angekommen, wirst du deine Augen öffnen, aber in Hypnose bleiben. Bei drei angekommen, wirst du deinen Stift nicht mehr finden können. Dein Stift wird verschwunden sein. 1, 2, 3 ... öffne deine Augen!"*

## 3.18 Zusammenfassung

In diesem Kapitel wurde möglichst praxisnah eine Vielzahl von Methoden zur kontrollierten Einleitung von Hypnose (auch bekannt als „Induktion") vorgestellt. Wichtig ist dabei nicht nur, diese herbeiführen zu können, sondern auch wieder gefahrlos auszuleiten.

Bei der verbalen Induktion nutzt der Hypnotiseur die Macht seiner Sprache und von Traumreisen oder direkten Suggestionen. Er muss den Klienten dabei nicht berühren, weshalb diese Methode für Hypnose-CDs zu empfehlen ist. Sie wurde zudem mit der Gesprächshypnose perfektioniert. Diese durch Milton Erickson berühmt gewordene Methode, um Menschen jederzeit in eine leichte bis tiefe Trance zu versetzen, führte sogar dazu, dass sie im NLP mit einem eigenen „Milton-Modell" verewigt wurde. Eine Gruppenhypnose unterscheidet sich nicht wesentlich vom Aufbau einer verbalen Einleitung, es sind jedoch einige feine Unterschiede zu beachten, beispielsweise wird allgemein gesprochen, um alle Teilnehmer abzuholen, anstatt individuell auf spezielle Themen einzugehen. Dies beeinflusst auch die inhaltliche Struktur der Metaphern und Suggestionen.

Die Fixationsmethode nutzt die Fokussierung des Bewusstseins auf einen Punkt (visuell oder mental), um auf das Unterbewusstsein zuzugreifen. Die Blitzhypnose macht sich einen ähnlichen Effekt zu Nutze, bedient sich dabei aber auch häufig kinästhetischer Faktoren, indem zum Beispiel ein Trance-Anker gesetzt wird.

Die Überlastung baut auf der Millerschen Zahl auf, die besagt, dass unser Wachbewusstsein maximal 7 plus/minus 2 Einheiten Information gleichzeitig verarbeiten kann. Durch ein Zuviel an Information schaltet sich der bewusste Verstand aus und der Hypnotiseur nutzt diesen Moment, um in Hypnose überzuleiten. Bei der Konfusion wird ein ähnliches Prinzip angewendet wie bei der Überlastung. Hier wird relativ schnell gesprochen und zwischen mehreren Informationen gleichzeitig hin- und hergesprungen, dass der Verstand abgelenkt ist. Die Schockinduktion wird meist nur in der Showhypnose angewendet und erzeugt eine Musterunterbrechung, bei der die Suggestion zur Einleitung der Trance gegeben wird. Eleganter kann dies durch den Handshake-Interrupt geschehen, der mehrere Faktoren von Überlastung, Musterunterbrechung und Konfusion kombiniert und damit ebenfalls wie die Blitzhypnose sehr schnell in besonders tiefe Trancezustände führt.

Die Vertiefung der Hypnose geschieht meist durch Traumreisen und Gesprächshypnose, kann jedoch durch Metaphern ergänzt werden. Im besten Fall hat der Klient im Vorgespräch seine Vorlieben zu der Traumreise geäußert.

Der Posthypnotische Befehl ermöglicht es, den Hypnotisanden nach Ende der Hypnose auf ein bestimmtes Reizwort (*trigger*) reagieren und eine in Hypnose programmierte Handlung ausführen zu lassen. Dies kann besonders im Coaching und der Therapie sehr positive Effekte haben.

Schließlich ermöglicht die Trancetiefenverifizierung nach NGH-Richtlinien eine relativ zuverlässige Bestimmung und Unterscheidung zwischen leichter, mittlerer und tiefer Trance. Zu bedenken ist dabei stets, dass die Ausführung von Hypnose Phänomenen mit der Suggestibilität des Hypnotisanden korreliert, wobei die Umsetzung von positiven Suggestionen zur Verhaltensveränderung eher unabhängig von Trancetiefe oder Suggestibilität des Klienten ist[xv].

# KAPITEL 4: HYPNOSE PHÄNOMENE

Mittels Hypnose sind mannigfaltige Veränderungsmöglichkeiten vorhanden, sie dient aber auch immer wieder zu Showzwecken. Auch Geheimdienste[xvi] arbeiten mit bestimmten Methoden der Hypnose, beispielsweise posthypnotische Befehle und Amnesie. Was sich jedoch wirklich hinter den typischen Hypnosephänomenen verbirgt, ist meist eine hohe Erwartungshaltung beim Klienten und die geschickte Verknüpfung der Suggestion mit einem guten Gefühl. Dies ist tatsächlich der einfachste Weg, jede beliebige (für den Hypnotisanden moralisch vertretbare) Tat bei einem Menschen ausführen zu lassen: Die Aktion, die es auszuführen gilt, wird mit einem immer größer werdenden Gefühl der Entspannung und des Wohlbefindens verknüpft. Dies kann sowohl bei der Raucherentwöhnung, dem Abnehmen oder dem Abfeuern einer echten Pistole der Fall sein. Es liegt nur am Geschick des Hypnotiseurs, die suggestiven Befehle so zu verpacken, dass der Klient gewillt ist, diese auch durchzuführen. Auf einige der bekanntesten Phänomene der Hypnose soll nun eingegangen werden und anhand von Beispieltexten soll gezeigt werden, wie diese inhaltlich aufgebaut sein können.

## 4.1 Wachhypnose

Im Allgemeinen wird unter Wachhypnose verstanden, dass die hypnotisierte Person mit dem Hypnotiseur relativ normal kommunizieren kann und auch fähig ist, sich zu bewegen und zu gehen und somit auch Handlungen auszuführen. Diese Art der Hypnose wird besonders bei der Showhypnose angewendet. Aber nicht bei jeder Person, die in tiefer Trance ist, funktionieren die Motorik und Kommunikation normal. Viele sind dabei einfach zu träge, können sich nur schwer bewegen, haben auch Mühe, normal zu sprechen. Manche fallen beim Versuch einer Wachhypnose auch aus der Trance und sind dann vollkommen wach.

Darum führt der Showhypnotiseur immer mehrere Personen in Trance, macht aber die meisten Spiele und Effekte nur mit denjenigen, bei denen er sicher ist, dass diese auch in der „Wachhypnose" nach seinen Anweisungen agieren. Es ist trotzdem auch für eine normale Einzelsitzung manchmal von Vorteil, wenn die Wachhypnose gelingt, da der Hypnotiseur dann direkt abfragen kann, was die hypnotisierte Person soeben erlebt. Ferner besteht die Möglichkeit, die Person scheinbar wach zu machen und trotzdem eine Scheinwelt aufrechtzuerhalten, um Suggestionen besser übergeben zu können.

> *„Wenn ich dir gleich auf die rechte Schulter tippe* (noch nicht tippen)*, fühlst du dich vollkommen wach und kannst dich normal bewegen und zu mir sprechen. Du verweilst aber in dem Zustand dieser angenehmen Trance, in der du meine Stimme und meine Worte hörst und diese auch empfindest. Tatsächlich wird dieser Zustand der absoluten Entspannung noch tiefer, selbst wenn ich dich auf deine Schulter tippe und du deine Augen öffnest und normal zu mir sprechen kannst.* (Jetzt tippen)"

Wenn der Klient danach in der Trance verbleibt und auch nicht zu träge ist, kann nun im wachen Zustand jedes Szenario einfach aufgebaut und ganz normal gesprochen und so der Klient auch zu verschiedenen Tätigkeiten animiert werden. Deshalb wird die Wachhypnose sehr häufig für Showeffekte genutzt, hat aber auch sinnvolle Anwendung im Coaching. Beispielsweise können Klienten mit Wachhypnose leicht gebeten werden, sich nach Blitzhypnose auf ein Bett, von dem die Füße in Katalepsie hinausragen, normal hinzulegen und dann wieder einzuschlafen.

Das Prinzip der Wachhypnose ist meist mit einem Anker verknüpft, also einem bestimmten Wort oder einem Punkt am Körper, an dem der Klient berührt wird. Viele alltäglichen Verhaltensmuster werden durch unbewusste Anker (auch *trigger* genannt) ausgelöst. Nahezu alle Abläufe, die regelmäßig vorkommen, sind einfach in unserem Unterbewusstsein verankert. So sind zum Beispiel auch die Autoschlüssel ein solcher Anker. Jeden Morgen vor dem Weg zur Arbeit nehmen wir diese, schließen die Autotür damit auf, starten den Motor und fahren los. Wir handeln einfach und denken gar nicht über den genauen Ablauf nach. Das Gleiche geschieht, wenn wir eine geschlossene Tür vor uns haben. Unbewusst öffnen wir die Tür mit der Klinke und gehen hindurch. Diese Abläufe geschehen völlig „automatisch", sie sind in unserem Unterbewusstsein verankert. Diese Prozesse machen wir uns wie bereits oben beschrieben mit der Technik des „pattern interrupt" zu Nutze, beispielsweise mit dem Handshake-Interrupt.

Verankern bedeutet also, bei einer bestimmten Bewegung, Handlung oder einem bestimmten Wort eine bestimmte Reaktion auszuführen. Diese Formen der Verankerungen (vgl. Konditionierung) nutzen zum Beispiel auch Leute mit Phobien. Wer Angst hat, über eine Brücke zu gehen, reagiert automatisch ängstlich, wenn plötzlich eine Brücke auftaucht - es ist so im Unterbewusstsein verankert.

Die Technik stammt eigentlich aus dem NLP, jedoch ist das Verankern in der Hypnose genauso praktisch und gut einsetzbar. Besonders einfach funktioniert das Verankern, wenn der Klient sich bereits in tiefer Trance befindet. Manchmal reicht dann schon eine einzige Hypnosesitzung zum Verankern aus. Ein häufig verwendeter Anker ist die Konditionierung für Folgehypnosen. Mit Hilfe dieser Konditionierung ist nicht jedes Mal eine komplette Einleitung erneut erforderlich, weil der *trigger* eine tiefe Entspannung bereits nach wenigen Sekunden hervorruft, also ein so genannter „Trance-Anker" gesetzt wurde.

*„Jedes Mal, wenn ich dich mit meinen Fingern an der Stirn berühre, genau hier* (jetzt berühren)*, und dabei die Worte „Schlaf ein" zu dir sage* (erneut berühren)*, wirst du augenblicklich noch viel tiefer in diesen wunderschönen Entspannungszustand sinken als jemals zuvor."*

Beim Verankern ist darauf zu achten, dass die Auslöser nicht versehentlich aktiviert werden können, sondern nur dann, wenn sie ihre Funktion erfüllen sollen und dies auch gefahrlos möglich ist. Deshalb werden sie auch meist persönlich, zeitlich und räumlich begrenzt.

> *„Jedes Mal, wenn <u>ich</u> dich <u>heute</u> in diesem <u>Raum</u> mit meinen Fingern an der Stirn berühre, wirst du augenblicklich noch viel tiefer in diesen wunderschönen Entspannungszustand sinken als jemals zuvor."*

Beim Klienten ist nun verankert, dass er so wie bereits oben jedes Mal in Trance geht, wenn Sie ihn an dem speziellen Punkt an der Stirn berühren. Dieser Anker kann jedoch nur von Ihnen ausgelöst werden (nicht von anderen Menschen) und auch nur heute und in dem Raum, in dem sie sich beide gerade befinden. Möchten Sie den Trance-Anker für Folgehypnosen setzen, lassen Sie die zeitliche Begrenzung selbstverständlich weg.

Bevor der Hypnotiseur eine Wachhypnose einleitet, wird er meistens einen Trance-Anker setzen, um wieder in den tiefen Entspannungszustand (vor der Wachhypnose) zurückzufinden. Erst danach suggeriert er den Anker für Wachhypnose und löst diesen dann aus. Um die Wachhypnose zu beenden, beispielsweise weil sich der Klient bequem hingelegt hat, löst der Hypnotiseur den Trance-Anker aus und der Hypnotisand schläft wieder ein. Nun kann die Hypnose normal fortgesetzt werden. Mehr zum Thema Anker erfahren Sie zudem in Kapitel 5.

## *4.2 Levitation*

Ebenfalls sehr bekannt aus der Showyypnose ist die Levitation, also das „Sich-von-selbst-heben" von Hand oder Arm einer hypnotisierten Person. Dabei wird suggeriert, dass der Arm sich *„wie von selbst"* nach oben hebt, wobei damit eigentlich das Unterbewusstsein angesprochen wird. Das Fünkchen Bewusstsein, das noch in beobachtender Haltung anwesend ist, erlebt das Heben des Armes jedoch als unnatürlich, weil es nicht direkt vom Verstand kontrolliert wird.

## Armlevitation

*„Ich binde nun an dein linkes (oder rechtes) Handgelenk einen lockeren Faden, an dessen Ende ein großer, mit Gas gefüllter Ballon hängt. Und weil mit jedem Atemzug und jeder Sekunde noch mehr Gas in diesen Ballon gefüllt wird, steigt dieser höher und höher hinauf. Je höher er steigt, mit jedem Wort, das ich zu dir sage, desto höher steigt auch dein Arm empor, ganz von allein, ganz automatisch. Je höher sich dein Arm hebt, desto besser fühlst du dich und desto tiefer kannst du dich jetzt entspannen.*

*Immer mehr Gas füllt den Ballon, immer höher steigt er und immer mehr hebt sich dein Arm ... mit jeder Sekunde höher ... und du wirst dadurch immer entspannter.*

*Nun, am höchsten Punkt angekommen, trenne ich diesen Bindfaden gleich von deinem Handgelenk. Sobald ich „Schnipp" sage, trenne ich den Bindfaden und dein Arm sinkt ganz entspannt und langsam wieder nach unten.*

Hier eine weitere Möglichkeit zur Exduktion:

*Je tiefer dein Arm sinkt, desto mehr kommst du zurück ins Hier und Jetzt, ganz in deiner Geschwindigkeit. Puls und Blutruck normalisieren sich, auch die Atmung ist wieder normal. Und wenn dein Arm am tiefsten Punkt angekommen ist, öffnest du die Augen und bist wieder hellwach und sehr entspannt."*

## Handlevitation Version 1[11]

*„Kannst du fühlen, wie deine Hände sanft aufliegen, dort, wo sie sind? Genau, ohne sie sich berühren zu lassen. Kannst du die Hände so leicht liegen lassen, dass die Fingerspitzen kaum die Unterlage berühren? Genau so. Und während sie so leicht daliegen, bemerkst du, wie sie dazu*

---

[11] Versionen 1 und 2 der Handlevitation nach **Erich Reitinger** in „Hypnose & Trance".

*tendieren, sich bei jedem Einatmen ein bisschen zu heben? Fangen sie an, sich noch leichter und einfacher zu heben, wie von selbst, während der Rest des Körpers mehr und mehr entspannt? Und während das weitergeht, fährt eine Hand damit fort, sich noch etwas mehr zu heben, oder die andere, oder beide? Und bleibt diese Hand oben und fährt sie fort damit, sich höher und höher zu heben, ein wenig mehr, ganz von allein? Möchte die andere Hand sie einholen oder möchte sie einfach liegen bleiben? Genau so. Und hebt die Hand sich weiterhin mit diesen kleinen ruckartigen Bewegungen oder wird das Heben zu einer immer flüssigeren Bewegung, je näher sie deinem Gesicht kommt? Bewegt sie sich schneller oder langsamer, während sie mit wachsender Bequemlichkeit höher kommt? Muss sie manchmal eine Pause einlegen, bevor sie schließlich hochkommt, so dass du dann weißt, dass du dich wirklich entspannst? Und wird sie das Gesicht berühren oder überhaupt nicht so hoch kommen? Wird sie es dann tun, wenn dein Unbewusstes wirklich bereit ist, dich so tief entspannen zu lassen? Wird der Körper ganz automatisch einen tiefen Atemzug holen, wenn die Hand oben ist, beim Gesicht, während du wirklich entspannst bist und erlebst, wie du sogar noch tiefer gehst? Das ist ganz richtig. Und wirst du überhaupt noch bemerken wollen, wie die Hand langsam zurückkehrt, während du dich so gut fühlst, ganz von allein? Und wird dein Unbewusstes begonnen haben zu träumen, dann, wenn die Hand wieder zur Ruhe gekommen ist?"*

### Handlevitation Version 2
*„Das Erste, was ich möchte, bevor du dich weiter entspannst und in eine tiefe Trance gehst, ist, dass du deine Fingerspitzen ganz leicht auf deine Knie legst, so als ob deine Hände und Arme schweben würden. Die Finger berühren den Stoff ganz leicht, so dass du die Beschaffenheit des Stoffes fühlen kannst. So ist es richtig. Die Finger berühren den Stoff ganz leicht, und du lenkst deine Aufmerksamkeit auf diese Gefühle in den Fingerspitzen, dort, wo sie ganz leicht den Stoff berühren. Denn, während ich zu dir spreche, und du immer tiefer sinkst, und dich immer mehr konzentrierst auf diese Gefühle, geschieht etwas Interessantes. Weil*

*jeder Mensch weiß, wie einfach es ist, etwas zu lernen, wenn es dir wohl ist, und früher oder später hat jeder das Erlebnis, etwas Neues zu lernen, wenn er entspannt ist. Deshalb erlaube diesem wohligen Gefühl sich auszudehnen, mit der Feststellung, dass du nach einer Weile erkennen kannst, dass dein Unterbewusstsein begonnen hat, die eine oder die andere Hand hochzuheben, oder beide Hände. Es mag schwierig sein, sie unten zu halten, während sie leicht dein Knie berührt, und weiter versucht, ein wenig aufwärts zu schweben, und sich leichter anfühlt und leichter und höher schwebt und höher, manchmal fast wie von selbst. Und die andere Hand wird vielleicht etwas schwerer, unmerklich am Anfang, aber während du dich darauf konzentrierst, wird es einfacher und einfacher festzustellen, welche Hand sich schwerer anfühlt, und welche leichter. Und wenn du beginnst wahrzunehmen, welche Hand sich schwerer anfühlt, magst du sie vielleicht entspannen und dich ausruhen an einem wunderbaren Ort, während du mehr und mehr auf deine andere Hand achtest, die leichte, aufwärts schwebende Hand, die vielleicht manchmal ruckartig aufwärts zuckt, dann wieder ein wenig hinunter vielleicht und dann wieder ein großes Stück aufwärts. So ist's richtig. Und nach einer Weile kannst du vielleicht feststellen, dass du dieses Schweben weiter erlauben kannst, vielleicht mehr und mehr, leichter, aufwärts, während du diese Bewegung weiter zulässt, höher und höher und höher. Eine automatische Aufwärtsbewegung, während dein Unterbewusstsein diese Hand, diesen Arm, aufwärts bewegt, Schritt um Schritt, aufwärts mehr und mehr. Es mag schwierig sein, genau zu sagen, wie weit dieser Arm schon nach oben gegangen ist, in welcher Position er gerade ist, und es mag schwierig sein zu sagen, wann diese Aufwärtsbewegung begonnen hat, schneller und schneller zu werden, während er nach oben schwebt, leichter und leichter wird, höher und höher. So ist's richtig. Und diese Hand und dieser Arm könnten noch höher und noch höher gehen, aber während du dich darauf konzentrierst, kannst du vielleicht feststellen, wie müde und wie schwer er geworden ist, während dein Unterbewusstsein dein Bewusstsein daran erinnert, mehr und mehr auf diese Schwere zu achten. Und dieser Arm kann jetzt beginnen, langsam herunterzukommen, während die Schwere zunimmt, und es wäre so bequem, diesem Arm einfach zu erlauben, langsam herunterzuschweben. So ist's richtig. Hinunterschweben, nach unten kommen, ihn zurückkehren lassen in eine angenehme Position, wo er sich vollständig entspannen kann, und du dich vollständig entspannen kannst, indem du mit deinem Arm hinuntergehst, in eine tiefe, tiefe Trance, während dein Arm sich entspannt, und dein Geist sich entspannt und du tiefer und tiefer sinkst, während ich weiterspreche, und deine Hände und Arme fühlen sich so wohl an, dein ganzer Körper fühlt sich so wohl an, wohlig und entspannt. So ist's richtig."*

## 4.3 Katalepsie

Im somnambulen Zustand ist es möglich, eine Körper- oder Gliederstarre zu erzeugen. Man unterscheidet dabei zwischen partieller Katalepsie von einzelnen Gliedmaßen und der „Full Body Katalepsie (FBK)", also der totalen Katalepsie, bei der sich alle Glieder verhärten und dadurch der Eindruck entsteht, der ganze Körper sei erstarrt.

Zuerst wird der Proband gebeten, sich auf einen Stuhl zu setzen, danach wird die Hypnose induziert. In Wachhypnose kann er nun bewegt werden und sich hinlegen. Vorzugsweise geschieht dies, indem links und rechts vom Sessel zwei weitere Stühle aufgestellt werden. Zu beachten ist dabei, dass bei manchen Klienten bei zu langer Katalepsie Muskelzerrungen entstehen können. Deshalb sollte diese Übung nur mit körperlich gesunden und fitten Personen durchgeführt werden, die vorab (und in wachbewusstem Zustand) ihr Einverständnis gegeben haben. Wenn sich die Person hinlegt, sollten sich die Sesselkanten jeweils unter den Schultern beziehungsweise unter der Mitte der Waden befinden. Dies ist für den Vorzeigeeffekt nicht nachträglich, schafft aber ein Höchstmaß an Sicherheit.

*„Jetzt, wo du in diesem tiefsten aller tiefen Entspannungszustände bist, wirst du jedes meiner Worte genau so umsetzen, wie ich es sage. Dies tust du, weil du mit jedem Wort noch mehr in diesen entspannten Zustand*

*sinkst und alles, was ich sage, dazu beiträgt, dich noch besser zu fühlen. Ich befestige nun Klammern an deinen Gelenken, die deine Gelenke komplett erstarren lassen. Dein Körper und all seine Funktionen bleiben dabei ganz normal und gesund, während die Gelenke ganz fest und starr werden, steif und unbeweglich. KLACK* (Setzen Sie einen auditiven Anker, während Sie die „Klammern" an den Schulter-, Ellenbogen-, Hand-, Hüft-, Knie- und Fußgelenken anbringen)*, KLACK, KLACK. Ganz steif sind all deine Gelenke, ganz fest sind sie und du fühlst dich dabei unglaublich entspannt und sicher. Mit jeder Sekunde wächst diese Entspannung mehr und mehr, je steifer deine Gelenke werden. Dabei bleiben all deine Körperfunktionen ganz normal und gesund, während all deine Gelenke nun komplett steif und unbeweglich sind und du ganz gerade daliegst wie ein Brett oder eine gerade Eisenstange."*

Nun kann der mittlere Stuhl für fünf bis zwanzig Sekunden weggeschoben werden, indem die Hüfte leicht angehoben und dann der Stuhl unten weggezogen wird. Der Proband „schwebt" nun in Körperstarre zwischen den anderen zwei Sesseln. Dieser Zustand sollte nicht länger als zwanzig Sekunden andauern, um Muskelzerrungen zu verhindern. Ebenso ist komplett davon abzuraten, schwere Gegenstände oder gar andere Menschen in diesem Zustand auf die hypnotisierte Person zu stapeln. Besonders wichtig ist bei dieser Technik die Auflösung der Suggestion, bevor exduziert wird. Hierzu wird natürlich zuerst der mittlere Sessel wieder unter die Hüfte geschoben.

*„Nun lockern sich all deine Gelenke wieder von ganz allein, dein Körper kehrt zurück in einen Zustand der absoluten Normalität, wo du wieder komplett frei beweglich bist, jedes deiner Gelenke, Schultern, Arme, Hände, Knie, Hüfte, Wirbelsäule, Füße und all die anderen sind wieder komplett frei und normal beweglich, genauso wie in deinem absolut bestmöglichen körperlichen Zustand. Jetzt, wo wieder alles frei beweglich ist, zähle ich dich gleich aus diesem tiefen Zustand der Trance heraus und wenn du erwachst, so fühlst du dich unglaublich wohl und*

> *bist mental und auch körperlich in einem absolut perfekten, ausgeglichenen und frei beweglichen Zustand."*

## 4.4 Halluzination

In einer tiefen Trance ist es möglich, verschiedenartige Halluzinationen zu erzeugen. Man unterscheidet dabei positive und negative Halluzinationen. Als negativ gilt, wenn etwas Vorhandenes nicht mehr zu sehen ist. Positive Halluzinationen sind, wenn etwas nicht Vorhandenes gesehen wird. In den meisten Fällen wird es eher ein Gemisch aus beidem sein. Unklar wird es auch dann, wenn Vorhandenes einfach nur in Form, Farbe und Aussehen verändert wird. Eine häufige Anwendung der Halluzination ist es, die Realität zu verändern oder zu verschieben. Am einfachsten ist es, eine Halluzination ähnlich wie eine Traumreise aufzubauen. Je tiefer die Trance wird, umso realistischer wird diese Traumreise empfunden. Dabei kann durchaus vom Hypnotiseur festgehalten werden, was da gefühlt oder gesehen wird. So kann man damit natürlich auch einen Zauberspiegel, eine Zauberwiese etc. erschaffen, um damit auch einen Schutz aufzubauen, sodass man die Möglichkeit hat, zum Beispiel in eine andere Zeit zu gehen für eine Progression oder Regression.

> *„Du befindest dich in einem wunderschönen, uralten Wald. Du gehst dort spazieren und spürst, wie das Gras ganz angenehm deine Füße umspielt."*

Es kommt Neues, nicht Vorhandenes dazu (Wald und Gras). Stattdessen wird das Vorhandene nicht mehr empfunden. Die Vorstellung, dass so etwas möglich sein könnte, und das In-sich-Hineinfühlen sind auch schon in leichter Trance möglich. Aber erst in tiefer Trance wird dieses Gefühl als sehr real empfunden, vergleichbar mit Träumen, die sehr realistisch sind. Mit diesen Vorstellungen und Halluzinationen ist es gut möglich, Stimmungen und Gefühle dermaßen zu beeinflussen, dass die darauf aufgebauten Metaphern und Suggestionen gut angenommen werden. Je tiefer die Trance ist, umso weniger hinterfragt das Bewusstsein, ob dies wirklich möglich ist und umso intensiver kann das erlebte Gefühl in der Trance werden.

Ebenso können besonders in Wachhypnose mit Halluzinationen faszinierende Experimente gemacht werden. Gerade bei besonders suggestiblen Menschen, also jenen, bei denen der kritische Faktor des Bewusstseins eine untergeordnete Rolle spielt und die mehr intuitiv handeln und denken, ist die Wirkung verblüffend. So kann dem Klienten suggeriert werden, dass eine bestimmte Person, die ebenfalls anwesend ist, aus dem Raum und komplett aus dessen Wahrnehmung verschwindet (negative Halluzination). Nun lassen Sie die „verschwundene" Person ein Glas in die Höhe heben und der Klient wird äußerst überrascht sein, dass das Glas plötzlich durch den Raum schweben kann!

*„Alles, was ich zu dir sage, ist wahr und tritt genauso ein, wie ich es sage. Wenn ich gleich mit meinen Fingern schnippe, öffnest du die Augen und kannst normal zu mir sprechen, verweilst jedoch in diesem Zustand der absoluten Entspannung. Ja, du sinkst immer tiefer und mit jedem Wort, das ich zu dir sage, doppelt so tief. Wenn ich dich dann an deiner Stirn berühre, genau hier* (Setzen Sie nun den kinästhetischen Anker)*, dann bist du wieder genau so tief in Trance wie zuvor, vielleicht sogar noch tiefer, schließt deine Augen und sinkst immer tiefer in diese absolute Entspannung. Wenn ich gleich schnippe und du die Augen öffnest, nimmst du alles ganz normal wahr, wirst jedoch {Person X} überhaupt nicht mehr sehen. {Person X} ist komplett verschwunden aus diesem Raum und du hast absolut keine Möglichkeit, sie wahrzunehmen. Du siehst sie nicht mehr, hörst sie nicht mehr, riechst oder fühlst sie nicht mehr. Es ist genauso, als wäre sie überhaupt nicht in diesem Raum."*

## 4.5 Amnesie

Unter dem Begriff der posthypnotischen Amnesie verstehen wir die Unfähigkeit, sich an bestimmte Ereignisse zu erinnern, die dem Hypnotisanden vor der Hypnose zugänglich waren. Ob eine posthypnotische Amnesie hervorgerufen werden kann und wie stark sie ist, hängt von der Suggestibilität ab. Die Amnesie kann suggeriert werden, sie kann aber auch spontan eintreten. Die spontane Amnesie könnte unter Umständen auch die Folge einer Erwartungshaltung des Klienten sein (da der Zusammenhang zwischen Hypnose und Amnesie ja zum Alltagswissen über dieses psychologische Phänomen zählt). Bei gut hypnotisierbaren Menschen stellt sich sehr häufig auch ohne entsprechende Suggestionen für die posthypnotische Handlung und für die begleitenden Umstände (ebenso wie für die Hypnosesitzung selbst) eine Amnesie ein. Falls sich die Hypnotisanden dennoch an den posthypnotischen Akt erinnern, so ist ihre Erinnerung verschwommen und fehlerhaft. Die posthypnotische Handlung beinhaltet also eine Bewusstseinsspaltung. Diese „Fragmenterinnerungen" sind dann, ebenso wie die zugeordneten posthypnotischen Handlungen, durch amnestische Barrieren voneinander getrennt. Üblicherweise werden diese Suggestionen kurz vor der Auflösung, beispielsweise unmittelbar vor dem Herauszählen, gegeben. Zu beachten ist jedoch: je kürzer die Amnesie vor der Auflösung suggeriert wird, desto höher ist auch die Wahrscheinlichkeit, dass sich der Hypnotisand zumindest daran erinnert, dass er etwas vergessen sollte. Er weiß jedoch nicht mehr, was genau.

---

*„Sobald du aus dem Zustand der tiefen Trance erwacht bist, hast du überhaupt keine Erinnerung mehr daran, was während dieser Hypnosesitzung passiert ist. Selbst wenn du dich noch so konzentrierst und anstrengst, ist es dir absolut und überhaupt nicht möglich, dich daran zu erinnern. Du erinnerst dich lediglich und einzig und allein nur daran, wie leicht es ist zu vergessen. Obwohl die Information in deinem Unterbewusstsein fest verankert ist und gespeichert bleibt, wirst du in bewusstem Zustand keine Möglichkeit mehr haben, darauf zuzugreifen."*

> *„Du siehst nun eine große, schwere Truhe aus Holz vor dir. Öffne diese Truhe und pack in sie all das hinein, was ich während dieser Hypnose zu dir gesagt habe. Danach verschließt du die Truhe mit einem großen Vorhängeschloss aus Eisen und gibst den Schlüssel an dein Unterbewusstsein weiter. Nur noch dein Unterbewusstsein kann auf den Inhalt dieser Truhe zugreifen, dein bewusster Verstand hat keine Möglichkeit mehr, auf den Inhalt der Truhe zuzugreifen. Ja, dein Bewusstsein hat sogar komplett darauf vergessen, dass diese Truhe überhaupt existiert."*

Die hypnotische Amnesie besteht nicht in einer Auslöschung der entsprechenden Gedächtnisinhalte. Die wache Persönlichkeit kann sich nur nicht mehr an die Ereignisse während der Hypnose beziehungsweise während der Realisierung posthypnotischer Befehle erinnern. Wird sie jedoch wieder in Hypnose versetzt, so kann die Erinnerung durch eine entsprechende Suggestion wiederhergestellt werden. Es ist auch möglich, die Blockade der Erinnerung im Wachzustand durch ein in der Hypnose suggeriertes Signal aufzuheben. Die Wiedererinnerung entspricht dann der Befolgung eines posthypnotischen Befehls.

## 4.6 Hypermnesie

Sie ist das Gegenteil der Amnesie und beschreibt eine gesteigerte Konzentrationsfähigkeit und ein gesteigertes Erinnerungsvermögen. Die Hypermnesie findet in der modernen Hypnose unter anderem in der kriminalpolizeilichen Ermittlungsarbeit oder in der Therapiearbeit Anwendung. Beispielsweise kann es vorkommen, dass ein Klient sich an eine vergangene Situation erinnern möchte, dies aber bewusst nicht schafft, weil eine unterbewusste Blockade ihn daran hindert. Diese Blockade kann durch das Unterbewusstsein aus Schutz aufgebaut worden sein oder sie ist „versehentlich" geschehen, weil eine assoziative Wirkung sie ausgelöst hat. Im seltensten Fall kann es sogar vorkommen, dass sie von einem Hypnotiseur absichtlich oder einem Laien unabsichtlich im Unterbewusstsein des Klienten programmiert wurde.

Die Hypermnesie eignet sich deshalb auch bestens dazu, an sich vor dem Bewusstsein verborgenes Wissen wieder abrufbar zu machen. Zu achten ist hier jedoch dabei darauf, aus welchem Grund diese Blockade entstanden ist und ob sie nicht vielleicht *sinnvoll* ist! Die Hypermnesie wird deshalb vor allem während oder in Kombination mit einer Wachhypnose eingesetzt, damit der Klient normal sprechen kann. In leichter Trance mag es dem Hypnotisand zwar ebenso gelingen, langsam zu sprechen, doch oft ist hier nicht der Zugriff auf das verborgene Wissen möglich.

> *„Wenn ich gleich „jetzt" sage, kannst du wieder normal zu mir sprechen und hast absolut klaren Zugriff auf jede Erinnerung deines bisherigen Lebens, egal wie verborgen diese bisher auch gewesen sein mag. Ab nun und nur für diese Hypnosesitzung hast du wieder die Möglichkeit dazu, auf alle Situationen, alles gespeicherte Wissen deines Unterbewusstseins komplett und exakt so zuzugreifen, wie es gespeichert wurde* (um eine nachträgliche Verfälschung durch Interpretation zu verhindern). *Nach der Hypnosesitzung ist der Zugriff auf dein unterbewusst gespeichertes Wissen wieder exakt so wie vor der Hypnose* (gegebenenfalls: *abgesehen von der Situation, die wir uns genauer ansehen, sollte ich dies später noch einmal gesondert ansprechen)."*

## 4.7 Temporäres Vergessen und Ersetzen

Eigentlich ist eine Amnesie (temporäres Vergessen) eine Sonderform der Showhypnose und wird nur in seltenen Fällen in der Hypno-Therapie genutzt. Wem das psychotherapeutische Verständnis fehlt, der sollte nur für die Dauer der laufenden Hypnosesitzung bestimmte Informationen temporär für das Bewusstsein nicht abrufbar machen. Gut gespeicherte Daten, wie zum Beispiel die Zahl Drei oder der eigene Vorname, werden häufig in der Showhypnose für den bewussten Zugriff des Klienten gesperrt. **Tatsächlich werden sie jedoch keinesfalls gelöscht, sondern nur vor dem bewussten Verstand versteckt.** Sie sollten keinesfalls persönliche Details oder überhaupt irgendeine Erfahrung oder einen Teil des Wissens des Hypnotisanden löschen, weil dies zu irreparablen Schäden der Persönlichkeit führen kann!

In der Showhypnose hält diese Technik meist für ein paar Lacher her, wenn die hypnotisierte Person in Wachhypnose die Finger an der eigenen Hand abzählen soll und bei Drei plötzlich ins Stocken kommt, weil die Zahl vorher „hinter einer Wand versteckt wurde", hinter die der Verstand aktuell nicht sehen kann. Der Hypnotiseur wartet hier meist eine Sekunde ab, um den Probanden verdutzt dreinschauen zu lassen und fragt dann: „Welche Zahl kommt denn nachher?", worauf der Klient mit Vier fortsetzt und so weiter. Dies führt zu einem weiteren Lacher, weil der Proband plötzlich laut eigener Zählung sechs Finger an einer Hand hat. Er weiß zwar, dass das eigentlich nicht richtig sein kann, doch auch wenn er noch einmal zählt, kommt er wieder auf dasselbe Ergebnis. Noch interessanter, wenn er beide Hände durchzählen soll, plötzlich sind es elf Finger an beiden Händen! *„Da kann doch etwas nicht stimmen? Also noch mal von vorne und diesmal beide Hände getrennt voneinander abzählen. (Der Proband zählt zweimal sechs.) Aber sechs plus sechs ergibt ja zwölf! Zwölf Finger an den Händen? Das kann doch nicht sein... Schlaf wieder ein!* (Trance-Anker auslösen)"

Um diesen Effekt zu erzielen, genügt es, folgenden Text zu sprechen, während der Klient in tiefer Trance ist und bereits die zwei Anker für Wachhypnose und Trance gesetzt wurden.

*„Wenn ich dich gleich an deiner Schulter berühre, kannst du wieder ganz normal sprechen, während du in diesem angenehmen Zustand der absoluten Entspannung verweilst. Alles, was ich zu dir sage, ist absolut wahr und tritt genauso ein, wie ich sage, dass es eintritt. Wenn du die Augen gleich öffnest, hast du überhaupt keine Erinnerung mehr daran, dass es die Zahl „Drei" gibt. Die Zahl „Drei" ist verschwunden, denn sie ist hinter einer schweren Mauer verborgen, einbetoniert, verschlossen und für dich nicht mehr greifbar. Die Zahl „Drei" ist komplett aus deiner Erinnerung verschwunden, weil sie ja hinter dieser Mauer liegt,*

> *hinter die du nicht mehr sehen kannst, wenn du gleich die Augen öffnest. Es ist fast so, als hätte die Zahl „Drei" niemals existiert.*

Nun folgt die Wachhypnose mit dem Test, ob die Zahl vergessen wurde, und danach das Auslösen des Trance-Ankers.

> *Jetzt, wo du wieder in diesem entspannten Zustand angekommen bist, hast du wieder Zugriff auf die verborgene Zahl „Drei", ja, du reißt die Wand ein und die Mauer ist komplett verschwunden, du hast wieder vollen Zugriff auf die Zahl „Drei" und es ist für dich so, als wäre sie nie fort gewesen, denn du kannst die Zahl „Drei" wieder ganz normal abrufen."*

Es empfiehlt sich, den Klienten nach Auflösung der Trance noch einmal zählen zu lassen – nur zur Sicherheit, dass wieder alles seine Richtigkeit hat. Wenn nicht, einfach noch einmal in Trance schicken und die Zahl oder den verschwundenen Begriff erneut abrufbar machen. Das temporäre Ersetzen von Informationen läuft fast gleich ab, mit dem einfachen Unterschied, dass der Begriff eben nicht versteckt, sondern durch einen anderen ausgetauscht wird. So lässt sich zum Beispiel in einer Showhypnose bei dem einen Probanden der Begriff „Ja" durch das Wort „Muh" ersetzen und beim anderen der Begriff „Ja" durch das Wort „Mäh". Nun können sich beide in Wachhypnose darüber streiten, wie es denn nun richtig heißt.

> **Besonders wichtig ist auch hier wieder die korrekte Aufhebung der Suggestion: nicht umsonst ist die Bezeichnung „temporär" gewählt worden.**

## 4.8 Anästhesie

Der Begriff dieser Trancetechnik ist weitläufig auch als „Schmerzunempfindlichkeit" bekannt und findet vor allem bei medizinischen Behandlungen, während Operationen, oft aber auch beim Zahnarzt Anwendung. Ebenfalls in der Showhypnose wird die Anästhesie manchmal eingesetzt, um vorzuzeigen, dass Klienten in Trance ohne bewusstes Schmerzempfinden körperlicher Schaden zugefügt werden kann, beispielsweise durch das Stechen einer Nadel in das Fleisch des Unterarmes. Dies ist absolut nicht zur Nachahmung empfohlen und strafbar, weil Körperverletzung – selbst mit Einwilligung des Hypnotisanden bleibt es äußerst fragwürdig und meiner persönlichen moralischen Ausrichtung widerstrebt es zutiefst, diese Technik für Showzwecke zu missbrauchen. Wer als Hypnotiseur (und moralischer Mensch) etwas auf sich hält, wird diese Trancetechnik niemals anwenden, außer im medizinischen Bereich, wo sie unterstützend eingesetzt werden kann – und dies äußerst sinnvoll, weshalb ich darauf auch näher eingehen will.

> *„[:Körperstelle:] ist angenehm kühl."*
> *„[:Körperstelle:] ist angenehm warm."*
> *„[:Körperstelle:] ist ganz taub."*

**Achtung!** Schmerz ist ein Warnsignal und darf nicht einfach nur unterdrückt werden. Es sollte immer therapeutisch abgeklärt werden, ob eine andere Therapie notwendig ist.

## *4.9 Kinästhetische Delusion*
Ähnlich der Halluzination ist die Delusion, also die Vortäuschung eines körperlichen (kinästhetischen) Gefühls, das in Wirklichkeit nicht vorhanden ist, vor allem in der Showhypnose beliebt. Sie gehört, um ein Beispiel zu nennen, zum Standardrepertoire eines Derren Brown. So kann beispielsweise die Suggestion gegeben werden, dass der Proband seine Augen schließen und im Stillen mitzählen soll, wie oft man ihn gleich berühren werde.

Tatsächlich berührt der Hypnotiseur den Hypnotisand gar nicht und bewegt nur seinen Finger ruckartig über der vorgehaltenen flachen Hand des Probanden auf und ab, damit dieser einen minimalen Luftzug verspürt, der bewusst jedoch nicht registriert wird. Danach fragt er, wie oft er die Hand berührt habe und der Hypnotisand ist stets überrascht und zweifelt die Meinung des Publikums an, dass er tatsächlich nicht berührt wurde.

Ebenso lässt sich suggerieren, dass der Arm des Klienten mit einer heißen Eisenstange berührt wird, während man nur einen kalten Eiswürfel benützt. **Achtung!** Bei besonders suggestiblen Klienten kann dies zu Brandblasen führen, verstärkt durch den physischen Reiz, da extreme Kälte vom Nervensystem ebenso als besonders heiß interpretiert wird. Deshalb ist die Suggestion (falls überhaupt) nur in Verknüpfung mit dem Satz *„und du spürst weder Schmerzen noch trägst du irgendwelche körperlichen Schäden davon"* zulässig.

## 4.10 Ideomotorik

Bei einer bestimmten Vorstellung, zum Beispiel einer Bewegung (wie etwa dem Beobachten eines Läufers oder Fußballers) entstehen messbare Bewegungsimpulse in den jeweiligen Muskelgruppen, die dem betrachteten oder vorgestellten Vorgang entsprechen. Diese werden als „ideomotorische Bewegungen" oder auch „Carpenter-Effekt" bezeichnet. Ideomotorische Reaktionen wurden auch durch den Chevreulschen Pendelversuch wissenschaftlich bestätigt. Des Weiteren macht sich eine ganze Sparte der Alternativmedizin die Ideomotorik zunutze, und zwar die Kinesiologie. Besonders gerne wird diese Methode im Bereich des Sportcoaching eingesetzt, kommt aber auch im Alltag des Coaching gerne zur Anwendung. Mehr zu diesem spannenden Thema erfahren Sie unter anderem in der DVD von Stefan Strobl mit dem Titel *„Kinesiologie – die praktische Anwendung der Meta-Medizin"*, erschienen 2010 bei ZHI.

Diese natürliche Ideomotorik kann in Hypnose dazu genutzt werden, mit dem Unterbewusstsein des Klienten zu kommunizieren, auch wenn dieser nicht mehr zu sprechen vermag, weil die Trance zu tief ist. Darum ist diese Technik gerade in der therapeutischen Anwendung beliebt. Gemäß Eggetsberger[xvii] können vier mögliche Antworten mit dem Unterbewusstsein vereinbart werden, tatsächlich kann jedoch jede x-beliebige Antwort vereinbart werden (je nach Thema des Klienten), diese sind jedoch sehr individuell zu gestalten. Darum möchte auch ich mich hier nur auf die allgemein gültigen Aussagen beziehen:

- Ja
- Nein
- Ich weiß nicht
- Ich will nicht

*„Bitte nun dein Unterbewusstsein darum, dass es für dich Fingersignale festlegt. Beginnen wir mit einem Signal für „Ja" und einem für „Nein". Wenn dein Unterbewusstsein auf meine* (oder deine, falls diese Suggestion in Selbsthypnose erhalten bleiben soll) *Fragen mit „Ja" antwortet, bewegst du ganz automatisch den rechten* (oder linken) *Zeigefinger nach oben, indem du ihn leicht anhebst. Und wenn dein Unterbewusstsein auf die Fragen mit „Nein" antwortet, bewegst du ganz automatisch den linken* (oder rechten) *Zeigefinger nach oben, indem du ihn leicht anhebst. Wenn dein Unterbewusstsein verstanden hat, soll es jetzt bitte mit „Ja" antworten."*

Zusätzlich können alle weiteren Muskeln genutzt werden, denn es hängt wiederum von der Feinfühligkeit des Klienten ab, wie stark seine Finger auf die Suggestionen ansprechen.

*„Falls du vorhin einige Momente in Trance gewesen bist, kann deine Hand oder auch nur einer deiner Finger sich von selbst heben. Falls du heute in Trance gewesen bist, ohne es zu realisieren, kann dein Kopf jetzt leicht nicken. Falls dein Unbewusstes jetzt beginnen kann, diese*

*Erfahrung aufzugeben, können sich deine Augen von selbst öffnen. Dein Unbewusstes kann die Gründe für dieses Problem sammeln und dann, wenn es dem bewussten Verstand diese Gründe nennen will, auf die allerschonendste Weise, können sich deine Augen schließen, wie von selbst. Die meisten Menschen können es erleben, dass eine Hand leichter ist als die andere. Jedermann hat die Erfahrung gemacht, dass Menschen mit dem Kopf nicken, wenn sie zu etwas ja sagen wollen. Viele Menschen legen die Stirne in Falten, wenn sie etwas verneinen wollen. Wenn dein Unbewusstes noch länger Zeit braucht, um das zu bearbeiten, so kann das dazu führen, dass es dich für eine kurze Zeit den Atem anhalten lässt. Zustimmung drückt sich manchmal aus wie ein Ausatmen, das so klingt wie ein wohliger Seufzer. Wenn wir müde sind, beginnen die Augen langsamer zu blinzeln und schließen sich manchmal, ohne dass wir das bemerken. Manchmal gehen wir erst danach noch tiefer in Trance, wenn ein Muskel zuckt, so dass dein Arm oder dein Bein eine leichte unwillkürliche Bewegung machen kann."*

## 4.12 Altersregression

Hier wird eine hypnotisierte Person mittels einiger Suggestionen zurückversetzt in einen früheren Alterszustand oder eine beliebige, bereits durchlebte Lebenszeit. In diesem Zustand zeigt sich dann, wenn nicht anders suggeriert (beziehungsweise dissoziiert beobachtet), das tatsächlich empfundene Alter in diesem Lebensabschnitt. Erinnerungen können wieder ganz klar und präzise abgerufen werden (auf einen Lebenszeitraum begrenzte Hypermnesie), auch alle Sinneseindrücke wie Bilder, Geräusche, Gerüche, Geschmäcker und Gefühle sind wieder gegenwärtig. Da durch die Altersregression auf sehr einfache und vor allem gut nachvollziehbare Weise verborgene Erinnerungen, die zu negativen Verhaltensmustern oder Glaubenssätzen führen, wieder gefunden werden können, ist diese Technik gerade in der Hypnotherapie beliebt.

Prinzipiell können zwei Arten der Altersregression unterschieden werden, einerseits die totale Altersregression und andererseits die partielle (also teilweise) Altersregression. Bei der totalen ist sich der Klient nicht bewusst, dass er bereits älter ist, und nimmt alle Erinnerungen assoziiert wahr. Beispielsweise fühlt sich der Hypnotisand wie der achtjährige Bub, der er früher war, und denkt und handelt ebenso. Das Verhalten der hypnotisierten Person entspricht hier also dem suggerierten Alter, wohingegen bei der partiellen Altersregression dissoziiert (von außen beobachtend) die Regression wahrgenommen wird.

Es herrscht eine Art „gespaltener Zustand", der dazu führt, dass der Klient bereits in leichter Trance beschreiben kann, welche Gedanken und Situationen in dem jeweils suggerierten Alter durchlebt wurden. Das Erinnerungsvermögen ist etwas schwächer als in tiefer Trance, dafür ist der Klient emotional distanziert, was vor allem bei negativen Situationen von Vorteil sein kann. Auf dem Bild unten ist die Handschrift einer Probandin abgebildet, die unter totaler Altersregression in jedem Alter ihre Unterschrift geben sollte. Besonders interessant ist auch die nach vorne gehende Projektion des Unterbewusstseins, wie sich diese Unterschrift im Laufe der Zeit weiter verändern wird. Der rote Stern markiert dabei das tatsächliche Alter der Hypnotisandin zum Zeitpunkt der Hypnose.

*Quelle:* Eggetsberger, G. *Hypnose – Die unheimliche Realität.* 1992. Wien: Perlen-Reihe (Band 424).

## 4.13 Rückführung und Seelenleben

Ein Themengebiet, das sich vor allem in den letzten Jahrzehnten immer größerer Beliebtheit erfreut, ist die Rückführung in vergangene Inkarnationen, was oft auch unter dem Namen der Reinkarnationstherapie bekannt ist. Zu diesem Themengebiet findet sich bereits sehr viel Basisliteratur unterschiedlichster Hypnotherapeuten. Einer der bemerkenswertesten ist dabei meiner persönlichen Meinung nach Michael Newton, der Gründer von *www.spiritualregression.org* und „Entdecker" der Seelenzwischenleben. Vor seinen Publikationen war man weitestgehend der Überzeugung, dass eine Reinkarnationssitzung wie folgt abläuft:

- Der Klient wird in eine leichte Trance versetzt
- Dort regressiert er mittels einer Treppe, eine Stufe pro Lebensalter, in den Mutterleib.
- Dann folgt eine Art „schwarze Leere"
- bis sich der Klient plötzlich inmitten eines früheren Lebens wiederfindet

Nun wird der Hypnotiseur möglichst schnell Fragen stellen, die intuitiv zu beantworten sind. So wird versucht, der Kritikfähigkeit des Wachbewusstseins möglichst keine Chance zu bieten sich einzumischen. Oftmals finden Klienten sich in alltäglichen, unbedeutenden Leben wieder (anstatt wie durch die Medien häufig verbreitet, eine berühmte Persönlichkeit zu sein). Sie springen dann unter der Führung des Hypnotiseurs vor und zurück durch die wichtigsten Lebensabschnitte und erkennen die Problemstellungen. Meist wird auf Leben zugegriffen, die ähnliche Muster in sich bergen wie das jetzige. Dies ist eine der möglichen Erklärungen, weshalb Reinkarnationstherapie vor allem für die Probleme eines Menschen im aktuellen Leben ein Coaching-Ansatz ist anstatt einer reinen Traumreise. Es ist bis jetzt noch nicht bewiesen worden, dass Reinkarnation tatsächlich möglich ist, obwohl bereits intensiv daran geforscht wird (dazu gleich mehr). Einer der Einwände, der oft fällt, ist beispielsweise, dass wir uns nicht an frühere Leben erinnern können. Michael Newton ermöglichte mit seinen hunderten Fallstudien jedoch eine Wende in der Art, wie moderne Hypnotiseure an das Thema Reinkarnation herangehen. Er fand einen Weg, um die Zeit zwischen den Inkarnationen, die bisher nur als „schwarze Leere" bekannt war, zu erhellen: und entdeckte in den Fallstudien faszinierende Parallelen. Die Klienten erzählten in Trance fast alle das Gleiche, obwohl sie bewusst von diesem Prozess in ihrem aktuellen Leben nichts hatten erfahren können (denn bis dahin existierte diese Möglichkeit in den Köpfen der Menschen noch gar nicht). Egal, welche kulturelle, familiäre oder ethnische Herkunft, egal, welche Religion oder welcher Glaube ihnen anhaftete. Sie alle durchlebten nach dem Tod in einem ihrer Vorleben denselben Prozess: die Rückkehr in die Seelenwelt. Der Ansatz

Michael Newtons unterstreicht, dass wir mit bestimmten Lernaufgaben inkarnieren, die es in diesem Leben zu bewältigen gilt. Nicht immer erreichen wir die Ziele, deshalb ist es nur sinnvoll, unvorbelastet von Vorannahmen und früheren Enttäuschungen in ein neues Leben zu gehen, also ohne Erinnerung daran geboren zu werden. Spannend ist auch, dass laut Newton bestimmte Seelengruppen existieren, selbst „Seelenfamilien", die wiederholt in mehreren Leben zusammen inkarnieren. Dies jedoch in unterschiedlichen Konstellationen, beispielsweise einmal als Geschwister, im nächsten Leben als Vater und Sohn und im darauf folgenden als Liebespaar. Das Geschlecht kann dabei frei gewählt werden, manche Seelen mögen zwar bestimmte Vorlieben hegen, doch über die Zeit ist das Verhältnis ausgeglichen. Der Grund für diese wiederholten Inkarnierungen und die dazwischen liegende Regenerationsphase in der Seelenwelt, bei der das letzte Leben mit „Lehrern" besprochen wird, um aus den Fehlern zu lernen, ist denkbar simpel. Die einzige Aufgabe jeder Seele ist es zu wachsen. Emotional, spirituell, man könnte sagen, menschlich besser zu werden und dabei andere Seelen ebenso zu unterstützen.

- Newton, M. *Leben zwischen den Leben: Die Hypnotherapie zur spirituellen Rückführung.* 2009. Oy-Mittelberg/Haslach: Artha Verlag.

Ich möchte in diesem Buch bewusst nicht zu detailliert auf die spannende Idee der Reinkarnationsforschung eingehen, da sie nach wie vor ein sehr kontroverses Thema ist. Was jedoch bei Interesse zum Weiterlesen empfohlen sein soll, ist auf jeden Fall die Forschung Michael Newtons („Leben zwischen den Leben", im englischen Original „Spiritual Regression Therapy" genannt) und die Fallstudien der University of Virginia und von Dr. Jim B. Tucker. Im Gegensatz zu anderen Autoren geht er nicht blind davon aus, dass Reinkarnation existiert, sondern dokumentiert so wissenschaftlich wie möglich rückverfolgbare Reinkarnationen von Kindern auf der ganzen Welt. Besonders spannend ist dabei zu verfolgen, wie kritisch er ständig die Forschungsergebnisse hinterfragt. Das macht sein Buch so einzigartig, denn auf diese Art und Weise hat noch niemand die Reinkarnation erforscht. Ebenso geht er im Detail auf die typischen Fragen ein, die dabei auftauchen: die Glaubwürdigkeit der Person, die behauptet, sich an ein früheres Leben zu erinnern, die Fragilität der Erinnerungen, das exponentielle Bevölkerungswachstum, die Verknüpfung von Seele und Körper, Betrug und vieles mehr.

- Tucker, J. *Life before Life: A Scientific Investigation of Children's Memories of Previous Lives*. 2009. London: Piatkus Books.

## 4.14 Automatisches Schreiben[12]

Das automatische Schreiben in Trance bietet eine gute Möglichkeit, um an Information zu gelangen, die dem bewussten Verstand nicht zugänglich sind. Hierbei wir der Proband in Trance dazu angeleitet, mit Hilfe seines Unbewussten Antworten niederzuschreiben. Viele Informationen sind in unserem Unbewussten verborgen, zu denen wir bewusst oft keinen Zugang besitzen. Neben der analytischen Hypnose ist das automatische Schreiben ein guter Weg. Es kann auch als Selbsthypnose angewendet werden.

**Vorbereitung**

Für das automatische Schreiben sollte der Proband idealerweise an einem Schreibtisch oder ähnlichem sitzen, an dem er bequem schreiben kann. Schreibmaterial sollte bereitliegen. Das automatische Schreiben kann auch an einem PC durchgeführt werden. Es ist nicht nötig, dass der Proband sehen kann, was er schreibt. Das minimiert die Beeinflussung durch das Bewusstsein.

---

[12] Dieses Kapitel stammt von Stefan Strobl

**Vorgehen**
Der Hypnotiseur begleitet den Probanden in eine mittlere, besser eine tiefe Trance. Dabei gibt er Suggestionen, dass der Proband, unabhängig wie stark er sich entspannt, in der Lage bleibt zu schreiben. Dem Unbewussten wird mittels Suggestionen die Anweisung gegeben, dass es gleich zu einer Frage bzw. einem Thema schreiben wird. Anschließend positioniert der Hypnotiseur die Schreibhand des Probanden mit dem Stift auf den Block und suggeriert dem Unbewussten, dass es nun wie von selbst die Antwort niederschreiben wird. Wichtig dabei ist es, die Suggestionen darauf zu fokussieren, dass die Bewegungen

> *„wie von selbst, automatisch, aus dem Unbewussten kommend, wie ein ‚Automat'"*

usw. sind. Jegliche (beginnende) Bewegung des Probanden wird hierbei mit bestätigenden Suggestionen verstärkt.

Je nach Zugang des Probanden kann es unterschiedlich lange dauern, adäquate Ergebnisse zu erlangen. Teilweise entstehen anfangs nur undefinierbare Kritzeleien oder einzelne, oft scheinbar keinen Sinn ergebende Worte. Mit zunehmender Übung wird der Ergebnis immer konkreter. Es können Sätze und und ganze Texte entstehen. Teilweise handelt es sich auch um Zeichnungen.

## *4.15 Zusammenfassung*

In diesem Kapitel wurden die bekanntesten Hypnosephänomene angerissen und mit Beispielanleitungen praktisch dargelegt. Wir unterscheiden dabei vor allem zwischen Showhypnose und Hypnotherapie. In Showhypnose werden viele Phänomene genutzt, um die Wirksamkeit von Hypnose unter Beweis zu stellen, im Coaching geht es meist um die Kombination bestimmter Phänomene, um im Klienten neue Ressourcen zu aktivieren oder alte, negative Verhaltensmuster in positive und zielführende zu verwandeln.

So kann beispielsweise die Wachhypnose genutzt werden, um dem Hypnotisanden Fragen zu stellen oder ihn sich bewegen und auf die Umwelt reagieren zu lassen, obwohl er in Trance verbleibt. Die Levitation von Hand oder Arm wird meist als Trancetiefenverifizierung genutzt. Bei der Katalepsie erzeugt der Showhypnotiseur eine Gliederstarre in einem oder mehreren Gliedern, um die Illusion eines verhärteten Körpers zu erzeugen. Die Halluzination kann sowohl positiv (etwas sehen, das nicht da ist) oder negativ (etwas nicht sehen, das da ist) sein. Amnesie tritt manchmal automatisch ein, wenn Menschen aus tiefer Trance erwachen. Sie kann jedoch auch willentlich vom Hypnotiseur eingesetzt werden, beispielsweise um bestimmte Erinnerungen zu sperren. Das Gegenteil zur Amnesie ist die Hypermnesie, die eine Erinnerung, auf die in bewusstem Zustand nicht mehr zugegriffen werden kann, wieder abrufbar macht. Dadurch lassen sich auch vergangene Trancen wieder abrufen, auch wenn diese durch einen posthypnotischen Befehl der Amnesie versperrt wurden. Das temporäre Vergessen und Ersetzen von Information wird meist in der Showhypnose angewendet, um interessante Effekte in Wachhypnose zu erzeugen, beispielsweise erinnert sich der Proband nicht mehr an seinen eigenen Vornamen.

Gerade in der Therapie und Alternativmedizin kommen Anästhesie, Kinästhetische Delusion und die Ideomotorik zum Einsatz. So kann Schmerzunempfindlichkeit von einer professionell ausgebildeten Person mit Heilerlaubnis dazu genutzt werden, um negative Empfindungen während einer Operation oder Phantomschmerzen danach verschwinden zu lassen. Bei der Delusion im Körpergefühl glaubt der Klient etwas zu empfinden, das gar nicht da ist. Ideomotorische Signale werden vor allem in der Kinesiologie genutzt, dienen aber auch in der Hypnose dazu, direkt mit dem Unterbewusstsein zu kommunizieren, wenn die Trance bereits so tief ist, dass der Hypnotisand nicht mehr zu sprechen vermag.

Bei Traumreisen und Metaphern handelt es sich meist um Techniken zur Vertiefung der Trance, sie können jedoch korrekt angewendet auch in Form von „nested loops" zu tiefgreifenden Verhaltensänderungen bereits während Gesprächshypnose oder leichter Trance führen.

Die Altersregression führt den Hypnotisanden zurück in frühere Lebensabschnitte, in denen er sich wieder so verhält und denkt wie damals. Deswegen empfiehlt sich hier oftmals, gerade bei negativen Erinnerungen, die dissoziierte (vom Gefühl entkoppelte) Beobachtung der Situation. Auf die Rückführung in frühere Leben und den Zustand des Seelenlebens zwischen diesen Inkarnationen soll in diesem Buch nicht zu detailliert eingegangen werden, hier empfiehlt sich das Studium der Bücher von Michael Newton und Jim B. Tucker, M.D.

# TEIL II: KETTEN SPRENGEN

# KAPITEL 5: COACHING MIT HYPNOSE

Im folgenden Kapitel soll anschaulich gemacht werden, wie eine komplette Hypnosesitzung inklusive Coaching-Elementen praktisch ablaufen kann. Dazu bedienen wir uns vor allem einiger der wichtigsten Methoden des NLP (Neurolinguistische Programmierung). Zum weiteren Verständnis ist ebenso wichtig zu erkennen, in welchem Zusammenhang ressourcenreiche und ressourcenlose Zustände stehen und wie Hypnosetexte inhaltlich aufgebaut sein können, um gezielt bestimmte Themen zu bearbeiten.

Den Teilnehmern vermittle ich in meinen Hypnose-Ausbildungen, dass bereits der *erste Kontakt* zu einem an einer Sitzung interessierten Menschen den Startschuss darstellt. Ab jetzt wird die richtige Erwartungshaltung gesetzt und der Kontext im Rahmen der Hypnose vorbereitet. Wichtige Elemente sind hierbei der Aufbau von Vertrauen (vgl. Kapitel „Rapport") und das Ankern von Selbstsicherheit und Wohlempfinden.

Sobald der Klient sich dann in den Räumlichkeiten des Hypnotiseurs befindet, kann dieser mit dem Vorgespräch beginnen. Dann wird noch einmal eine prozessuale Unterbrechung genutzt, beispielsweise schickt der Hypnotiseur den Klienten auf die Toilette, bevor die Hypnose selbst startet. Nach der Auflösung wird noch ein kurzes Nachgespräch geführt, einerseits, um den Erfolg der Hypnose zu fixieren und andererseits, um dem Hypnotisanden etwas Zeit zu geben, wieder zurück in den normalen Wachzustand zu finden.

Die meisten Hypnotiseure arbeiten standardmäßig mit einer Sitzung à zwei bis zweieinhalb Stunden. Ich empfehle jedoch eine andere Vorgehensweise – nämlich zwei bis drei Sitzungen - um möglichst effektiv zu arbeiten und individuell auf jeden Klienten eingehen zu können.

**1. Sitzung**
Beim ersten Treffen wird die Erwartungshaltung abgeklärt und die Eingrenzung des Themas vorgenommen. Zudem erhält der Klient bereits hier Einblick in den Nutzen seines unerwünschten Verhaltens und was dieses auslöst. Nun kann er einen Selbstbeobachtungszeitraum starten, um zu prüfen, ob wirklich alle das negative Verhalten auslösenden Reize bekannt sind.

**2. Sitzung**
Nachdem der Klient bereits gelernt hat, was sein Verhalten auslöst, hat er wahrscheinlich bereits erfolgreich Korrekturen vorgenommen und mehr Selbst-Bestimmtheit erlernt. Nun geht es um das saubere Nacharbeiten und Formulieren von Suggestionen, sowie die nachhaltige Integration der Verhaltensveränderung. Nach dieser 2. Sitzung startet erneut ein Selbstbeobachtungszeitraum. Idealerweise hat der Klient den erwarteten Erfolg und die Betreuung kann (für dieses Thema) abgeschlossen werden.

**3. Sitzung**
Je nach Themenumfang kann es von Haus aus zu mehr Sitzungen kommen. Dies kann z.B. der Fall sein, wenn ein Verhalten relativ komplex ist und durch unterschiedlichste Momente ausgelöst wird oder mit vielen in sich verknüpften Werten und Glaubenssätzen verbunden ist. Oder aber im vorigen Selbstbeobachtungszeitraum sind weitere Reize erkannt worden, die das unerwünschte Verhalten nach wie vor auslösen (selbst wenn es in den bekannten Situationen bereits erfolgreich verändert wurde).

## 5.1 Das Vorgespräch

Nach Eintreffen des Klienten in der Praxis des Hypnotiseurs findet meist nach kurzem Small-Talk ein ausführliches Vorgespräch statt. Hierbei soll die grundsätzliche Motivation geklärt werden, die die Person zum

Hypnotiseur geführt hat. Es kann durchaus vorkommen, dass der Klient nicht aus freien Stücken hier ist.

Beispiel: Ein junger Mann kommt zu einer Raucherentwöhnung, wirkt aber deutlich unmotiviert und hat eine eher geringe Erwartungshaltung, was den Erfolg der Hypnosesitzung angeht. Nach kurzem Nachfragen wird klar, dass er nur hier ist, weil sich sein privates Umfeld wie Frau, Kinder oder Eltern schon seit langem dafür einsetzen, dass er das Rauchen endlich aufgibt. Er selbst jedoch raucht aus Leidenschaft und ist fest davon überzeugt, dass es sowieso keine Möglichkeit gibt, diese Sucht loszuwerden.

Nun liegt es in so einem Fall beim Hypnotiseur zu entscheiden, ob die Hypnose dennoch durchgeführt werden soll. Besonders, wenn oben angesprochener Klient nicht einmal selbst für die Sitzung zahlt, wird sich der Erfolg wahrscheinlich in Grenzen halten. Kommt es dem Hypnotiseur jedoch mehr auf die Weiterempfehlungsrate (also den langfristigen Erfolg seiner Tätigkeit) und nicht das schnelle Geld an, so wird er den Mann vielleicht fortschicken und bitten dann wieder zu kommen, wenn er ernsthaft vorhat, mit dem Rauchen aufzuhören. Diese Selektion der Klientel erhöht immens die durchschnittliche Erfolgsquote einer Hypnosesitzung bei Ihnen. Dies erklärt auch, wieso manche Hypnotiseure Raucherentwöhnung mit 98% Erfolgswahrscheinlichkeit und wieder andere mit nur 33% versprechen. Beide Angaben mögen ehrlich sein, doch hier ist eben auch der Faktor Erwartungshaltung des Hypnotisanden zu berücksichtigen.

Grundsätzlich sollte bei dem Vorgespräch mit dem Klienten auch geklärt werden, ob dieser sich schon einmal einer Hypnosesitzung unterzogen hat. Wenn nicht, so wird er wahrscheinlich wissen wollen, worum es dabei geht und wie das genau funktionieren wird (einen Beispieltext hierzu finden Sie in Kapitel 2.7). Ist er schon einmal in Hypnose gewesen, sind eher Fragen von Relevanz wie: *„Wie wurden Sie hypnotisiert? War das angenehm? Erwarten Sie sich, diesmal genauso* *hypnotisiert zu werden?"* Dadurch können Sie eine Art Anker von Ihrem Vorgänger nutzen, um den Klienten schneller in Trance zu führen und Zeit zu sparen: Sie holen den Hypnotisanden damit aber auch bestmöglich ab, weil Sie seine Erwartungshaltung exakt erfüllen! Lassen Sie sich die Arbeit ruhig leichter machen, die Erfolgswahrscheinlichkeit der Hypnose steigt dadurch ebenso an. Eine weitere wichtige Frage in diesem Zusammenhang ist jedoch auch: *„Wieso möchten Sie nun bei mir hypnotisiert werden?"* Vielleicht verbirgt sich ja eine unangenehme Erfahrung dahinter, von der der Hypnotiseur Bescheid wissen sollte, bevor er den Klienten in Trance schickt.

Weiters wird im Vorgespräch geklärt, ob und welche Traumreise der Klient wünscht, um die Hypnose zu vertiefen, bevor die eigentlichen Suggestionen an das Unterbewusste gegeben werden. Diese sollten Sie sich in Stichworten notieren, um Sie später mittels des VAKOG-Modells (mehr dazu in Kapitel 5.3.4 Repräsentationssysteme auf Seite 155) möglichst bildhaft erzählen zu können.

Nun folgt der eigentliche Kern des Vorgesprächs, die Frage nach der Umsetzung der Ziele des Klienten. Nutzen Sie hierfür unbedingt die Coaching-Werkzeuge wie etwa wohlgeformte Ziele, die neurologischen Ebenen und das T.O.T.E. Modell. Sie maximieren damit den Erfolg Ihrer Arbeit, deshalb sollten Sie sehr wohl ein großes Augenmerk auf diesen Teil der Sitzung legen. Bevor Sie die „schweren Geschütze" auffahren, können Sie sich der Thematik auch mit den (für unsere Zwecke leicht adaptierten) „fünf W-Fragen" annähern:

- Was möchtest du verändern?
- Wie soll es sich verändern?
- Liegt es in deiner eigenen Kontrolle?
- Woran wirst du erkennen, dass es funktioniert?
- Wenn du deine Ziele erreicht hast und sich dadurch deine Umwelt ändert, – willst du diese Änderung überhaupt?

Fragen Sie den Klienten auf jeden Fall bei jeder Suggestion, die Sie später geben werden, wie er diese in eigenen Worten formulieren würde, damit sein Unterbewusstsein diese auch umsetzt. Sie lassen sich damit nicht nur die Arbeit erleichtern, sondern bereiten gleichzeitig Verstand und Unterbewusstsein des Hypnotisanden darauf vor, dass gleich tiefgehende Veränderungsarbeit passieren wird und die Erwartungshaltung steigt.

Nachdem Sie alle relevanten Informationen gesammelt und niedergeschrieben haben, starten Sie den weiteren Verlauf der Sitzung wie gleich beschrieben. Ich persönlich ziehe es vor, dem Klienten zu zeigen, was ich mitschreibe, damit er sich nicht wie bei einem Psychiater fühlt, der ihn vielleicht abwertend behandelt (Glaubenssatz des Klienten). Ich verspreche ihm sogar, dass er diese Mitschrift nach der Trance mit nach Hause nehmen darf, um noch einmal in bewusstem Zustand durchzugehen, was wir gearbeitet haben. Zusätzlich dient ihm diese Mitschrift als Anker für die Sitzung! Sie können ebenfalls ein Tonband mitlaufen lassen und dem Klienten nach der Trance auf CD brennen oder eine Kassette mitgeben.

Zu guter Letzt, und um die Erwartungshaltung beim Klienten weiter zu steigern, sollte vor dem Beginn der Hypnose noch eine Einverständniserklärung unterschrieben werden. Diese finden Sie im Anhang unter Punkt X.III. Sie dient sowohl Ihrer eigenen rechtlichen Absicherung, sollten Sie keine Heilerlaubnis haben, aber auch dem Klienten als Beweis, dass hier echte Veränderungsarbeit geleistet wird, die *funktioniert*.

## 5.2 Der Sitzungsablauf

Nach dem Vorgespräch, in dem alle offenen Fragen geklärt und die Suggestionen mit dem Klienten gemeinsam erarbeitet werden, was nebenbei auch die Erwartungshaltung weiter steigert, legen Sie noch eine kurze Pause ein. Schicken Sie den Hypnotisanden auf die Toilette und lassen Sie ihn einen Schluck frisches Wasser trinken. Dann soll er sich für die Hypnose bereitmachen, am besten an einem neuen Ort (in einem Nebenrau moder oder auf einer Couch oder in einem anderen Stuhl).

Sie induzieren nun die Hypnose mit einer der Techniken aus Kapitel 3 und vertiefen diese dann durch Gesprächshypnose, Fraktionierung, Wachhypnose oder sonstige Techniken aus Kapitel 4, die zur Steigerung der Suggestibilität geeignet sind, weil Sie dem Klienten beweisen, dass Hypnose funktioniert (beispielsweise durch Armlevitation oder Katalepsie). Diese Suggestibilitäts-Tests sind jedoch nicht zwingend Bestandteil der Hypnose und ich wende diese nur bei extrem kritischen Klienten an, um dem Verstand zu zeigen, dass er sich auf das Unterbewusste verlassen kann.

Gegebenenfalls bauen Sie einen Sicherheitsort ein, bevor Sie mit der eigentlichen Traumreise starten (vgl. Kapitel 3.1.3 Sicherheitsort). Sie können an diesem Punkt auch einen posthypnotischen Befehl der Amnesie einbauen, um alles, was ab jetzt geschieht, für den Zugriff durch das Bewusstsein nach der Trance zu sperren. Möchten Sie, dass sich der Klient an die Sitzung auch im wachen Zustand erinnert (vielleicht damit er weiß, wofür er gezahlt hat), so können Sie auch diese Suggestion geben und bei Wunsch sogar eine kurze Hypermnesie sprechen.

Nun starten Sie aus dem Sicherheitsort, falls vorhanden, zum Beispiel durch eine Tür oder einen Spiegel aus flüssigem Glas in die Traumreise. Hier gehen Sie auf die Wünsche des Klienten ein und erzählen möglichst malerisch in allen Sinneskanälen von seiner idealen Vorstellung von Entspannung. Achten Sie hier besonders auf die Körperreaktion des Klienten; wenn er sich nicht zu entspannen können scheint, vertrauen Sie Ihrer Intuition und wechseln die Situation zu einer Ihnen vertrauten Metapher für Entspannung. Vielleicht hat das Unterbewusstsein des Hypnotisanden eine andere emotionale Verknüpfung mit dem Moment der Entspannung, als der Klient im wachen Zustand gedacht hat, und es würde ihn nur daran hindern, tiefer zu gehen beziehungsweise im Extremfall wieder ganz aufwecken.

Nachdem der Klient tief genug ist, können Sie anknüpfend an die Traumreise Ihre direkten Suggestionen (quasi als Befehle an das Unterbewusstsein) geben. Bedienen Sie sich dabei zuerst Sätzen wie:

> *„Alles, was ich jetzt zu dir sage, tritt genau so ein, wie ich es sage und ist absolut wahr. Weil dein Unterbewusstes weiß, wie wichtig dir das ist, wird es alles direkt und genauso umsetzen, wie ich es sage. Es nimmt dabei alles Positive mit und setzt es für dich so um, dass du dein selbst gesetztes Ziel erreichst."*

Nun lesen Sie die mitgeschriebenen Suggestionen vor und können zusätzlich eigene Alternativsuggestionen vorschlagen. Geben Sie hier besonders gut Acht auf das, was Sie sagen. Es dürfen keine ungewollten Ambiguitäten (Doppeldeutigkeiten) enthalten sein!

Kurz vor Abschluss der Trance verfestigen Sie die gerade eben gesagten Suggestionen erneut. Dies können Sie durch Formulierungen erreichen, die dem Unterbewussten klar kommunizieren, dass die gesetzten Ziele erreicht werden und bereits fest im Klienten verankert sind. Eine detailliertere Beschreibung dieser Verfestigung finden Sie in Kapitel 3.15.

> *„Alles, was ich jetzt zu dir gesagt habe, tritt genau so ein, ja dein Unterbewusstes hat es schon längst tief in dir eingebettet, fest verankert und ganz klar programmiert. Alle Suggestionen sind tief verwurzelt und sicher abgespeichert und werden jeden Tag stärker, mit jeder Minute intensiver und mit jedem Abruf, egal, ob bewusst oder unbewusst, denn das ist nicht wichtig, wirst du automatisch und mit jedem Mal besser darauf zugreifen können."*

Nachdem diese Verfestigung programmiert worden ist, kann ein letzter „convincer", also ein überzeugender Effekt, eingebaut werden. Dies lässt sich beispielsweise mit der Ideomotorik bewerkstelligen. Hierbei legt der Hypnotiseur kurz zwei Fingersignale für „Ja" und „Nein" fest und befragt das Unterbewusstsein direkt. Mögliche Fragen sind dabei:

> *„Hast du verstanden, was zu tun ist, um das Ziel zu erreichen?"*
> *„Wirst du {Name des Klienten/der Klientin} dabei unterstützen, seine/ihre Ziele zu erreichen?"*
> *„Wirst du dies in der vereinbarten Zeit tun?"*
> *„Bist du überzeugt davon, dass du alles tun wirst, was in deiner Macht steht, um dies tatsächlich zu erreichen?"*

Nach diesem letzten Test kann nun bei Wunsch ein posthypnotischer Befehl gegeben werden, zum Beispiel zu Amnesie oder Hypermnesie. Danach folgt die Auflösung wie im Kapitel 3 beschrieben.

Nach der Hypnose wird der Klient gebeten, sich zu strecken, langsam aufzustehen und sich durch den Raum zu bewegen. Auch noch einmal auf die Toilette zu gehen oder etwas zu trinken, hilft, den Kreislauf wieder in Schwung zu bringen. Nun folgt ein meist eher kurzes Nachgespräch. Hier werden letzte offene Fragen geklärt, falls noch nicht bezahlt wurde, wird dies jetzt getan und der Klient erhält auf Wunsch und mit Erlaubnis des Hypnotiseurs die Aufzeichnungen und Mitschriften der Sitzung.

Besonders positiv ist auch ein unangekündigter, aber durchaus sehr freundschaftlicher „Erinnerungsanruf" ein bis zwei Wochen vor dem vereinbarten Zeitpunkt der Zielerreichung, um die letzte Motivation im Klienten zu entfachen. Oftmals verdoppelt sich zudem die Weiterempfehlungsrate des Hypnotiseurs nach diesem nur zwei- bis dreiminütigen Anruf aufgrund der Wertschätzung des Klienten, dass sich der Hypnotiseur ehrlich für die Zielerreichung interessiert.

## 5.3 Coaching Werkzeuge[13]

Sowohl im Coachingalltag, aber gerade auch bei der Arbeit mit so wirkungsvollen, verhaltensverändernden Methoden wie der Hypnose sind Grundkenntnisse der wichtigsten Coaching Modelle nötig. In diesem Kapitel möchte ich deshalb einen kurzen Überblick über einige der spannendsten Modelle des NLP geben, die diesem Zweck genügen sollen. Bei Interesse gibt es genügend Literatur zum Thema, insbesondere zu empfehlen sind hierbei die Arbeiten von Robert Dilts zum Thema „Arbeit mit Werten und Glaubenssätzen" und Michael Breen zu „High Performance Coaching". Es findet sich auch überaus gute Basisliteratur von Richard Bandler und John Grinder zum Thema, beispielsweise „Metasprache und Psychotherapie". Für etwas speziellere Interessen eignen sich die Publikationen von Virginia Satir oder Milton Erickson.

### 5.3.1 Kompetenzstufen

Das Lernen - oder anders ausgedrückt: individuelle Veränderungsprozesse - werden bewusst und selbstbestimmt durchgeführt, immer nach dem gleichen Prinzip. Beim Erlernen einer neuen Fähigkeit durchlaufen wir jedes Mal dieselben vier Phasen, die vier Stufen der Kompetenz.

Als Beispiel nehmen wir hier das Fahrradfahren. Erinnern Sie sich zurück, als Sie noch als kleines Kind zum ersten Mal ein Fahrrad auf der Straße sahen. Sie befanden sich auf der Stufe der *unbewussten Inkompetenz*, wo Sie nicht wussten, dass Sie nicht Fahrrad fahren können. Als Sie aber selbst aufsteigen mussten und ohne Stützräder fahren wollten, kamen Sie ziemlich sicher nicht sehr weit ohne umzukippen. Sie wussten nun, dass Sie es doch noch nicht können – Sie waren auf der Stufe der *bewussten Inkompetenz*. Als Sie aber das nächste

---

[13] Auszüge aus dem Kapitel 5.2 „Coaching Werkzeuge entstammen der Publikation „Körpersprache & NLP" (veröffentlicht 2010 bei BOD).

Fahrrad an sich vorbeizischen sahen, wussten Sie: „Das will ich auch können!" Und nun konnte Sie keiner mehr zurückhalten, bis Sie eines Tages wirklich von ganz allein die Balance halten konnten – dies war der Gipfel der *bewussten Kompetenz*. Sie konnten gerade noch so das Gleichgewicht halten und gleichzeitig treten, obwohl Sie noch nervös waren. Sie mussten sich auf viele Dinge gleichzeitig konzentrieren, um sicher von A nach B zu kommen. Wenn ich Ihnen heute ein Fahrrad zeige, werden Sie mit großer Wahrscheinlichkeit aufsteigen, in die Pedale treten und losfahren, ohne viel nachzudenken. Wir würden uns nebenbei unterhalten können und Sie müssten sich überhaupt nicht mehr bewusst darauf konzentrieren, die Pedale gleichmäßig zu treten und den Lenker gerade zu halten. Dies ist die Stufe der *unbewussten Kompetenz* – das Ziel einer jeder positiven Verhaltensveränderung.

## *5.3.2 Ziele wohlgeformt formulieren*

Ziele wollen wohlgeformt formuliert werden! Der trivial anmutende Satz „Nur wer sein Ziel kennt, kann es erreichen" ist keineswegs selbstverständlich. Die meisten Menschen stecken sich ihre Ziele nicht bewusst, sie haben meistens nur gute Vorsätze oder Wünsche, die aber in einer Art und Weise formuliert sind, die eine Erreichung schwer oder unmöglich machen. *„Ich möchte nicht mehr rauchen"* ist ein beliebter Vorsatz, der jedoch von dem größten Teil der Raucher sehr schnell wieder aufgegeben wird. Oft wünschen wir uns nur etwas, sind aber nicht bereit, dafür auch etwas zu leisten. *„Bekommst du nicht das, was du willst, tu etwas anderes, bis du bekommst, was du willst!"* Sie werden Ihr Ziel, beispielsweise die Steigerung Ihres persönlichen Charismas durch Erlernen neuer Kommunikationsmethoden innerhalb der nächsten drei Monate erfolgreich erreichen. Gemäß dem Modell des NLP fragen wir uns zu Beginn einer Veränderung, wo wir aktuell stehen und was wir verändern wollen (Vergleich von Soll und Ist). Das Motto lautet hierbei: Tun Sie das, was funktioniert. *„Denn wenn du immer nur das tust, was du bisher getan hast, wirst du auch nur das bekommen, was du bisher bekommen hast."*

Möchte man ein Ziel wirklich erreichen, so ist es erstens wichtig, überhaupt eines zu haben und zweitens, dass es gehirngerecht formuliert ist. Wohlgeformte Ziele werden sehr viel wahrscheinlicher erreicht! Für eine gehirngerechte Formulierung kennen wir im NLP eine ganze Reihe von Kriterien, die so genannten „Wohlgeformtheits-" Kriterien:

1. Positiv formuliert
2. Keine Vergleiche
3. Konkretion, Präzision, Timing und Kontext
4. Realistisch
5. Einfach und überschaubar
6. Kurze Feedbackschleifen, messbar
7. Selbst kontrollierbar und initiierbar
8. Sinnesspezifisch repräsentiert
9. Konsequenzen beachten (Öko-Check)

Die Verbindlichkeit wird vor allem dadurch gesteigert, dass wir diese Ziele auch schriftlich festhalten. Bitten Sie Ihren Klienten auch beim Vorgespräch einer Hypnose Sitzung darum, seine Ziele schon jetzt mit Ihnen gemeinsam zu erarbeiten und dann niederzuschreiben. Diese können Sie hierzu zum Beispiel mit der Überschrift *„In den nächsten 3 Monaten werde ich: ... ."* vorlegen.

*Wissen*      *Können*

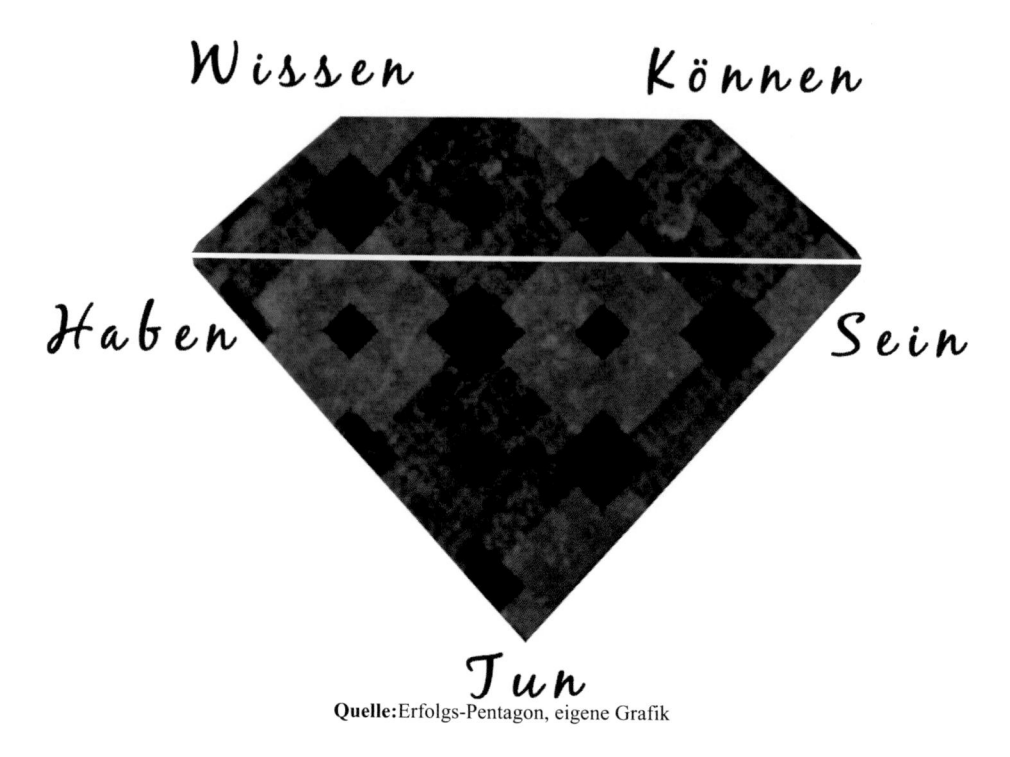

*Haben*      *Sein*

*Tun*

**Quelle:** Erfolgs-Pentagon, eigene Grafik

Vielleicht ist es Ihnen sogar möglich, einen besonders starken Anker zu schaffen, der den Hypnotisanden an die Zielerreichung erinnern soll. So dient ein Kleidungsstück, das der Person, die zur Gewichtsreduktion kommt, früher unglaublich gut gestanden hat, dazu, sich laufend zu vergegenwärtigen, dass sie abnehmen möchte. Sie kann es mitten in ihre Wohnung hängen, um dieses Ziel kontinuierlich vor Augen zu haben. Es empfiehlt sich zudem, den Anker jede Woche in einem anderen Raum oder an einem anderen Ort anzubringen, damit er nicht „aus Gewohnheit" negativ halluziniert wird.

## 5.3.3 Augenzugangshinweise

Die Augen sind der Spiegel, das Tor zur Seele, so sagt schon ein altes Sprichwort. Tatsächlich sind sie noch viel mehr als das. Kein anderer

Muskel im menschlichen Körper wird so oft benutzt wie unsere Augenmuskulatur. Die Augen beherbergen auch die einzigen Muskeln im Körper, welche sich nicht bewusst kontrollieren lassen. Das ist einer der Gründe, wieso viele Pokerspieler eine Sonnenbrille tragen, sie verstecken das Einzige, was sie verraten könnte.

Über unsere Augenmuskulatur, die direkt mit dem präfrontalen Cortex verbunden ist, rufen wir Erinnerungen und Informationen ab und stellen uns Zukünftiges vor. Dies ist die einzige Gehirnregion des Neocortex, die direkt mit dem Hypothalamus (zuständig für die Hormonausschüttung) vernetzt ist. Der präfrontale Cortex ist daher in einer herausragenden Position, um Informationen aus allen sensorischen und motorischen Modalitäten zu synthetisieren. Die Augen lassen uns somit Bilder, Töne, Gefühle und Gedanken abrufen und bewegen sich je nach Gedankengang - auch in eine andere Blickrichtung.

Das kennen wir aus der REM (Rapid Eye Movement) Phase im entspannten Schlafzustand, wenn sich die Augen unter dem Lid sehr schnell hin und her bewegen. Früher dachten wir, der Mensch würde den Bildern im Traum „hinterher sehen". Heute ist klar, dass dadurch Informationen abgerufen werden. Ebenfalls tritt diese Augenbewegung auf, wenn Menschen in Trance sind. Das erklärt auch, dass blinde Menschen, die nie in ihrem Leben Augenlicht hatten, dennoch während des Denkprozesses ständig ihre Augen bewegen – oftmals stärker als Sehende, da sie nie lernen mussten, ihre Augen zu kontrollieren.

Diese Augenbewegungen sind in der Literatur als „lateral eye movements" bekannt, im NLP werden sie als Zugangshinweise der Augen bezeichnet. Es gibt eine angeborene neurologische Verbindung zwischen Augenbewegungen und den Repräsentationssystemen, denn dieselben Muster treten weltweit auf.

*Visuell vorgestellt*   *Visuell erinnert*

*Auditiv vorgestellt*   *Auditiv erinnert*

*Innerer Dialog*   *Gefühl*

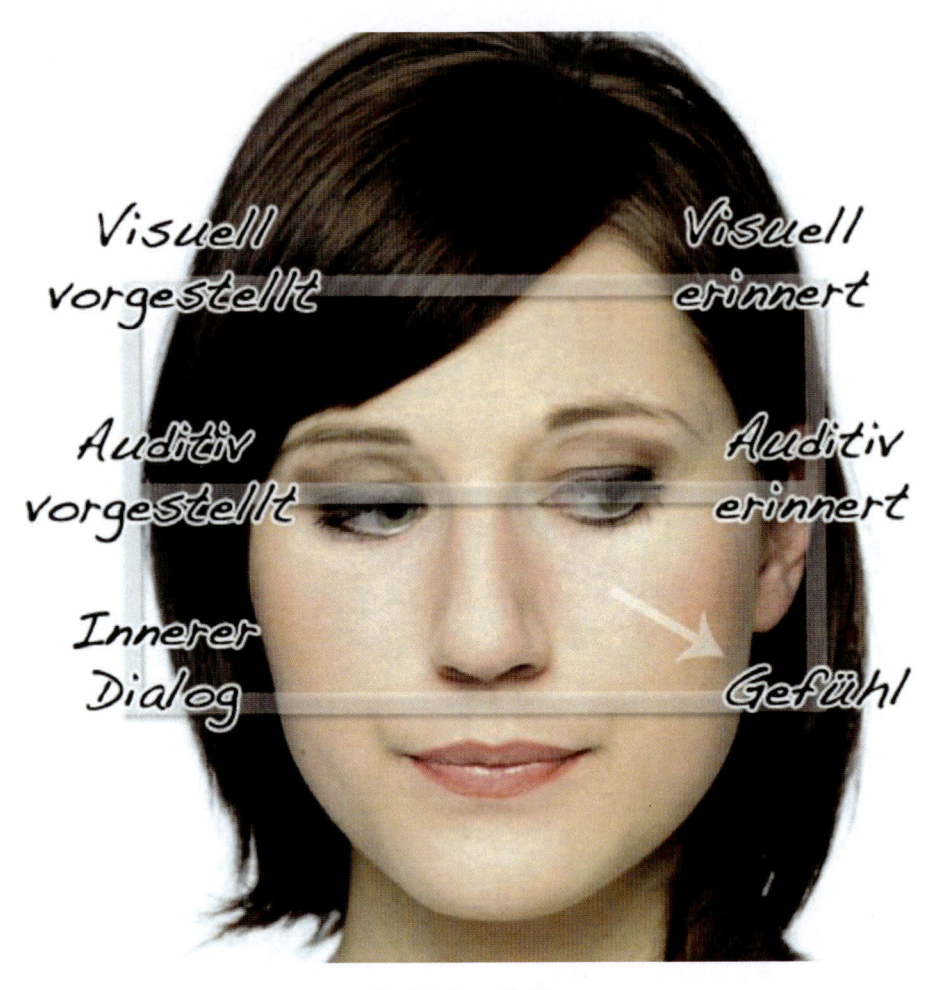

**Quelle:** eigene Grafik

Was wird nun genau durch unsere Augenbewegungen abgerufen? Wir unterscheiden hier vorerst grob anhand der Blickrichtung nach oben und nach unten. Wandern die Augen nach oben, visualisiert Ihr Gegenüber gerade, also ruft ein Bild im Kopf ab. Gehen die Augen nach unten, wird entweder „in sich hineingefühlt" oder ein innerer Dialog geführt, zum Beispiel wenn wir mit unserer inneren Stimme abklären, ob uns ein bestimmtes Angebot gefällt. Wichtig zu beachten ist hierbei, dass die

Augen sich während des Denkprozesses bewegen und nicht während der verbalen Antwort auf eine Frage – die Information muss natürlich abgerufen werden, *bevor* geantwortet wird. Bleiben die Augen in einer mittigen Position, werden oft auditive Kanäle abgerufen, also ein Geräusch oder Töne. Der Rahmen, in dem diese Blickrichtungen stattfinden, kann je nach Mensch unterschiedlich gelagert sein. Manch einer wird sehr oft über seinem Kopf Bilder abrufen und wenn in sich hineingefühlt wird, verbleibt der Blick eher mittig. Bei manchen ist der Rahmen eher nach schräg links unten versetzt. Kommunikation ist immer dynamisch und ebenso sind es die Modelle des NLP.

Grob zusammengefasst lässt sich jedoch sagen, dass für den Großteil der Menschen der hier vorgestellte Rahmen zutrifft. Die nächste wichtige Unterscheidung findet in der Hemisphäre statt, ob der Blick nach links oder rechts wandert. Wenn Sie Ihr Gegenüber vor sich haben, ist von Ihnen aus gesehen rechts die Erinnerung Ihres Gesprächspartners und links die Vorstellung. Um Gewissheit darüber zu erlangen, ob und welches Modell dieser als Augenzugangshinweise bekannten Blickrichtungen bei Ihrem Klienten zutrifft, sollten Sie zu Beginn des Gespräches für sich selbst bewusst Kontrollfragen einbauen. Beachten Sie auch, dass bei Linkshändern die Blickrichtung oft spiegelverkehrt ist. Dieses Modell mag komplex klingen, einmal in der Praxis erfolgreich erlernt und angewendet, unterstützt es jedoch bei der Validation der Aussagen des Klienten und kann die Gesprächsführung erleichtern. Die folgenden Bilder sollen verdeutlichen, in welche Richtung die Augen bei den jeweiligen Informationsabrufen wandern.

### *5.3.4 Repräsentationssysteme*

Bei einem alltäglichen Gespräch ist es völlig normal, dass der Blick immer wieder zwischen Erinnerung und Konstruktion springt, da wir mehrere Sinneskanäle abrufen und Erlebtes erinnern, um es dann neu zu formulieren (es ist vielleicht sogar schon intern als Bild entstanden). Erst nach oder während der Verknüpfung dieser Informationen wird die

Antwort gegeben. Um diese Erkenntnis sinnvoll einzusetzen, ist es hilfreich, am Anfang eines Vorgespräches Fragen zu stellen, die auf bestimmte Sinneskanäle verweisen, um somit zu testen, welche Augenzugänge besonders stark ausgeprägt sind. Über diese Zusatzinformation in der Kommunikation, die auf die **Repräsentationssysteme** hindeuten, in denen der andere denkt, lässt sich nun individueller auf den Gesprächspartner eingehen. Wir können dadurch „in der Sprache des anderen" sprechen.

Wir unterscheiden zwischen folgenden Sinneskanälen:

- **V**isuell (Sehen)
- **A**uditiv (Hören)
- **K**inästhetisch (Fühlen)
- **O**lfaktorisch (Riechen)
- **G**ustatorisch (Schmecken)

Auf Grund der Anfangsbuchstaben sind diese Modalitäten auch als VAKOG-Modell bekannt. Ein visueller Typ wird Sie besser verstehen, wenn Sie in möglichst bunten und lebendigen Bildern zu ihm sprechen. Auditive Typen hören gerne klingende Begriffe. Menschen, die stark im Gefühl leben, brauchen Gewissheit darüber, ob sich alles Gesagte auch passend anfühlt.

Hier einige Beispiele für Worte, die auch in der Sprache für diese Sinneskanäle oft benutzt werden. Diese kannst du je nach Gesprächspartner mehr oder weniger einsetzen, um mit noch mehr Wirkung zu kommunizieren.

- **Visueller Sprachgebrauch**

Übersicht, unsichtbar, sichtlich, gucken, weitsichtig, Ansicht, schleierhaft, Einsicht, Perspektive, strahlend, düster, einleuchtend, verschwommen, Fokus, ausmalen, ein heller Kopf, ins Auge (fallen), schwarz sehen, glänzen, unter die Lupe nehmen, Horizont, Farbe: blau, gelb..., rot bzw. schwarz sehen, Gemälde, Vorschau, schleierhaft, Blitz, Licht, die Zukunft sehen, Einblick, hell, leuchten, blau, abzielen, Perspektive, klar, Hell, farbig, trüb, scharf, Grafiken, beleuchten, Einsicht, leuchtend, Perspektive, Vision, Es scheint, dass, Ein flüchtiger Blick, Wir verfolgen unsere Interessen, Das ist eine neue Betrachtungsweise der Dinge, Schauen Sie mal hier, Das ist glasklar, Eine Augenweide, Zeigen Sie mir, was Sie meinen, Tunnelblick, Absicht, anblicken, anstarren, aufblicken, Aufsicht, Aussicht, ausstellen, beobachten, besichtigen, bildhaft, blind, das leuchtet mir ein, dunkel, Einblick, einsehen, erscheinen, farbenfrohes Beispiel, fokussieren, funkeln, hell, Horizont, ins Auge fallen, mustern, oberflächlich, offenbaren, offensichtlich, Perspektive, reflektieren, rosa Brille, schwarz sehen, sehen, sich vorstellen, strahlen, Überblick, unter die Lupe nehmen, verschleiern, verschwinden, verschwinden, verschwommen, vorhersehen, vorsehen, zeigen, zurückschauen

- **Auditiver Sprachgebrauch**

klingen, lauschen, summen, fragen, Harmonie, Einklang, knistern, das schreit zum Himmel, Donnerwetter, Anklang, unerhört, eine leise Ahnung, die Stimme der Vernunft, die erste Geige spielen, Zustimmung, es macht Klick, sich einstimmen, in den höchsten Tönen, den Marsch blasen, rauschend, schrill, stöhnen, Antwort, trommeln, Musik, Töne, wispern, Leise, laut, klingen, erwähnen, nachfragen, Harmonie, bemerken, gellend, stimmen, Streiten, diskutieren, laut, Harmonie, Melodie, ausgesprochen, Frage, Resonanz, rufen, schrill, singen, erklären, Ton, murmeln, klingend, , schreien, Die wichtige Frage, um die es uns allen geht, lautet, Sie sagen also, Ich habe es aus seinem eigenen Mund gehört, Wer bestimmt die Tonart?, Rein wie der Glockenklang, Wort für Wort, Wir haben die gleiche Wellenlänge, Stimmen Sie sich darauf ein, Musik für meine Ohren, Den richtigen Ton treffen, abstimmen, antworten, ausrufen, befragen, beleidigen, das hört sich gut an, das klingt gut, die erste Geige spielen, diskutieren, Echo, erklären, erwähnen, erwidern, erzählen, fragen, geräuschvoll, harmonisieren, hören, jubeln, klingen, kreischen, melodisch, murmeln, plaudern, Resonanz, rufen, ruhig, sagen, sang- und klanglos, schreien, schrill, schweigen, seufzen, still, summen, tönen, übersetzen

- **Kinästhetischer Sprachgebrauch**

fühlen, spüren, erleben, Berührung, leichtsinnig, prickelnd, hart, zugreifen, heiß auf etwas, schwerfällig, Begriff, überstürzt, kühl, ich habe das Gefühl, raue Sitten, Belastung, handhaben, Erleichterung, es lässt mich kalt, niedergeschlagen, ermüdend, schleichen, schlurfen, Rührung, leer, voll, rund, umarmen, zerstreut, ausschließlich, müde, frisch, Erleben, fühlen, warm, Druck, anrühren, sensibel, spannend, feucht, bewegen, glatt, Berührung, Kalt, Schwung, aufregend, Gefühl, fest, fließend, greifen, Bewegung, massiv, einrasten, berühren, , mit Füßen treten, Gewicht, Ein Unternehmen führen, Wir haben die Strukturen umgestaltet, Sich vorwärts bewegen, Etwas begriffen haben, Ein Gefühl dafür bekommen, Nervensäge, Etwas erfassen, Massiv wie ein Fels, Ein Schritt nach dem anderen, arbeiten, ausrutschen, Begriff, behandeln, Belastung, berühren, binden, bürsten, das lässt mich kalt, das liegt auf der Hand, drehen, drücken, Erleichterung, etwas im Griff haben, fest, fühlen, glatt, halten, Ich hab das Gefühl, im Handumdrehen, kneifen, matschig, nach innen gegen, passen, rauh, rennen, sanft, schlagen, schnappen, schütteln, schwingen, stark, steif, teilen, tragen, umarmen, umkippen, weich

- **Olfaktorischer & gustatorischer Sprachgebrauch**

aromatisch, dunstig, muffig, riechen, nach, verrottet, stinken, riechen, süß, Beigeschmack, schmackhaft, delikat, mild, scharf

- **digitaler Sprachgebrauch**

aktivieren, erwägen, kreieren, entscheiden, entwickeln, funktionieren, wissen, managen, motivieren, organisieren, planen, vorbereiten, denken

Ebenfalls unterstützen Sie damit die Vorstellungskraft des Klienten bei der Erzählung von Traumreisen und Metaphern.

> *„Du weißt bereits, wie es ist, angenehme Empfindungen wie die Wärme der Sonne auf der Haut oder Empfindungen, die einen erröten lassen, zu genießen, - manche Menschen sind imstande, sich ihr Lieblingsessen so gut vorzustellen, dass sie es tatsächlich schmecken können. Das Salz und der Geruch des Wassers sind für die meisten Menschen angenehm, wenn sie ihn wahrnehmen. Ich kannte einmal einen Menschen, der nicht erröten konnte, wenn er bestimmte Gefühle über sich erlebte. Wir können uns oft nicht mehr an Erfahrungen erinnern, die uns ärgerten, obwohl wir damals oft die Stirne darüber gerunzelt haben. Auch wenn wir eine Erfahrung gefunden haben, die uns unbewusst bleibt, weil es zu schmerzlich wäre, sich daran zu erinnern, können wir darüber die Nase rümpfen. Viele von uns versuchen, Erinnerungen zu vermeiden, die Tränen fließen zu lassen und doch sind es diese Erinnerungen, die von den wichtigsten Dingen handeln. Wir haben schon alle beobachtet, wie jemand über einen ganz privaten Gedanken lächeln konnte und uns dabei ertappt, dass wir selbst anfingen zu lächeln."*

## 5.3.5 Ressourcenzustände

Eines der wichtigsten Werkzeuge der modernen Hypnose ist die Überleitung von einengenden, also ressourcenleeren, in kreative, also ressourcenvolle Zustände.

Im Coaching sind zudem Anker besonders gut dafür geeignet, um andere Menschen schnell aus unerwünschten, einengenden Emotionen in ressourcenreiche Zustände zu führen. Einmal gesetzt, können so relativ schnell gute Gefühle erzeugt werden, die es dem Klienten ermöglichen, kreativ an die Problemlösung heranzugehen.

Eines der Axiome im NLP lautet zudem: *„Jeder Mensch trägt alle notwendigen Ressourcen, um seine Ziele zu erreichen, bereits in sich."* Emotionale Ressourcen wie Selbstbewusstsein, Glück, innere Kraft, Empathie und Genauigkeit haben Sie bestimmt schon erlebt. Mit Hypnose ist es möglich, diese Gefühle, wann immer Sie möchten, abzurufen und damit nutzbar zu machen. Im Vergleich zu NLP, wo diese Technik meist in nur sehr leichter Trance eingesetzt wird (bestes Beispiel wäre hier die Arbeit mit Submodalitäten), ermöglicht ein somnambuler Zustand das Erleben der Gefühle als echt. Unser Gehirn unterscheidet nicht zwischen Realität und Fiktion, solange die Vorstellung in möglichst vielen Sinneskanälen abläuft. Dies ist eines der Hauptmerkmale, an denen sich ressourcenvolle von ressourcenleeren Zuständen unterscheiden lassen. Diese Repräsentationssysteme, die auch als Modalitäten bezeichnet werden, haben Sie gerade eben kennen gelernt. Auf die drei wichtigsten *Sub*modalitäten soll nun beispielhaft eingegangen werden:

| Submodalitäten | | |
|---|---|---|
| **Visuell** | **Auditiv** | **Kinästhetisch** |
| Film/Standaufnahme | Selbst/Andere | Temperaturveränderung |
| Farbe/Schwarzweiß | Inhalt | Oberflächenstruktur |
| Rechts/Links/Mitte | Modulation | Starr/Flexibel |
| Oben/Mitte/Unten | Lautstärke | Vibration |
| Hell/Gedämpft/Dunkel | Klangcharakter | Druck |
| Lebensgröße/Größer/Kleiner | Tempo | Druckquelle |
| Nähe | Quelle | Anspannung/Entspannung |

In ressourcenvollen Zuständen sehen wir die Situation zumeist assoziiert, also aus unseren eigenen Augen heraus. Wir können auf mehrere Sinneskanäle zugreifen, verbinden positive Emotionen mit der Situation und fühlen uns wohl. Durch die Vielzahl an abrufbaren Submodalitäten ist es uns möglich, das Gefühl schnell abzurufen und stark zu empfinden. Bei ressourcenleeren Zuständen ist dies das genaue Gegenteil, wir nehmen uns meist dissoziiert wahr, also aus Beobachterperspektive (meist beobachten wir uns auch selbst dabei, wie uns in einer Erinnerung etwas Negatives widerfährt. Dies ist ein Schutzmechanismus unseres Unterbewusstseins). Ebenso können wir nur relativ schlecht auf mehrere Sinneskanäle zugreifen und die Bilder sind meistens klein, grau und weit weg.

Natürlich hat es einen Sinn, das Unterbewusstsein automatisch positive Erfahrungen leicht und negative Erfahrungen schwierig für den bewussten Verstand abrufbar zu machen. Es kann jedoch passieren, dass ein an sich guter Zustand so abgespeichert wird wie ein schlechter oder umgekehrt. Dies führt dazu, dass wir häufig mit negativen Gedanken konfrontiert werden, die zu Selbstzweifel führen könnten und unser aktives Handeln beeinträchtigen. Um dem entgegenzuwirken, kann mit Hypnose die Programmierung der Submodalitäten genutzt werden, ebenso wie damit erwünschte Ressourcenzustände besser abrufbar und verankert werden und unerwünschte Erinnerungen schlechter abrufbar und eher „vergessen" gemacht werden.

### *5.3.6 Anker setzen*

Ein Anker ist die Verknüpfung einer bestimmten Reaktion mit einem Reiz von außen. Anker können in jedem Repräsentationsmodell gesetzt werden. Jeder Reiz, der mit einem der 5 Sinne wahrnehmbar ist, kann als Anker genutzt werden. Jede Emotion, die bisher erlebt wurde, ist in Ihrer Erinnerung gespeichert und kann mit Hilfe von Ankern jederzeit abgerufen werden.

- Visuelle Anker: Bilder, Blicke, Logos, Umgebung
- Auditive Anker: Lieder, Stimmen, Worte
- Kinästhetische Anker: Berührungen, Gefühle
- Olfaktorische Anker: Parfum, Gerüche
- Gustatorische Anker: Geschmäcker

Anker begleiten uns durchs ganze Leben. Schon in der Kindheit prägen sie Sie, der Ehering Ihrer Eltern, vielleicht sogar Ihr eigener, sind die wohl stärksten Anker zwischenmenschlicher Beziehungen. Das Lied, welches bei Ihrem ersten Kuss gespielt wurde oder der Geruch des Meeres, - all das bringt Sie dazu, etwas Bestimmtes zu fühlen. Auch Werbung nützt Anker gezielt, um bei den potentiellen Käufern Gefühle auszulösen: Titelmelodien von Filmen und Serien, der Geruch von Lebkuchen, das Bild eines Sandstrandes.

Im Coaching sind Anker besonders gut dafür geeignet, um andere Menschen schnell aus unerwünschten, einengenden Emotionen in ressourcenreiche Zustände zu führen. Das können Sie natürlich ohne das Einverständnis des Klienten tun, besser ist aber immer, es erst dann einzusetzen, wenn Ihr Gegenüber versteht, was und warum Sie es tun.

Als Überleitung im Gespräch nutzen Sie beispielsweise folgenden Satz:

> *„Ich weiß, du fühlst dich gerade nicht besonders. Aber gab es vielleicht schon einmal Momente, in denen du dich richtig entspannt gefühlt hast? Stell dir einmal vor, wie das damals war, wie hast du dich gefühlt? Was hast du gesehen?"*

Lassen Sie dem Klienten immer genügend Zeit, sich in den nächsten Sinneskanal hineinzudenken. Die Geschwindigkeit, die Menschen dafür brauchen, ist immer unterschiedlich, manchmal schneller, manchmal langsamer, das sagt aber nichts über deren Intelligenz oder sonstige Charaktereigenschaften aus.

So setzen Sie dann einen kinästhetischen Anker:

- Um einen Anker zu setzen, ist es wichtig, Rapport zu Ihrem Klienten zu haben.
- Machen Sie sich im Vorfeld aus, wo der Anker gesetzt werden soll. Besonders geeignet sind Körperstellen, die im Alltag eher selten berührt werden.
- Helfen Sie Ihrem Gegenüber, sich an das gute Gefühl, welches Sie ankern werden, zu erinnern. Achten Sie auf seine Physiologie, während Sie ihm ins Gedächtnis rufen, wie er sich in dem Moment gefühlt hat, was er gesehen hat, welche Geräusche um ihn herum waren, was für einen Geruch er in der Nase hatte und welchen Geschmack er auf den Lippen hatte. Wohin hat er geatmet, wo war der Schwerpunkt seines Körpers, was hat er zu sich selbst gesagt? Lassen Sie ihn das Gefühl noch eine Spur stärker machen.
- Setzen Sie den Anker kurz vor dem Höhepunkt der Erfahrung, indem Sie an der abgesprochenen Stelle für zwei bis fünf Sekunden sanft Druck mit zwei Fingern ausüben.
- Lassen Sie ihn danach kurz an etwas anderes, möglichst Sachliches denken, um die Emotion kurz zu pausieren (diese Technik nennt sich „separieren").
- Testen Sie nun den Anker, indem Sie die Stelle noch einmal wie vorher berühren. Das Ergebnis ist jetzt schon sichtbar, der ganze Körper und auch sein Gesichtsausdruck verändern sich wieder genauso wie zuvor – er ruft gerade das Gefühl ab!

Ein Anker ist das Ergebnis eines Lernprozesses, - das Erlernen einer bestimmten Reaktion auf einen gegebenen Stimulus. Der Griff auf eine Herdplatte verursacht Schmerzen, deshalb wird ein Kind, welches die Erfahrung gemacht hat: *„Wenn ich auf den Herd greife, tut das weh!"*, dieses Gefühl mit der Aktion verknüpfen und in Zukunft vermeiden.

**ANKERN - INSTALLATION EINES ANKERS**

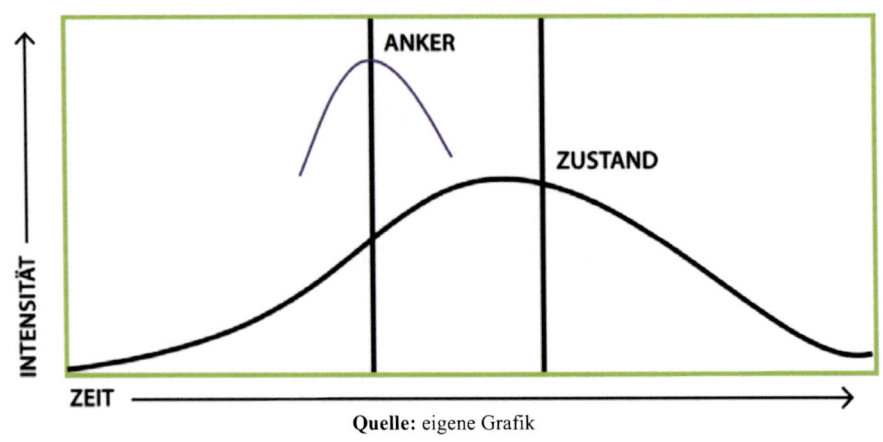

*Quelle: eigene Grafik*

Wir wiederholen zum Abschluss noch einmal kurz die vier Grundregeln, um erfolgreich zu ankern:

- Einzigartigkeit des Ankers
- Wiederholbarkeit des Ankers
- Intensität des Zustandes
- Timing des Ankers

Ein gutes Praxisbeispiel, wie man dieses essentielle Werkzeug einsetzen kann liefert der Hypnosetext zum Thema Allergie von Stefan Strobl. Ebenfalls wird das Prinzip der Anker-Verkettung im Rahmen der Verhaltensänderung in Kapitel 6 benötigt.

## 5.3.7 Reframing

Reframing beschreibt die Fähigkeit, ein Verhalten oder eine Situation aus unterschiedlichen Perspektiven zu beleuchten. Sie macht unseren Geist frei und beweglich. Trainieren Sie dies, werden Sie Ihre eigenen Wahlmöglichkeiten und die Ihrer Klienten in schwierigen Situationen erheblich steigern. Diese Technik beschäftigt sich mit dem Umdeuten von Inhalten, Bedeutungen, dem Kontext und ist generell ein gutes inhaltliches Verhandlungswerkzeug. Reframing bedeutet wörtlich[xviii], ein Bild oder ein Erlebnis mit einem neuen Rahmen zu versehen. Im psychologischen Bereich beinhaltet Reframing, dass man die Bedeutung von etwas verändert, indem man es in einen anderen Rahmen oder Kontext stellt. Ein psychischer Rahmen ist der kognitive Kontext eines bestimmten Ereignisses oder Erlebnisses, der die Grenzen der Einschränkungen der jeweiligen Situation festlegt. Rahmen haben starken Einfluss darauf, wie wir bestimmte Erlebnisse und Erfahrungen interpretieren und wie auf sie reagiert wird. Ein Bilderrahmen eignet sich gut, um das Konzept des Reframing verständlich zu machen. Je nachdem, was der Rahmen, in den ein Bild gefasst ist, erkennen lässt, verfügen wir über unterschiedliche Informationen hinsichtlich des Bildinhalts und nehmen deshalb das Dargestellte anders wahr. So kann ein Fotograf oder Maler, der eine Landschaft darstellen will, im Rahmen seines Bildes nur einen Baum erfassen, er kann aber auch eine Wiese mit vielen Bäumen, Tieren und vielleicht sogar einem Bach oder Teich darstellen. Der Rahmen entscheidet darüber, was ein Betrachter zu einem späteren Zeitpunkt in dem Bild sieht. Ebenso bestimmen psychologische Rahmen, wie wir eine Situation erfahren oder interpretieren, denn sie prägen unsere Sichtweise eines bestimmten Erlebnisses.

> "Es gibt nichts, das an sich gut oder schlecht wäre,
> nur das Denken macht es so."
> **- William Shakespeare**

## 5.3.8 Das T.O.T.E. Modell

Um einen lösungsorientierten Ansatz zu verfolgen, also beispielsweise die Handlungsalternativen in einer emotional einschränkenden Situation zu erweitern, empfiehlt sich die direkte und kontinuierliche Selbstreflexion. Diese setzt sich zusammen aus Bewusstmachung der aktuellen Situation und darauf aufbauender Bestimmung von jetzigem Ist- und erwünschtem Soll-Zustand. Dabei bedienen wir uns des T.O.T.E. Modells, einem Modell aus der Kybernetik, das Miller, Galanter und Pribram entwickelt haben: Test, Operate, Test, Exit.

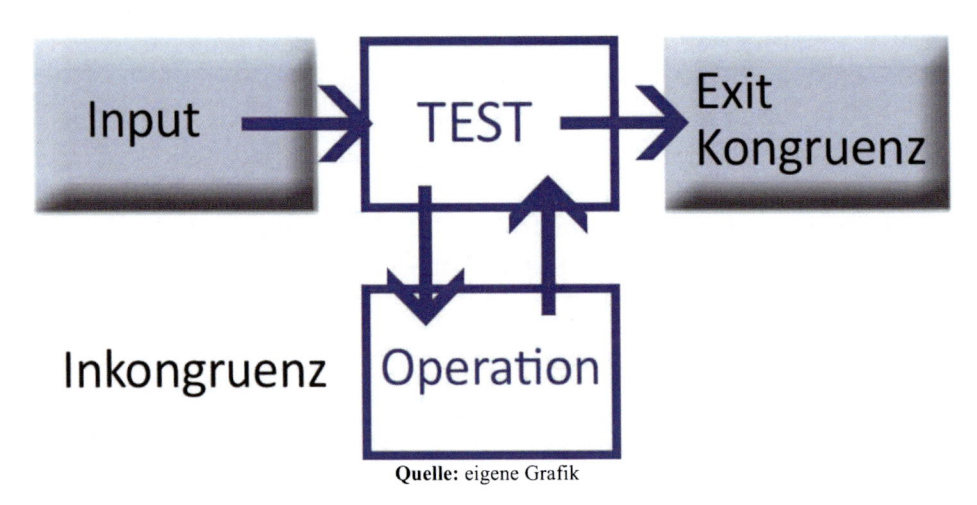

**Quelle:** eigene Grafik

Dieses Modell hilft im Kontext des Coaching besonders dabei, flexibel in Problemsituationen zu reagieren und neue Lösungsansätze zu finden. Sobald der Klient den Ist-Zustand definiert hat und einen Soll-Zustand (gemäß den Wohlgeformtheits-Kriterien) formuliert hat, werden mit kreativen Fragen neue Alternativhandlungsweisen gesucht.

„Welche anderen Möglichkeiten gäbe es, dein Ziel zu erreichen?"

> „Kennst du andere Menschen, die erreicht haben, was du möchtest? Wie haben sie es geschafft? Wie könntest du deren Handlungen nachahmen?"
>
> „Was ist das Wichtigste, das du tun kannst, um dein Ziel zu erreichen? Was das Zweitwichtigste, was das Drittwichtigste..."
>
> „Hast du dein Ziel schon einmal erreicht? Wenn ja, was hast du getan, um es zu erreichen? Könntest du das heute wieder tun? Wenn nicht, was könntest du stattdessen tun?"
>
> „Stell dir vor, du wärst in der Zukunft und hättest dein Ziel schon erreicht. Blick auf den heutigen Tag zurück und auf den Weg, der hinter dir liegt. Wie hast du es dorthin geschafft?"

Nun gilt es, diese Alternativmöglichkeiten (Test) in der Realität zu erproben (Operate). Ist das Feedback positiv, bleibt der Klient beim Verhalten (Exit). Ist es nicht zielführend, so wird ein neues Verhalten getestet (Test), bis der Klient sein Ziel erreicht (Exit). Ein guter Coach begleitet seinen Hypnotisanden so lange auf seinem Weg, bis das Ziel erreicht wurde. Dies ist darüber hinaus eine schön formulierte Erwartungshaltung an den Klienten:

> „Wir arbeiten gemeinsam für deinen Erfolg, bis du ihn erreicht hast! Ich gehe erst, wenn du angekommen bist. Und wenn du der letzte Klient bist, den ich habe."

## 5.4 Beispielsuggestionen

Bei den folgenden Hypnosetexten habe ich aus einer Vielzahl von selbst durchgeführten Sitzungen oder jenen von Teilnehmern meiner Ausbildungen mitgeschnitten und transkribiert. Ebenso finden sich einige Texte bekannter Showhypnotiseure oder Hypnotherapeuten darunter, die frei verfügbar sind. Der Grund, weshalb ich diese Auswahl hier präsentieren möchte, ist bereits in Kapitel 2.5 von mir angeschnitten worden. Mit je mehr unterschiedlichen Hypnosestilen Sie sich vertraut machen, desto flexibler und besser werden Sie Ihre eigenen Texte gestalten können. Soweit mir möglich, habe ich die Autoren der Texte jeweils als Endnote im Quellenverzeichnis angeführt.

> Die Beispieltexte 5.4.1 – 5.4.8 und 5.4.10 – 5.4.18 dürfen wir Ihnen u.a. mit freundlicher Genehmigung des Kollegen und Autors Sven Frank vom ICHP Institut präsentieren. Sie stammen aus seinem Buch „Hypnosetherapie in der Praxis".

Ich wünsche Ihnen viel Erfolg bei Ihren eigenen Hypnosesitzungen und bedanke mich nochmals ganz herzlich bei den diversen Urheberinnen und Urhebern, die wirklich fantastische Texte verfasst haben.

## *5.4.1 Allgemeine Entspannung*

> *„Machen Sie es sich jetzt bequem. Legen Sie sich auf den Rücken, Beine parallel auf dem Boden, 20 – 30 cm auseinander, Arme entspannt links und rechts am Körper, Handflächen nach unten und die Finger ausgestreckt. Jetzt schauen Sie entspannt an die Decke und fixieren Sie dort einen bestimmten Punkt. Ihre Augen mögen blinzeln, aber schauen Sie immer weiter auf diesen bestimmten Punkt. Nehmen Sie jetzt einen tiefen Atemzug, so viel, wie Ihre Lungen aufnehmen können. Atmen Sie langsam aus – entspannen Sie sich! Nehmen Sie jetzt einen weiteren Atemzug, Luft kurz anhalten und ausatmen – entspannen! Und einen dritten tiefen Atemzug, Luft kurz anhalten und ausatmen – entspannen! Schließen Sie jetzt Ihre Augen und jetzt, da Ihre Augen geschlossen sind, lassen Sie sie zu, bis ich Sie bitte, sie wieder zu öffnen. Sie werden die ganze Zeit in der Lage sein, Ihre Augen zu öffnen, außer wenn ich sage, Ihre Augen sind wie zugeklebt, aber ich habe nicht vor, das zu tun. Ich möchte, dass Sie sich jetzt vor Ihrem geistigen Auge die Muskeln Ihrer Zehenspitzen des linken Fußes bildlich vorstellen. Folgen Sie diesen Muskeln hinauf in Richtung Fußballen, weiter über die Ferse in Richtung Waden. Erlauben Sie diesen Muskeln locker und entspannt zu werden.*

*Gerade so wie eine Hand voll loser Gummibänder. All diese Muskeln entspannen sich und Ihre Gedanken entspannen sich ebenfalls. Lassen Sie Ihre Gedanken jetzt abdriften, wo immer sie hinmöchten. Lassen Sie Ihre Gedanken an schöne Orte aus Ihrer Vorstellung gleiten. Und jetzt lassen Sie die Entspannung in Ihrem Körper hochwandern und jeden einzelnen Muskel Ihres Körpers locker und entspannt werden. Die Unterschenkel, die Oberschenkel, die Hüfte, der Bauch und der Brustkorb. Entspannen Sie Ihre Schultern, die Arme, Hände und Finger. Jetzt entspannen Sie noch jeden einzelnen Muskel an Ihrem Rücken und entspannen Sie Ihren Nacken, das Gesicht und Ihren Hinterkopf. Jede Art von Anspannung gleitet aus Ihrem Körper heraus. Sie entspannen weiter und weiter mit jedem leichten Atemzug. Sie beginnen jetzt noch tiefer zu atmen, gerade so, wie Sie es tun, wenn Sie nachts tief und fest schlafen. Stellen Sie sich einfach vor, dass Sie Ihre Atmung als weißen Nebel sehen können, der aus Ihren Nasenlöchern strömt. Jedes Mal, wenn Sie diesen Nebel ausatmen, befreien Sie sich mehr und mehr von jeder Art der Anspannung und Sie gleiten weiter und weiter in die Entspannung. Vom Scheitel bis zur Sohle, entspannen Sie sich immer nur weiter und weiter, weiter und immer weiter. Lassen Sie sich jetzt einfach fallen, entspannen Sie jetzt! Jetzt, da alle Muskeln entspannen, lassen Sie sich noch etwas tiefer in die Entspannung sinken, ruhig, leicht, mühelos, gleiten Sie in diesen wunderbaren Zustand vollkommener Entspannung. Erlauben Sie dieser Welle der Entspannung, die vor wenigen Momenten in Ihren Fußspitzen des linken Fußes begonnen hat, auch auf die rechte Seite Ihres Körpers hinüberzugleiten. Lassen Sie diese nach hinten in den Fußballen gleiten, über die Ferse hinauf in den Unterschenkel. Lockern Sie alle Muskeln und gleiten Sie tiefer und tiefer in die Entspannung. Die Muskeln in den Knöcheln entspannen sich. Lockern Sie alle Muskeln vom Knöchel aufwärts zum Knie, die Wade, das Schienbein. Locker lassen, entspannen. Sie entspannen sich weiter und weiter mit jedem Atemzug, den Sie machen, und mit jedem Geräusch, das Sie hören. Jedes Geräusch um Sie herum bringt Sie tiefer und tiefer in diesen wunderbaren entspannenden, gesunden Schlaf. Vom Knie aus steigt die Entspannung hinauf zur Hüfte, Sie lockern und lösen jeden Muskel, den Oberschenkel an der Vorderseite, den Oberschenkel an der Hinterseite. Und jetzt, wie diese Muskeln entspannen, lassen Sie sich noch weiter fallen, gleiten Sie tiefer und tiefer in die Entspannung. Lockern Sie jeden einzelnen Muskel in Ihrem Körper und erreichen Sie so den Zustand tiefster Entspannung. Jetzt bewegt sich die Welle der Entspannung noch weiter hinauf. In den Bauch, in den Solarplexus, das Nervenzentrum, der Punkt, dem nachgesagt wird, dass hier die Energie gespeichert ist. Von diesem Zentrum aus fällt es Ihnen noch leichter, jeden weiteren Muskel Ihres Körpers zu entspannen. Wie jede Anspannung aus Ihrem Körper verschwindet, schlafen Sie noch tiefer und tiefer ein und entspannen Ihren Brustkorb, die Rippenmuskulatur, die Brustmuskulatur, alles ist angenehm locker und entspannt. Jede Art von Anspannung verschwindet. Sie entspannen sich weiter und weiter mit jedem Atemzug, den Sie machen und gleiten tiefer und tiefer in diesen hypnotischen Schlaf. Die Entspannung erreicht den Nacken und entspannt auch dort jeden Muskel. Und alle Muskeln um den Nacken herum, die Schultern, hinunter den Rücken entlang, hinauf in den Scheitel, alle Muskeln Ihres Körpers sind jetzt unendlich entspannt. Während sich diese Welle der Ruhe und der tiefen Entspannung auch über die Arme, die Ellenbogen und die Handgelenke ausbreitet bis in die Fingerspitzen, schlafen Sie noch tiefer ein. Tiefer und tiefer, weiter und immer weiter entspannen. Jeder einzelne Muskel Ihres Körpers ist jetzt vollkommen entspannt. Und Ihr gesamter Körper ist jetzt unendlich schwer. Zum Schluss erreicht die Entspannung noch Ihr Gesicht und entspannt Ihren Kiefer, Ihre Gesichtsmuskulatur und jeden einzelnen Muskel in und um Ihre Augen. Die Nase und der gesamte Kopfbereich, alles ist vollkommen entspannt. Ihr ganzer Körper ist jetzt unendlich locker und gelöst. Sie befinden sich in einem Zustand der vollkommenen Entspannung – so entspannt, wie Sie es vielleicht noch niemals zuvor in Ihrem Leben waren. Ihr Körper ist so entspannt wie eine Hand voll Gummibänder. Vielleicht spüren Sie ein bestimmtes Gefühl der Schwere oder Wärme, vielleicht merken Sie ein Kitzeln in den Fingerspitzen oder Fußzehen, vielleicht spüren Sie, dass Sie nicht genau wissen, wo sich Ihre Beine oder Arme befinden oder das Gefühl, sich nicht mehr bewegen zu können, obwohl Sie genau wissen,*

> *dass es doch geht. Ganz egal, das ist es, was die Menschen spüren, wenn sie sich in einer Hypnose befinden. Jeder einzelne Muskel Ihres Körpers ist jetzt vollkommen entspannt und Sie fühlen sich wundervoll."*

## 5.4.2 Raucherentwöhnung

Autor: Bernhard Langer, www.hypnoseinfo.at

*„Entspanne dich nun noch tiefer und erlaube deinem Unterbewusstsein die Arbeit zu übernehmen, was immer auch notwendig ist, um den gewünschten Erfolg zu erzielen und jedes Wort, das ich zu dir sage, führt dich noch tiefer in diese wunderschöne Entspannung. Dein Unterbewusstsein besitzt die Fähigkeit, die Kraft und die Energie, um deine Gewohnheiten zu ändern. Du stellst fest, mit welcher Leichtigkeit du mit dem Rauchen aufhören kannst. Rauchen ist für dich völlig unwichtig. Es wird dich auch nicht stören, wenn irgendjemand unmittelbar in deiner Nähe raucht. Auch wenn man dir Rauch ins Gesicht bläst, es macht dir nichts aus. Du weißt, dass du dich, wenn du nicht mehr rauchst, frisch fühlst und dein Kopf ist frei. Du fühlst dich absolut fit, gesund und vital. Mit jedem rauchfreien Atemzug wird dieses Gefühl immer stärker und immer stärker. Du stellst dir vor, wie deine Haut immer reiner wird. Jedes Mal, wenn du das Verlangen nach einer Zigarette verspürst, nimmst du ganz einfach drei tiefe Atemzüge und dieses angenehme Gefühl, das du durch das Rauchen immer hattest, ist durch die drei tiefen rauchfreien Atemzüge 10mal stärker. Du fühlst dich danach wieder völlig frei und wohl. Stress ist ab sofort absolut kein Grund mehr für dich, um zu rauchen, denn du fühlst dich ohne zu rauchen absolut wohl und das ist ein wunderbares Gefühl. Jedes Mal, wenn du das Verlangen nach einer Zigarette hast, drückst du mit Daumen und Zeigefinger der rechten Hand den Nagel des kleinen Fingers und dann erinnerst du dich an dieses wunderbare Gefühl und nimmst wieder drei tiefe Atemzüge. Nimm drei tiefe Atemzüge. GUT. Mit jedem Tag, den du rauchfrei bist, kannst du immer tiefer und freier atmen. Dein Geschmackssinn, dein Geruchssinn, sie werden wieder*

*normalisiert. Du merkst, wie sich deine Lunge regeneriert. Erinnere dich, - vor .. Jahren, als du noch rauchfrei warst, welch angenehmes Gefühl es war, ja stell es dir vor. Jeder rauchfreie Tag erfüllt dich mit Freude und Stolz. Du kannst sagen: ICH LEBE RAUCHFREI! Ein Leben ohne die Zigarette ist ab heute für dich dein höchstes Gebot. Du sagst ja zu einem Leben ohne die Zigarette. Spüre die positive Veränderung in dir. Auch wenn deine Arbeitskollegen, Freunde oder Bekannten dir eine Zigarette anbieten, sagst du mit Stolz: NEIN DANKE, ICH LEBE RAUCHFREI. Sie werden dich bewundern, ja sie werden sehr stolz auf dich sein! Das Verlangen, rauchfrei zu leben, ist so stark, dass der Wunsch nach einer Zigarette vollkommen verschwunden ist. Deine Gedanken und dein Körper werden das Interesse am Rauchen vollkommen verlieren und das ist ein gutes Gefühl. Du weißt, alles, was du dir vorstellen kannst, kannst du auch erreichen und das mit absoluter Leichtigkeit. Nimm dir einen Augenblick Zeit und genieße das Gefühl, die Person zu sein, die du schon immer sein wolltest: rauchfrei, glücklich, gesund und vital. Nun möchte ich dich einladen, in die Zukunft (3 Wochen) zu gehen, um deinen Körper zu betrachten. Du wirst feststellen, dass du dich absolut wohl fühlst mit deiner reinen Haut, deiner positiven Vitalität und dem guten Gefühl, rauchfrei zu sein. Du nimmst 3 tiefe Atemzüge und merkst, wie leicht es dir fällt zu atmen. Lass es zu, dass dein Unterbewusstsein alle noch nötigen Anpassungen durchführt, zu deinem Wohlbehagen und deiner Zufriedenheit. Und dann, wenn es für dich passt, in den nächsten 5 Sekunden kommst du langsam hierher in die Gegenwart zurück. Nimm all das eben Gelernte mit ins Hier und Jetzt. Wenn du so weit bist, gib mir ein Zeichen mit deiner rechten Hand. Spüre, wie du dich freust und wie du motiviert bist, das Rauchen für immer aufzugeben. Alles, was ich dir gesagt habe, wird genau so eintreten, wie ich es dir gesagt habe, Zigaretten sind ab sofort völlig unwichtig für dich. Du bist stolz auf dich, dass du dieses Laster von dir geworfen hast."*

Autorin: Elke Hoffmann

*"Sie verändern sich und Ihr Bewusstsein hat damit nichts zu tun ... entspannen Sie sich jetzt, noch viel tiefer und erlauben Sie Ihrem Unterbewusstsein, diese Arbeit für Sie zu tun ... das zu tun, was immer notwendig sein möge, um den gewünschten Erfolg zu erzielen. Wie ein besonders fähiger Arzt ... wird Ihr Geist ganz genau wissen, welche Maßnahmen notwendig sind, um Sie zu einem vollkommen gesunden Weg zu leben zurückzubringen. Ihr Unterbewusstsein besitzt ein inneres Selbstkorrekturprogramm, das jetzt gerade aktiviert wird, um fehlerhafte Muster in Ihrem Körper zu korrigieren und durch neue, gesunde Muster für die Zukunft zu ersetzen ... indem es hilfreiche Ziele auswählt und entwickelt und indem es Ihr Inneres und Ihr Denken klar werden lässt ... Sie beginnen ein neues Leben ... Sie setzen sich neue Ziele mit beeindruckendem Schwung, der Sie in die richtige Richtung bringt. Sie beginnen ein neues Leben ... Sie schaffen es jeden Tag mehr und mehr, Ihre ganzen Fähigkeiten und Möglichkeiten auszuleben. Sie haben neue Gesundheit, Kraft und Energie, um in vollen Zügen zu leben und alles um Sie herum zu genießen. Und Sie stellen fest, dass Sie mit einer überraschenden Leichtigkeit mit dem Rauchen aufhören. Sie spüren Stolz und Freude über die Leichtigkeit, mit der Sie einfach aufhören zu rauchen. Sie erleben die Leichtigkeit und die Überraschung darüber, wie leicht Sie einfach mit der Gewohnheit zu rauchen aufhören. Nun ist es so, dass viele Menschen, die mit dem Rauchen aufhören, andere schlechte Angewohnheiten bekommen, wie zum Beispiel Haare drehen, Nägel kauen oder übermäßiges Essen. Doch Sie stellen fest, dass bei Ihnen etwas ganz anderes passiert: Sie stellen fest, dass Sie eine viel größere Kontrolle über Ihre Gesundheit und über Ihr Leben haben. Mehr innere Ruhe und ein größeres Selbstvertrauen in sich selbst. Sie stellen fest, dass all die Dinge, die Sie früher verärgert oder traurig gemacht haben, Sie jetzt nur noch entspannen und Sie sind völlig gelassen. Alles, was Sie bisher verärgert oder traurig gemacht hat, beruhigt oder entspannt Sie jetzt nur noch. Wunderbar friedlich und vollkommen entspannen. Tiefer und tiefer und noch viel tiefer. Jetzt entspannen Sie sich einfach ganz tief*

*und fest, denn für die nächste Zeit möchte niemand etwas von Ihnen, niemand erwartet etwas von Ihnen, es gibt nichts, was auch immer, für Sie zu tun, außer sich zu entspannen. Und Sie stellen plötzlich fest, dass etwas, das Sie für unglaublich schwer gehalten haben, sich auf einmal als einfach und lächerlich leicht herausstellt. Von jetzt an ist es noch einfacher und leichter, mit jedem Tag, der vorübergeht. Sie stellen für sich selbst riesigen Stolz und riesige Freude über die Leichtigkeit fest, mit der Sie von Ihrer Gewohnheit zu rauchen wegkommen. Sie lassen diese Gewohnheit hinter sich.*

*Und auch wenn Sie Freunde oder Bekannte zu einer Zigarette einladen oder Rauch in Ihre Richtung blasen, dann kommen automatisch die Worte auf Ihre Lippen: „Danke, ich lebe rauchfrei", „Danke, ich lebe rauchfrei", „Danke, ich lebe rauchfrei." Sie stellen fest, dass Sie diese Worte mit unendlichem Stolz und mit unendlicher Freude erfüllen: „Ich lebe rauchfrei!" - und egal, welches Argument man Ihnen auch bringen möge, wenn man Ihnen eine Zigarette anbietet, Sie sagen stolz und selbstbewusst: „Danke, ich lebe rauchfrei." Und Sie sagen es voller Überzeugung und Stolz, mit Freude und unendlichem Selbstbewusstsein, denn Sie wissen, dass es ein Gewohnheit war, die Sie beendet haben, Sie ganz persönlich und ganz allein. „Ich lebe rauchfrei."*
*Sie erkennen, dass diese Gewohnheit Ihre Haare angegriffen hat, Ihre Haut, Ihre Lungen, Ihre Kleidung und Ihre Wohnung, alles hat wie ein Aschenbecher gerochen ... es erfüllt Sie mit unendlichem Stolz und mit Freude, mit Selbstvertrauen und der Überzeugung, dass es richtig ist, diese Gewohnheit zu beenden. „Ich lebe rauchfrei."*

*Ihre Lungen beginnen mit der Reinigungsarbeit – bereits nach 8 Stunden hat sie es geschafft, den Kohlenmonoxidgehalt im Blut zu reduzieren und den Sauerstoffgehalt auf ein normales Niveau anzuheben. Sie spüren mit jeder Stunde, die Sie rauchfrei leben, wie Sie immer freier und tiefer atmen können. „Ich lebe rauchfrei."*

*Nach 2 Wochen hat sich Ihre Lungenfunktion bereits erheblich gebessert – Sie können noch tiefer durchatmen und spüren die Kraft und die Energie, die Sie mit jedem Atemzug tanken. „Ich lebe rauchfrei."*

*Und es erfüllt Sie immer wieder mit immensem Stolz und mit Freude zu erkennen, mit welcher Leichtigkeit Sie das Rauchen aufgegeben haben. Und diese Überraschung bleibt, und es wird immer leichter und leichter, mit jedem Tag, der vergeht. „Ich lebe rauchfrei!"*

*Sie finden viele Möglichkeiten, weit mehr, als Sie sich jetzt vorstellen können, wie Sie sich die Zeit anders vertreiben können als mit einer Zigarette. Für alle Situationen fallen Ihnen viele Möglichkeiten ein, die Zeit anders zu verbringen. „Ich lebe rauchfrei."*

*Diese Worte kommen Ihnen sofort über die Lippen, wann immer das Wort Rauchen in Ihren Kopf kommt. Stellen Sie sich nun einmal vor, Sie leben bereits einen Monat rauchfrei. Sie sind gerade in Gesellschaft und jemand hat Sie gefragt, wann Sie mit dem Rauchen aufgehört haben. Spüren Sie den Stolz und die Freude in sich bei Ihrer Antwort: „Ich lebe seit einem Monat rauchfrei." Schildern Sie, wie einfach es letztendlich war, diese Gewohnheit aufzugeben ... Nun, da Sie auf meine Stimme hören und auf die Musik, entspannen Sie sich, friedlich und sanft, tiefer und tiefer, tiefer und immer tiefer. Mit jedem Atemzug entspannen Sie tiefer und tiefer, tiefer und immer tiefer entspannen Sie sich und Sie sind unendlich ruhig. Sie erlauben Ihrem Körper, das angenehme Gefühl unendlicher Ruhe und Entspannung zu erleben. Lassen Sie sich einfach gehen. Lassen Sie sich fallen, tiefer und tiefer, tiefer und noch immer tiefer. Stellen Sie sich nun vor, Sie befinden sich in der Schaltzentrale Ihres Gehirns. Es ist ein großer Raum und an den Wänden sehen Sie viele Schalter. Sie treten näher und sehen, dass die Schalter beschriftet sind: an einem steht „Lachen", am nächsten „Ärgern", Sie sehen einen Schalter für „Weinen", einen für „Schmerzen" und dann entdecken Sie einen Schalter mit der Beschriftung „Lust auf Rauchen". Legen Sie diesen Schalter jetzt auf „Aus". Und Sie erkennen jetzt, dass Ihr*

*Verlangen, rauchfrei zu leben, so unendlich stark ist, dass es Ihren Wunsch nach einer Zigarette vollkommen zunichte macht. Sie leben rauchfrei. Etwas, das Sie für schwierig gehalten haben, ist so einfach und so leicht. Ihr Stolz, rauchfrei zu leben, ist unendlich groß und die Freude daran, dass etwas, das Sie für schwer gehalten haben, so einfach ist. Sie sind überrascht, dass Ihr Körper und Ihre Gedanken das Interesse am Rauchen vollkommen verlieren. Sie haben das Interesse verloren und werden es für den Rest Ihres Lebens verloren haben. Sie haben von jetzt an eine viel größere Kontrolle über Ihr Leben. Viel größer, als es bisher jemals war. Und diese Kontrolle wird noch stärker, wird wachsen mit jedem Tag und das Ihr ganzes Leben lang. Jeden Tag werden Sie sich Ihrer Fähigkeiten, Ihrer positiven Eigenschaften und der Schönheit in Ihnen bewusst. Vorausgesetzt etwas ist machbar, so wissen Sie, dass Sie alles erreichen können, was Sie wollen. Sie können tun, was immer Sie möchten, Sie glauben an sich und an Ihre Möglichkeiten. Jeden Tag werden Sie Ihren Geist mit glücklichen, positiven und liebevollen Gedanken füllen und diese werden alles Negative, das Sie in der Vergangenheit gehabt haben mögen, ersetzen. Sie wissen, dass Sie alles, was Sie sich in Gedanken vorstellen können, auch erreichen können. Was Sie sehen können – wird auch geschehen!!! Es geschieht, was immer Sie sich vorstellen. Jeden Tag fühlen Sie sich wohler und wohler in Ihrer Haut und Sie sind selbst Ihr bester Freund. Nehmen Sie sich jetzt einen Augenblick Zeit und genießen Sie das Gefühl, sich selbst zu lieben und glücklich zu sein, die Person zu sein, die Sie sind. Sie konzentrieren sich ab heute darauf, ein gesünderes und glücklicheres Leben zu führen. Sie leben rauchfrei."*

## 5.4.3 Gewichtsreduktion

*„Du möchtest abnehmen, leicht, mühelos und natürlich und weil du in diesem Moment so sehr entspannt bist, stellst du von jetzt an fest, dass du tatsächlich anfängst, Gewicht zu verlieren, leicht, mühelos, natürlich. Und du stellst fest, dass du anfängst, abzunehmen, leicht, mühelos, natürlich auf diese Art und Weise. Du stellst fest, dass du zur regulären*

*Essenszeit die Speisen genießt und kleinere Portionen verträgt dein Körper besser, geben dir ein besseres Gefühl und sind vollkommen ausreichend. Oh ja, mit jedem Tag, der vorübergeht, genießt du das Essen zur regulären Essenszeit mehr und mehr und du stellst fest, dass kleinere Portionen vollkommen ausreichen, um dich satt zu machen. Du stellst fest, dass du kein Bedürfnis hast, so viel zu essen wie in der Vergangenheit. Mit anderen Worten, dein Wunsch, Gewicht zu verlieren, ist viel stärker als der Wunsch in der Vergangenheit, große Portionen zu essen, mehr zu essen, als du verträgst, als deinem Körper gut tut. Und jetzt genießt du das Essen, kaust gründlich, achtest deutlich auf den Geschmack, du machst keine Diät oder so etwas, du achtest einfach nur darauf, dass du nur so viel isst, dass dein Körper sich wohl fühlt. Kleinere Portionen und weniger Essen machen dich ebenso satt, aber es gibt dir zusätzlich noch ein wunderbares Gefühl der Stärke, Vitalität und Gesundheit. Du möchtest abnehmen, leicht, mühelos und natürlich, und weil du dich in diesem Moment so sehr entspannst, merkst du, dass du von jetzt an tatsächlich abnimmst. Leicht, mühelos und natürlich. Und du stellst fest, dass du abnimmst, leicht, mühelos, natürlich, auf zwei besonderen Wegen. Erstens: indem du feststellst, dass du zur Essenszeit deine Speisen genießt und dass kleinere Mengen an Essen vollkommen ausreichend für dich sind, ja, und an jedem Tag, der von jetzt an vorübergeht, fällt es dir leichter und leichter, achtest du mehr und mehr auf dein Essverhalten. Du genießt das Essen, aber kleine Mengen reichen vollkommen aus. Du merkst, dass es keinen Grund gibt, so viel zu essen wie in der Vergangenheit. Mit anderen Worten, dein Verlangen abzunehmen, ist weitaus stärker als das Verlangen nach großen, üppigen Portionen. Denn du genießt das Essen und du machst keine Diät. Du stellst fest, dass weniger Essen dich angenehm und ausreichend satt macht. Und weil du dich angenehm und ausreichend satt fühlst nach jeder Mahlzeit, stellst du fest, dass etwas Weiteres passiert. Nämlich, dass du viel weniger den Wunsch, das Verlangen oder sonstige Gründe dafür hast, zwischen den Mahlzeiten zu essen. Genau, und du wirst das feststellen, weil du deine regulären Mahlzeiten genießt, ja, das tust du wirklich, und durch kleinere Mengen an Essen fühlst du dich wohler und bist wirklich angenehm satt. Du hast viel weniger Gründe, viel weniger den Wunsch und das Bedürfnis, zwischen den Mahlzeiten zu essen. Dein Verlangen abzunehmen, leicht, mühelos, natürlich, das ist es, was gerade jetzt in diesem Moment in dir wächst, stärker und stärker und es ist weitaus größer als jeder Wunsch in der Vergangenheit, zwischen den Mahlzeiten zu essen. Und dann passiert noch eine dritte Sache: das ist die Tatsache, dass ganz egal, wo du bist, oder wer bei dir ist, bevor du irgendwelches fettes Essen zu dir nimmst, stellst du dir selbst, still und leise, diese ganz wichtige Frage, - die Frage: „Was möchte ich lieber tun, abnehmen oder fettes Essen zu mir nehmen?" Weil du dieses innere Verlangen hast, abzunehmen, weil du weißt, dass du jetzt schon Gewicht verlierst, findest du viele, viele Gelegenheiten, weitaus mehr, als du für möglich gehalten hast, in denen du entscheidest, dass du keinen Grund hast, keinen Wunsch und kein Verlangen, was auch immer an fettem Essen zu dir zu nehmen. Und weil du diese Entscheidung getroffen hast, genießt du es, Dinge zu essen, die dich gesund machen, frisches Obst und Gemüse, Nudeln, Reis und Kartoffeln, du weißt selbst ganz genau, welche Speisen deinen Körper schön und gesund machen. Und immer, wenn du solche Speisen zu dir nimmst, fühlst du dich gut, angenehm, gesund, stark, glücklich und selbstbewusst. Und das ist der Beweis. Wir alle brauchen von Zeit zu Zeit Beweise dafür, dass das Essverhalten sich immer weiter ändert. Ja, es ist der Beweis, dass du immer mehr Gewicht verlierst, immer weiter abnimmst, bis zu deinem Wunschgewicht, leicht, mühelos, natürlich."*

## 5.4.4 Stärkung des Selbstbewusstseins

*„Weil Sie nun so wunderbar tief entspannt sind, ist Ihr Bewusstsein außergewöhnlich sensibel und empfänglich für das, was ich Ihnen zu sagen habe, und die Hinweise, die ich Ihnen gebe und die zu Ihrem vollen Vorteil sind, werden direkt in Ihr Unterbewusstsein geleitet und von dort aus all Ihr Denken, Fühlen und Ihr Verhalten positiv beeinflussen. Sie werden feststellen, dass der starke, positive Einfluss dieser Hinweise, die ganz genau zu Ihrem Vorteil und Nutzen sind, im*

*Verlauf der nächsten Tage, Wochen, Monate und Jahre immer weiter anwachsen wird. Von Tag zu Tag werden Ihre Nerven stärker und belastbarer, und Sie werden ruhiger, gesetzter und viel gelassener. Ja, mit jedem Tag werden Sie entspannter und ausgeglichener, und Sie sind mit sich und Ihren Mitmenschen im Reinen. Von Tag zu Tag vertieft sich Ihr Interesse für Ihre Tätigkeiten und das Geschehen um Sie herum, so dass Ihre Aufmerksamkeit ganz natürlich von Ihnen selbst ab- und in positiver Hinsicht auf andere Menschen, neue Aktivitäten und Hobbys, die Sie schon immer ausprobieren wollten, hingelenkt wird. Dadurch lernen Sie, klarer zu denken, sich leichter zu konzentrieren, ja, Sie werden die Fähigkeit entwickeln, Ihre volle und uneingeschränkte Aufmerksamkeit ausschließlich Ihrer momentanen Tätigkeit zu widmen. Besteht ein Notfall, werden Sie diesen wahrnehmen, und Sie werden in der Lage sein, die Situation ruhig zu überblicken und richtig und effizient zu handeln. Dadurch können Sie auch mit einer viel positiveren Einstellung auf Ihr Leben blicken: Sie erkennen und erfassen die verschiedensten Situationen viel schneller und können deshalb leichter und gelassener reagieren als je zuvor. Ihre Stimmung wird von Tag zu Tag ausgeglichener und gesetzter, und Sie fühlen sich in sich und mit sich viel wohler. Jeden Tag fühlen Sie sich sowohl geistig als auch körperlich entspannt. Und während Sie mit jedem Tag entspannter und ausgeglichener werden, wächst Ihr Vertrauen in sich selbst, in Ihre Fähigkeiten, in Ihre Zuverlässigkeit, dass Sie die Dinge, die getan werden müssen, genau und pünktlich erledigen, und die Sicherheit, dass Sie auch Ihre eigenen Wünsche verfolgen und verwirklichen. Die Aufgaben und Ziele, die Sie sich gesetzt haben, können nun zur Realität werden. Das Leben wird so viel leichter, jetzt, wo Sie es ruhiger, lockerer und gelassener anpacken. Mit Ihrer positiven Einstellung kommen Sie mit den täglichen Anforderungen des Lebens spielend zurecht. Sie nehmen neue Herausforderungen gerne an, denn Sie vertrauen auf Ihre Willensstärke und auf Ihre Zielstrebigkeit, die Ihnen dabei helfen, alles zu erreichen, was Sie sich vorgenommen haben. Sie ziehen aus Ihrer positiven Lebenseinstellung, aus dem Umgang mit neuen Aufgaben und Vorhaben, die Sie sich selbst stellen, ihren Stolz und Ihr*

*Selbstbewusstsein. Sie haben eine durch und durch positive Ausstrahlung, und dadurch ziehen Sie auch Positives an. Sie werden sich Ihres vollen Potentials bewusst. Ebenso verbessern sich Ihre Schlafgewohnheiten; Sie fallen am Abend leicht und ohne Beschwerden in einen tiefen, entspannenden und regenerierenden Schlaf, so dass Sie jeden Morgen genau zur rechten Zeit, wie Sie es sich vorgenommen haben, entspannt, ausgeruht und sowohl geistig als auch körperlich erfrischt aufwachen, so voller Energie und Tatendrang, wie Sie es lange nicht erlebt haben. Ihre Erfahrung, Ihr Wissen und Ihr Können, Ihre Begabungen und Ihre Einstellung helfen Ihnen Tag für Tag dabei, alle Schwierigkeiten positiv und erfolgreich zu bewältigen. Deshalb fühlen Sie sich von Tag zu Tag wohler und sicherer. Positiv und gelassen stehen Sie über jeder Situation und deshalb fühlen Sie sich viel zuversichtlicher und sicherer. Sie vertrauen immer mehr auf Ihr eigenes Urteil, Sie treffen sicher die richtigen Entscheidungen, und Ihre Mitmenschen hören Ihnen zu, wenn Sie Ihre Überzeugungen und Ansichten ruhig und bestimmt zum Ausdruck bringen. Mit jedem Tag, der verstreicht, erhalten diese Gedanken mehr und mehr Kraft und Sie werden sich immer stärker und zuversichtlicher fühlen. Dinge, über die Sie sich früher geärgert haben, entlocken Ihnen jetzt nur noch ein entspanntes Lächeln; je mehr Sie sich früher über etwas aufgeregt haben, desto mehr stehen Sie nun darüber und bewahren die Ruhe und Gelassenheit, die Sie Ihr Leben viel entspannter und zuversichtlicher gestalten lässt."*

Autorin: Bernadett Ruzicka

*„Du bist sehr ruhig und entspannt. In diesem entspannten Zustand fällt es dir sehr leicht, dich auf meine Stimme zu konzentrieren und meine Hinweise im Unterbewusstsein positiv wirken zu lassen. Du fühlst dich gut. Stell dir nun vor, du stehst in einem Wald. Du blickst dich um und nimmst die unterschiedlichsten Bäume wahr und du spürst, dass diese Bäume für all die selbstbewussten, starken Persönlichkeiten stehen, die du kennst. Du möchtest auch eine dieser Persönlichkeiten sein, nein, eigentlich bist du das schon. Du musst dir nur Raum geben, deine*

*Stärken und Fähigkeiten zu entfalten. Du blickst nun zum Boden des Waldes, siehst die Erde, nimmst den Geruch wahr und du bückst dich auch, um die Erde zu berühren. Lass all diese Eindrücke auf dich wirken. Nimm all die positiven Gefühle wahr, die momentan in dir sind. Du weißt, genau heute ist der Tag, an dem du den Grundstein für ein Leben setzt, in dem du dich noch besser fühlst. Du bist sehr entspannt.*

*Du beginnst, mit deinen Händen ein Loch zu graben, es fällt dir nicht schwer, denn du fühlst dich gut. Du beginnst nach und nach die Erde abzutragen, um Platz zu machen, für den Samen des neuen Baumes, der hier wachsen wird. Du brauchst nicht lange, um dieses Loch auszuheben, und sobald du das gemacht hast, legst du etwas hinein. Einen Gegenstand, der dir besonders gut gefällt. Vielleicht hast du es noch nicht bemerkt, aber du hast genau diesen Gegenstand mitgebracht. Leg ihn nun hinein und gib ihm all deine positiven Gefühle mit. Deine gesamte momentane Stärke verbindest du mit diesem Gegenstand. Dann schaufelst du das Loch wieder zu. Du schließt in Gedanken deine Augen und spürst, wie dieser Gegenstand als Symbol deines Selbstbewusstseins zum Leben erwacht. Du spürst, wie sich der Gegenstand tief mit dem Erdboden verwurzelt und du gleichzeitig auch schon selbst mehr Halt auf deinen Füßen hast. Du siehst, wie langsam eine Pflanze aus der Erde wächst und wie sie immer größer und größer wird. Je größer der Baum wird, umso wohler fühlst du dich und umso wohler du dich fühlst, umso mehr wächst dieser Baum. Du spürst die Stärke, die die Pflanze aus den Wurzeln zieht und du weißt, dass deine eigenen Fähigkeiten und Kompetenzen diese Kraft nähren. Jedes neue Blatt spiegelt eine Situation wieder, in der du dich früher aufgrund des mangelnden Selbstbewusstseins unwohl gefühlt hast. Du schaust dir die Blätter bewusst an und deine Haltung wird immer aufrechter, denn du weißt, ab jetzt bist du in diesen Situationen ausgeglichen und völlig entspannt. Nimm jedes einzelne Blatt bewusst wahr und erinnere dich an jede einzelne Situation. Spüre, wie du dich schon jetzt besser fühlst, wenn du an diese Situationen denkst. Du fühlst dich gut. Du siehst, wie der Baum wächst und wächst und spürst, wie das Vertrauen zu dir selbst auch wächst. Du weißt, dass allein deine Stärke und deine Fähigkeiten für das Wachsen des Baumes verantwortlich sind. Du blickst dich um und siehst, wie der wachsende Baum strahlt. Du fühlst die positive Ausstrahlung, die der Baum auf die anderen hat. Du wirst mit einer positiven Ausstrahlung durchs Leben gehen und wirst gerade deshalb auch viel Positives zurückbekommen. Du wirst dich gut fühlen im Umgang mit anderen Menschen und du wirst dabei sehr entspannt und ausgeglichen sein. Situationen, die dich früher geärgert haben, wirst du jetzt lächelnd begegnen und dabei ruhig und gelassen reagieren. Du wirst den Mut finden, Dinge auszuprobieren, die du schon immer tun wolltest, denn du weißt, du hast die Stärke dazu. Du wirst mit einem anderen Blick durchs Leben gehen, denn du bist dir deiner Möglichkeiten bewusst. Du gehst nun in Gedanken auf den immer noch wachsenden Baum zu und berührst seine Rinde. Du spürst die Stärke und du weißt, dass diese Rinde allen Witterungen standhalten kann. Du hast das Vertrauen in dich selbst, dass du im Alltag mühelos neue Situationen meistern kannst und dich dabei gut und ausgeglichen fühlst. Sieh dir den Baum in seiner vollen Pracht an. Dabei erkennst du alle Konsequenzen des neu erlangten Selbstbewusstseins. Schau, ob du mit allen Veränderungen zufrieden bist. Wenn nicht, nutze die nächste Minute, um die Situation zu deiner vollsten Zufriedenheit zu verändern. Diese Minute ist all die Zeit, die du dafür brauchst.*

*Du nimmst einen tiefen Atemzug. Du gehst auf den Baum zu und legst deine Arme um ihn. Du spürst, wie du eins mit dem Baum wirst und du spürst, dass all die Stärke dieses Baumes in Wirklichkeit deine Stärke ist. Du siehst, dass das Leuchten des Baumes deine positive Ausstrahlung ist. Du fühlst dich entspannt und ausgeglichen und stehst fest und sicher am Boden, im Einklang mit deinen eigenen Kompetenzen und Fähigkeiten. Du trittst einen Schritt zurück und betrachtest noch einmal diesen Baum, dein Selbstbewusstsein. Du legst deinen rechten Zeigefinger an die Rinde und zeichnest ein Symbol. In dieses Symbol legst du all die guten Gefühle, die du gerade verspürst und du weißt, dass du jederzeit, wenn du an dieses Symbol denkst, an diesen Ort zurückkehren kannst, um die*

*Stärke deines Selbstbewusstseins in dir aufzunehmen. Lege jetzt all deine guten Gefühle in dieses Symbol. Verknüpfe sie. Du fühlst dich noch besser, denn du weißt, dass du etwas mitnehmen kannst ins Hier und Jetzt, um jederzeit die Stärke deines Selbstbewusstseins auszukosten.*
*Entferne dich nun ein wenig vom Baum. Betrachte ihn noch einmal ganz genau und spüre deine Stärke. Du kannst sehen, wie dein gezeichnetes Symbol aufleuchtet. Du fühlst dich gut. Schließe nun deine Augen. Du siehst alle Veränderungen vor dir, die dein neues Selbstbewusstsein mit sich gebracht hat. Du genießt dieses Gefühl."*

## 5.4.5 Gesunder Schlaf

*"Du möchtest ruhiger werden und besser schlafen, leicht, mühelos und natürlich und weil du in diesem Moment so sehr entspannt bist, stellst du von jetzt an fest, dass du tatsächlich anfängst, ruhiger zu werden und du schläfst von jetzt an wie ein Baby, leicht, mühelos, natürlich. Und du wirst feststellen, dass du anfängst, ruhiger zu werden und du schläfst so gut wie schon seit sehr langer Zeit nicht mehr, leicht, mühelos, natürlich auf diese Art und Weise. Du stellst fest, dass du tagsüber das Leben genießt und abends, wenn du zu Bett gehst, vollkommen entspannt und tief und fest einschläfst, wunderbar angenehm träumst, bis du am nächsten Morgen, 10 Minuten bevor der Wecker klingelt von ganz allein aufwachst. Dann stehst du sofort auf, weil du schon neugierig bist, was dir der neue Tag an positiven Überraschungen bietet. Oh ja, mit jedem Tag, der vorübergeht, genießt du das Leben mehr und mehr und du stellst fest, dass dadurch dein Wohlbefinden und deine Zufriedenheit wachsen. Du stellst fest, dass du glücklich bist und das Positive in den Dingen siehst und das gibt dir zusätzlich noch ein wunderbares Gefühl der Stärke, Vitalität und Gesundheit. Du möchtest ruhiger werden, leicht, mühelos und natürlich, und weil du dich in diesem Moment so sehr entspannst, wirst du feststellen, dass du von jetzt an tatsächlich ruhiger bist. Leicht, mühelos und natürlich. Und du stellst fest, dass du nachts tief und fest schläfst, so dass sich dein Körper erholen kann, leicht, mühelos, natürlich, auf zwei besonderen Wegen. Und du stellst fest, dass*

*du mit einer überraschenden Leichtigkeit dieses Ziel erreichst. Mit Stolz und mit Freude über die Leichtigkeit, mit der dir das gelingt, erfüllt, kannst du einfach entspannen. Du erlebst die Leichtigkeit und die Überraschung darüber, wie leicht du deinen Körper entspannen kannst. Du stellst fest, dass du eine viel größere Kontrolle über deine Gesundheit und über dein Leben hast, mehr innere Ruhe und ein größeres Selbstvertrauen in dich selbst. Du wirst feststellen, dass all die Dinge, die dich früher verärgert oder traurig gemacht haben, dich jetzt nur noch entspannen und du völlig gelassen bist. Alles, was dich bisher verärgert oder traurig gemacht hat, wird dich jetzt nur noch beruhigen oder entspannen. Wunderbar, friedlich und vollkommen entspannen. Tiefer und tiefer und noch viel tiefer. Jetzt entspanne dich einfach. Ganz tief und fest, denn für die nächste Zeit möchte niemand etwas von dir, niemand erwartet etwas von dir, es gibt nichts, was auch immer für dich zu tun, außer dich zu entspannen. Und du stellst plötzlich fest, dass etwas, das du für unglaublich schwer gehalten hast, sich auf einmal als einfach und lächerlich leicht herausstellt. Von jetzt an ist es noch einfacher und leichter, mit jedem Tag, der vorübergeht. Du stellst für dich selbst riesigen Stolz und riesige Freude über die Leichtigkeit fest, mit der du ruhiger werden kannst."*

## 5.4.6 Gedächtnisleistung steigern

Allgemein Hypermnesie.

*Während Sie nun tiefer und tiefer in die Hypnose eintauchen, sind Sie sich Ihres Zieles, ein erfolgreiches Leben zu führen, völlig bewusst ... entspannen Sie sich nun noch tiefer, zehnmal tiefer als jetzt. Weil Sie Ihr Leben erfolgreich meistern möchten, stellen Sie nun fest, dass Sie von Ihrem Unterbewusstsein mit sehr vielen geistigen Fähigkeiten ausgestattet sind, und deshalb lassen Sie nun Ihre Phantasie für sich arbeiten. Von Tag zu Tag entwickeln Sie mehr Vertrauen in Ihre geistigen Fähigkeiten, in Ihr Erinnerungsvermögen und in Ihre Fähigkeit, alle Informationen, die Sie speichern und wieder abrufen möchten, auch speichern und jederzeit wieder abrufen zu können. Von nun an sind Sie in der Lage, sich alles sehr genau einzuprägen und sich daran zu erinnern. Sie können sich an alles erinnern, was man Ihnen gesagt und erzählt hat, an alles, was Sie sehen, hören, fühlen und erleben. Sie sind in der Lage, jeder Sache, mit der Sie sich beschäftigen, Ihre volle Aufmerksamkeit und all Ihre Gedanken zu widmen. Es fällt Ihrem Gedächtnis so leicht, alles aufzunehmen, weil Sie über einen kristallklaren Verstand verfügen. Sie sind in der Lage, alle Informationen aufnehmen, abzuspeichern und sie nach Bedarf abzurufen. Sie wissen schon jetzt, dass Ihr Leben von Erfolg gekrönt ist, denn Sie sind sehr intelligent, sehr kompetent und hoch qualifiziert; Sie haben die Fähigkeit, alle Informationen im Gedächtnis zu behalten und sie nach Bedarf abzurufen. Sie empfinden Stolz, Selbstvertrauen und Freude über die Leichtigkeit, mit der Ihr Erinnerungsvermögen und Ihre Wiedergabefähigkeit in sämtlichen Bereichen von Tag zu Tag wächst; und weil dabei Ihr Bewusstsein und Ihr Unterbewusstsein Hand in Hand zusammenarbeiten, sind Sie in der Lage, sich an alles zu erinnern, was Sie möchten - denn genau das haben Sie sich vorgenommen.*

## 5.4.7 Konzentrationssteigerung beim Lernen

Spezielle Hypermnesie.

*„Lernen fällt Ihnen leicht und es macht Ihnen Spaß, denn es ist Ihr Weg zum Erfolg. Lernen macht Ihnen Freude, weil Sie Ihre Gedanken auf alles, was Sie möchten und so lange Sie möchten, konzentrieren können. Anhaltende Konzentration stärkt Ihr Gedächtnis. Wenn Sie Ihre Konzentrationsfähigkeit weiter ausbauen, wird Ihr Gedächtnis gestärkt; jedes Mal, wenn Sie etwas lernen, trainieren Sie Ihr Gedächtnis, indem Sie Gedanken, Fakten und Informationen in Ihr Gedächtnis einprägen und bis zum Abruf dort speichern. Lernen fällt Ihnen deshalb so leicht, weil Sie Ihr Ziel klar vor Augen haben. Jedes Mal, wenn Sie lernen, kommen Sie ihrem Ziel einen Schritt näher und das gibt Ihnen ein gutes Gefühl. Für Sie ist Lernen ein ebenso natürlicher und notwendiger Ablauf wie das Atmen; es liegt Ihnen im Blut, immer mehr zu lernen und sich weiterzubilden. Während Sie sich völlig in Ihr Lernmaterial*

*vertiefen, ist Ihr Gedächtnis schon eifrig dabei, alle Informationen zu verarbeiten und abzuspeichern. Sie sind sehr stolz auf Ihre Fähigkeit zu lernen und Ihre Aufmerksamkeit zu bündeln und Ihre Begabung wächst von Tag zu Tag. Während Sie sich nun noch weiter entspannen, fühlen Sie die Kraft Ihres Unterbewusstseins. Denn je tiefer Sie sich entspannen, je stärker und aufnahmefähiger Ihr Unterbewusstsein wird, desto mehr stellen Sie fest, dass Ihre Konzentrationsfähigkeit sich verbessert, je mehr Sie sich entspannen, und wenn Sie sich noch weiter entspannen, werden Sie feststellen, dass es Ihnen noch leichter fällt, sich zu konzentrieren und zu lernen. Ob Sie lernen, lesen oder einen Vortrag hören - Ihr Unterbewusstsein unterstützt Sie dabei, sich zu entspannen, sich hundertprozentig zu konzentrieren und allen Lernstoff vollständig aufzunehmen."*

## 5.4.8 Prüfungsangst

**Diese Hypnose darf nur durchgeführt werden, wenn der ausführende Hypnotiseur therapeutisch ausgebildet ist oder unter therapeutischer Supervision steht.**

*„Während Ihrer Prüfung sind Sie ganz ruhig und entspannt, und Sie haben die volle Kontrolle über sich und Ihre Gefühle. Sie erinnern sich, wie ruhig und entspannt und beherrscht Sie in der Vergangenheit, während Schulklausuren und früheren Examen waren, wie leicht Sie sie bestanden und sich damit sogar selbst übertroffen haben. Sie haben alle Informationen, die Sie brauchen, in Ihrem Unterbewusstsein abgespeichert und können sie jetzt sofort abrufen. Während der Prüfung haben Sie endloses Vertrauen in sich und in Ihre Fähigkeit, alle wesentlichen Fragen völlig korrekt zu beantworten und einen ausgezeichneten Antworttext zu verfassen. Sie haben gewissenhaft gelernt, Sie haben alles sorgfältig wiederholt und überarbeitet, Sie beherrschen Ihr Gebiet, und genau dieses Wissen strömt nun so leicht und klar aus Ihnen heraus, als ob Sie Informationen von einem Computer abrufen würden. Ja, Sie haben sogar Spaß und empfinden Stolz über die*

*Leichtigkeit, mit der Ihr Verstand und Ihr Körper harmonisch zusammenarbeiten, um alle Fragen in der vorgegebenen Zeit korrekt zu beantworten. In dem Moment, in dem Ihre Prüfung beginnt, spüren Sie, wie sich all Ihre Gedanken fokussieren und Sie die Dinge aus der richtigen Perspektive und im richtigen Verhältnis sehen - und indem Sie das spüren, spüren Sie in sich auch die absolute Sicherheit, dass Sie das Examen erfolgreich bestehen und eine einwandfreie Arbeit abliefern werden. Sie haben großen Spaß daran, die Fragen zu lesen, deren Antworten Sie kennen, denn Sie haben auf genau diesen Moment hingearbeitet und sich sehr gut darauf vorbereitet. Während Sie die Fragen und Antworten bearbeiten, bleiben Sie ruhig, entspannt und vollkommen konzentriert. Sie sind ruhig und entspannt, denn Sie haben das Wissen und die Fähigkeit, alle wichtigen Fragen korrekt zu beantworten. Und während Sie sich nun weiter entspannen, beginnen Sie die volle Kraft Ihres Unterbewusstseins wahrzunehmen und zu spüren. Und je weiter Sie sich entspannen, desto mächtiger wird die Kraft Ihres Unterbewusstseins, und Sie spüren, während Sie sich noch weiter entspannen, dass sich so auch Ihre Konzentrationsfähigkeit verbessert. Sie verstehen, dass Sie umso leichter auf die in Ihrem Gedächtnis abgespeicherten Informationen zugreifen können, je entspannter Sie sind. Und deshalb beschließen Sie von nun an zuzulassen, dass sich durch Ihre Fähigkeit, sich zu entspannen, auch Ihre Fähigkeit, gelernte Informationen abzurufen, um ein Vielfaches steigern kann. Stellen Sie sich Ihre Zukunft vor. Stellen Sie sich vor, dass Ihre Prüfung vorbei ist und Sie das gute Gefühl haben, dass Sie sie ausgezeichnet bestanden haben. Hören Sie das Lob, das Ihre Lehrer Ihnen aussprechen. Sehen Sie sich lächeln, überglücklich, dass Sie Ihre Sache so gut gemacht haben. Halten Sie für ein paar Minuten dieses gute Gefühl fest. Kosten Sie es voll aus. Genießen Sie die Freude und die Zufriedenheit, etwas erreicht und vollendet zu haben."*

## 5.4.9 Stress-Abbau und Burn-Out-Prävention

*„Stelle dir bitte vor, dass du einen Flur entlangläufst. - Den Flur deiner eigenen Gedanken, den Flur deines Geistes. Wenn du dir das vorstellen kannst, hebe bitte kurz deine rechte Hand. Sehr gut, danke. Jetzt stelle dir vor, dass du auf den schwachen Umriss einer Tür schaust. Eine Tür, die du noch niemals zuvor bemerkt hast. Es ist die Tür in einen geheimen Raum. Wenn du dir das vorstellen kannst, hebe bitte deine rechte Hand. Sehr gut, danke. Öffne jetzt die Tür und betritt den Raum. Du befindest dich jetzt selbst in deinem eigenen, ganz geheimen Raum. Es ist alles vollkommen perfekt und es gehört alles dir. Du hast diesen Raum selbst eingerichtet, mit größter Freude, Erfüllung, Komfort und Sicherheit. Die Tür ist jetzt hinter dir wieder zugegangen und so lange du in diesem Raum bist, bist du vollkommen sicher. Du bist vollkommen sicher. Und nichts und niemand kann diesen geheimen Raum betreten, wenn du das nicht willst. All deine Sorgen, Anspannungen, Schmerzen, alles ist draußen, außerhalb deines geheimen Raumes. Kannst du das spüren? Wenn du diese Sicherheit spüren kannst, dann hebe kurz deine rechte Hand. Sehr gut, danke. Du befindest dich immer noch in einem Zustand vollkommener Ruhe und Entspannung, aber du kannst frei reden. Beschreibe mir jetzt deinen geheimen Raum. Ja, dieser Raum ist wirklich sehr schön. Er gibt dir Kraft und Stärke. Wenn du den Frieden des Raumes eine Zeitlang genossen hast, fühlst du dich erfrischt und erholt, um besser mit den Dingen klarzukommen. Du kannst die Außenwelt jetzt besser akzeptieren, weil du weißt, dass du jederzeit in diesen geheimen Raum zurückkehren kannst, wann immer du das brauchst. Wenn du das weißt und verstehst, dann hebe bitte kurz die rechte Hand. Sehr gut, danke. Du entspannst dich jetzt tiefer und tiefer, tiefer und immer tiefer. Du fällst in einen so tiefen Schlaf, dass dein Geist ausschließlich auf das hört, was ich sage. So tief, dass alles, was ich sage, tief in dein Unterbewusstsein sinkt und sich dort so tief verankert, dass es für immer dort bleibt. Deshalb sind die Dinge, die ich deinem Unterbewusstsein sage, ausschließlich zu deinem Nutzen und zu deinem Vorteil, dein*

*Einfluss auf dich selbst wächst, wird größer und größer. Der Einfluss auf das, was du denkst, der Einfluss auf das, was du fühlst, der Einfluss auf das, was du tust. Und weil diese Dinge so unendlich stark in deinem Unterbewusstsein verankert sind, wirst du, sobald du die Praxis verlassen hast und nicht mehr bei mir bist, weiterhin denselben großen Einfluss haben über deine Gedanken, deine Gefühle und deine Handlungen, genauso stark, genauso sicher, genauso kräftig, wenn du zuhause bist, als wärest du hier in diesem Raum. Du schläfst nun so tief und fest ein, dass alles, was ich dir sage, zu deinem Vorteil geschehen wird. Und es wird genauso passieren, wie ich es sage, jedes Gefühl, das ich dir beschreibe, wirst du genauso erleben. Ganz genauso, wie ich es sage. Während dieses besonderen Schlafes beginnst du dich stärker und gesünder zu fühlen, mit jedem Tag, der vergeht, so dass deine Nerven jeden Tag stärker und belastbarer werden, dein Geist ist gelöst und frei, deine Gedanken sind ruhig und entspannt. Du stellst auch fest, dass du freier denken kannst und dass du dich besser konzentrieren kannst. Jeden Tag bist du ruhiger und entspannter, körperlich wie seelisch. Und du bist ruhig und entspannt und du bleibst ruhig und entspannt. Mit jedem Tag entwickelst du mehr Selbstvertrauen, mehr Vertrauen in deine Fähigkeiten nicht nur das zu tun, was du tun musst, sondern auch in das, was immer du tun möchtest. Und alles, was du tust, ganz egal, was es auch sein möge, tust du ruhig und gelassen, vollkommen entspannt und im Vertrauen auf deine Fähigkeiten. Aus diesem Grund wächst jeden Tag dein Wohlbefinden und das Gefühl der Sicherheit, so, wie du es seit unendlich langer Zeit nicht mehr gefühlt hast. Und weil diese Dinge genauso passieren, wie ich es dir sage, wirst du umso glücklicher, mehr und mehr erkennst du dich selbst wieder, wie du wirklich bist und wer du bist, glücklich und stark, selbstbewusst und voller Vertrauen auf die eigenen Fähigkeiten. Du besinnst dich auf deine eigenen Gedanken, deine eigenen Urteile, deine eigenen Erfolge und das gibt dir ein wunderbares Gefühl des Stolzes und der Befriedigung. Du erkennst deinen Sinn für das Wesentliche im Leben und deinen Sinn für Humor. Und du erkennst, wie wunderbar das Leben ist und wie gut es dir in so vielen Dingen geht. Du spürst,, wie die Energie zurückkommt, für deine ganzen Vorhaben. Und du verlierst den Bezug zu den Dingen im Leben, die dich traurig gemacht haben oder enttäuscht haben, - Dinge, die jetzt an Bedeutung verloren haben. Du lernst mehr und mehr das Positive in den Dingen zu sehen, die du machst, an die du denkst und du bist begeistert, weil du erkennst, auf welche Weise du dein Leben verwirklichen und ein erfülltes Leben genießen kannst. Von jetzt an entspannst du, wann immer du dich angespannt oder nervös fühlen solltest, einfach dadurch, dass du einen tiefen Atemzug nimmst und beim Ausatmen deutlich spürst, wie du dich entspannst. Dazu sagst du dir in Gedanken: „Ich bin vollkommen ruhig und entspannt!" Wiederhole das bei Bedarf einige Male und du stellst fest, wie die Anspannung deinen Körper verlässt. Und du fühlst dich sogar noch ruhiger und entspannter als jetzt. Automatisch entspannst du jeden Tag mehr und mehr. Tagsüber, nachts, wenn du tief und fest schläfst und dich wunderbar erholst, angenehme Träume hast und gestärkt aufwachst, zuhause, bei der Arbeit, in der Freizeit, ganz egal, wo du bist und was du tust. Und wenn du einmal nervös bist, dann nimm einen tiefen Atemzug und denke daran, wie du ruhig und entspannt wirst. Wiederhole diese Übung, wann immer du das Bedürfnis danach hast und du wirst dich unverzüglich entspannen. Und es geht von Tag zu Tag leichter. Und du wirst noch viel entspannter, als du es jetzt gerade bist. Als Folge dieser Hypnose fällt es dir auch tagsüber immer leichter, dich zu entspannen, ganz automatisch. Und du entspannst dich nachts ebenso gut. Wann immer du dich hinlegst, um zu schlafen, sobald dein Körper liegt und du den Geruch der Bettwäsche wahrnimmst, bist du unendlich müde, deine Augen sind unendlich schwer, du wirst tief und fest einschlafen und angenehme Träume haben, bis du am nächsten Morgen, zehn Minuten, bevor der Wecker klingelt, von ganz allein aufwachst und dich frisch und erholt fühlst nach diesem tiefen erholsamen Schlaf. Du bist fit und deine Gedanken sind klar und frei. Und wenn du einmal etwas Schwierigkeiten hast einzuschlafen, dann nimm diesen tiefen entspannenden Atemzug und du spürst sofort, wie du unendlich müde und entspannt bist und einschläfst. Wiederhole diesen Atemzug, wann immer Du das Bedürfnis hast. Das Gleiche tust du, wenn du einmal nachts aufwachst. Du nimmst diesen tiefen Atemzug und denkst einfach nur: „Ich bin vollkommen ruhig und entspannt", und sofort werden deine Augen wieder unendlich schwer und du wirst unendlich müde, weil du in deinem Bett liegst und den Geruch der Bettwäsche wahrnimmst. Dann schläfst du ein bis zum nächsten Morgen. Nimm dir jetzt etwas Zeit, damit dein Unterbewusstsein diese Anweisungen verankern und für immer speichern kann, so dass es sie dir immer wieder ins Bewusstsein ruft, wann immer es notwendig ist. Ganz egal, ob am Tag oder in der Nacht. Wenn du alle Anweisungen gespeichert hast, dann öffne die Augen und strecke dich noch etwas, so, wie morgens nach dem Aufstehen. Du wirst dich angenehm entspannt und ausgeruht fühlen, als hättest du drei Stunden geschlafen."*

## 5.4.10 Lampenfieber

*„Und während Sie nun tiefer und immer tiefer entspannen, stellen Sie fest, wie Ihre Fähigkeit, auf einer Bühne aufzutreten, sich in großem Maße verändert. Sie lassen es zu, dass Ihr eigenes inneres Gespür Sie dabei unterstützt, im genau richtigen Moment das genau Richtige zu tun - so dass Sie auf der Bühne Ihr Bestes geben. Wenn Sie vor einer Gruppe auftreten, fühlen Sie sich selbstsicher, zuversichtlich und angenehm wohl, als ob Sie mit guten Freunden zusammen wären. Ich möchte Sie nun bitten, sich vorzustellen, wie Sie selbst vor einem Publikum auftreten, sprechen, singen oder darstellen. Sie sind bereit und ruhig. Sie beherrschen Ihr Talent und fühlen sich durch und durch zuversichtlich. Sie fühlen sich mit Ihrem Publikum verbunden. Stellen Sie sich nun vor, wie Sie gerne sein möchten. Sehen Sie sich als versierten und begabten (Sprecher, Sänger, Schauspieler, Künstler). Denken Sie daran, Ihre Aufgabe besteht darin, genau Ihre Wünsche und Vorstellungen im Geiste aufrechtzuerhalten, denn das Unterbewusstsein strebt nach der Verwirklichung genau dieser Vorstellungen. Wenn Sie das Bild Ihres persönlichen Erfolgs lange genug aufrechterhalten, dann wird Ihr Bewusstsein dieses Bild übernehmen und realisieren. Daher liegt es in Ihrer Verantwortung, ausschließlich positive und Erfolg versprechende*

*Bilder zuzulassen und in Ihrem Gedächtnis zu bewahren. Und indem Sie das tun, wird Ihr Unterbewusstsein danach streben, diese Bilder zu aktualisieren und zu verwirklichen und Sie werden mit erfreulichem Erfolg belohnt werden. Ich werde Ihnen nun noch mehr Hinweise geben, die Ihnen dabei helfen, ein viel versprechender (Sprecher, Sänger, Schauspieler, Künstler) zu werden. Sie sind talentiert, spontan, offen für neue Kontakte zu anderen Menschen. Wenn Sie vor Publikum auftreten, fühlen Sie sich beflügelt, und wenn Sie Ihre Ansage hören, fühlen Sie, wie eine Welle der Freundschaft von diesen Menschen auf Sie überströmt. Sie (spielen, singen, sprechen) zuversichtlich und Sie genießen es aus vollem Herzen zu (spielen, singen, sprechen). Sie sind selbstsicher und jederzeit Herr der Situation. Ihre Lippen sind locker und weich, Ihr Mund ist angenehm feucht. Sie atmen tief in Ihr Zwerchfell. Ihre Hände sind ruhig und entspannt. Ihre Gesten sind fließend, weich und spontan. Ihre Beine sind stark und geben Ihnen sicheren Halt. Sie fühlen sich sicher und zuversichtlich. Ihre Augen wandern ganz automatisch über Ihr Publikum hinweg und suchen nach vertrauten Gesichtern in den hinteren Reihen. Sie fühlen, wie Sie innerlich lächeln, wie dieses Lächeln manchmal, zum richtigen Zeitpunkt, auch auf Ihrem Gesicht erscheint. Wenn Ihr (Auftritt, Ihre Rede) beendet ist, empfinden Sie mit dem Applaus Wärme und tiefe Freude. Sie unterhalten sich freundlich und selbstbewusst mit denen, die Ihnen nach der Vorstellung zum gelungenen Auftritt gratulieren. Sie haben Ihren Auftritt aus vollem Herzen genossen. Lampenfieber ist von nun an ein Fremdwort für Sie."*

## 5.4.11 Kreativität steigern

*"Und wenn Sie nun zulassen, dass Sie tiefer und immer tiefer in die Hypnose eintauchen, stellen Sie fest, dass Sie nun Zugriff auf die Kraft Ihres Unterbewusstseins, auf neue Einsichten und Inspirationen erhalten, die Ihr bisheriges Verständnis weit übertreffen. Sie stellen fest, dass Sie ein Mensch mit vielen positiven Begabungen, Talenten und Fähigkeiten sind. Sie stellen fest, dass Sie diese Begabungen nutzen und, wo immer Sie möchten, anwenden können. Aus Ihrer Phantasie erhalten Sie*

*kreative Ideen, und Sie stellen fest, wie Sie Ihre Inspiration genau dann abrufen können, wann Sie sie brauchen. Ihre Kreativität fließt auf positive Weise und hilft Ihnen, Ihre Ziele zu erreichen und Ihre Probleme zu lösen. Mit Hilfe Ihrer Kreativität überwinden und umfahren Sie jedes Problem und finden zu positiven Resultaten. Wenn Sie einen kreativen Gedanken haben, öffnen Sie sich weiter für die Inspirationen und Eingaben, die Ihnen Ihr Unterbewusstsein vermittelt. Ihre Ideen können ganz von selbst kommen, jederzeit, Tag und Nacht. In Träumen oder unvermittelten Eingaben erhalten Sie Symbole und Hinweise, die Sie sich notieren und später weiterentwickeln, weil sie vielleicht noch zu vage und verschwommen sind. Ihre Träume und Tagträume können Sie weit über Ihre bisherige Vorstellung hinaus inspirieren und bergen ungeahnte Ausdrucksmöglichkeiten. Stellen Sie sich vor, wie Sie diesen kreativen Prozess nutzen, wie Sie aus sich selbst heraus durch kreative Eingaben, Visionen und Bilder ihrem Leben mehr Fülle geben. Formulieren Sie immer laut Ihr Ziel oder Ihr gewünschtes Endresultat, bevor Sie sich einen Moment Zeit nehmen und auf Ihre innere Stimme und die Symbole, die in Ihnen aufsteigen, lauschen. Sie öffnen sich so für die Antworten, die Ihnen Ihr kreatives Unterbewusstsein geben wird, und die manchmal schneller, manchmal langsamer erscheinen, Ihre kreativen Kräfte sind immer bereit, in der Freizeit und bei der Arbeit, Ihre Ideen fließen leicht und frei, und Sie nutzen all Ihre Fähigkeiten, um diese Ideen umzusetzen, die Ihrem eigenen Wohl und dem Wohl Ihrer Mitmenschen dienen."*

## 5.4.12 Sport allgemein

*„Sie sind voll und ganz auf Ihre gegenwärtigen Ziele ausgerichtet. Je näher der Tag Ihres Wettkampfes rückt, desto stärker fokussieren Sie Ihre Aufmerksamkeit auf all die Faktoren, die Sie selbst bestimmen. Am Tag Ihres Wettkampfs zeigen Sie, was Sie können. Sie bringen 100% Leistung. Sie gehen mit einer starken mentalen Einstellung in Ihren Wettkampf. Sie konzentrieren sich auf Ihr Ziel. Es ist ganz natürlich, dass Sie Ihre beste Leistung zeigen, denn Sie haben den Vorteil, sich neben Ihrem physischen Training auch mental vorbereitet zu haben. Sie haben*

*nur ein Bild vor Augen: Sie sehen sich als Champion. Wann immer Sie über sich nachdenken, sehen Sie sich in erster Linie als erfolgreichen Sportler. Sie haben jedes Recht, erfolgreich zu sein. Sie stehen kurz vor Ihrem größten Erfolg. Alle Ebenen Ihres Seins, Ihr Körper, Ihr Geist, Ihre Seele, Ihre Gefühle, öffnen sich weit und helfen Ihnen, den Sieger, den Sie in sich tragen, zum Ausdruck zu bringen. Sie stehen aufrecht und selbstbewusst, denn Sie werden in allen Disziplinen Ihre beste Leistung zeigen. Während eines Wettbewerbs sind Sie selbstsicher, ruhig und entspannt. Ihr körpereigenes Adrenalin gibt Ihnen die Kraft und Ausdauer, die Sie für Ihre besten Leistungen brauchen. Am Start oder unmittelbar vor dem Wettkampf transformieren Sie dieses Adrenalin in explosive Kraft, und auch während des Wettkampfs greifen Sie immer wieder auf dieses Adrenalin zurück, wann immer Sie es brauchen. Am Start sind Sie vollkommen wach, aufmerksam und konzentriert. All Ihre Gedanken sind auf Sie selbst ausgerichtet. Sie nutzen all Ihre Energien durch die Kontrolle Ihres Bewusstseins. Während des Wettkampfs zeigen Sie höchste Leistung. Sie sind auf Ihre mentalen Ziele ausgerichtet, Sie sind fokussiert und Sie haben die Kontrolle über sich und Ihren Körper. Sie haben Ihre Ziele erreicht. Sie sehen, wie das, was Sie sich vorgenommen haben, Realität wird. Sie sind vollkommen beherrscht. Ihr Körper, Ihre Seele und Ihr Bewusstsein sind stark. Ihr Unterbewusstsein hilft Ihnen, Ihre persönlichen Grenzen zu überschreiten, Ihr volles Potential zu entdecken und zu nutzen, denn Sie sind ein Sieger von Natur aus.*

Schließen Sie für bestimmte Sportarten entsprechende Suggestionen und mentale Visualisierungen mit ein.

*Sie sind stolz auf sich, denn Sie haben hart trainiert und Sie sind gut vorbereitet. Ihr hartes Training, Ihre Selbstdisziplin und Ihre Entschlossenheit zahlen sich nun aus. Sie sind stark. Sie sind bereit. Sie sind gut. Sie sind auf dem Höchststand Ihrer Leistung. Sie sind ein Champion. Sie gehen in Ihren Wettkampf und Sie geben alles. Sie sehen es, fühlen es, erleben es. Sie sind ein Sieger."*

## 5.4.13 Verbesserung der sozialen Kompetenz

*„Sie sind voller Vertrauen in sich und in Ihre Fähigkeiten. Im Umgang mit anderen Menschen sind Sie ruhig und gelassen. Ihre Mitmenschen genießen Ihre Gesellschaft. Wenn Sie unter Menschen sind, sind Sie voller Selbstvertrauen. Sie unterhalten sich gerne mit anderen, und andere Menschen sind gerne mit Ihnen zusammen. Sie sind freundlich und extrovertiert, Sie finden die richtigen Worte zum richtigen Zeitpunkt. Sie haben großes Interesse an anderen Menschen und an Ihrer Umgebung. Wenn sich für Sie die Gelegenheit bietet, an gemeinsamen Aktivitäten teilzunehmen, oder wenn man Sie auffordert, eine führende Position in einer Gruppe einzunehmen, dann sind Sie gerne bereit, wenn es etwas ist, das Ihnen entspricht. Sie sind immer mit voller Begeisterung bei der Sache, Ihre Mitmenschen schätzen Ihre freundliche und hilfsbereite Art. Während Ihr Selbstvertrauen von Tag zu Tag wächst, lernen Sie, sich klar und deutlich auszudrücken und zu sprechen. Und Ihr Selbstvertrauen wächst von Tag zu Tag, weil Sie im Umgang mit anderen Menschen entspannter und freundlicher sind. Sie haben die Gabe, im richtigen Moment genau das Richtige zu sagen. Sie nehmen die Unterstützung Ihrer inneren Wahrnehmung an, die Ihnen dabei hilft, das Richtige im richtigen Moment zu sagen. Sie sprechen klar, deutlich, ruhig und verständlich, in einer Weise, die den Menschen gefällt und mit der sie sich identifizieren können. Im Geist sehen Sie sich, wie Sie sich mit Menschen treffen und im Umgang mit ihnen viel freundlicher, entspannter und selbstsicherer auftreten. Sie sind stolz auf sich und auf Ihre Fähigkeit, sich gut ausdrücken zu können und so die Sympathien Ihrer Mitmenschen zu ernten. Sie spüren Ihre Freundschaft - und das gibt Ihnen ein gutes Gefühl. Ihre Fähigkeit, in jeder Situation ruhig und gelassen zu reagieren, macht Sie stolz und gibt Ihnen Selbstvertrauen."*

## 5.4.14 Rückenschmerzen[xix]

**Diese Hypnose darf nur durchgeführt werden, wenn der ausführende Hypnotiseur therapeutisch ausgebildet ist oder unter therapeutischer Supervision steht.**

> *„Du weißt, dass Schmerz eine Botschaft deines Körpers ist, die dich warnt. Der Rückenschmerz soll dich auf die Ursache aufmerksam machen. Doch von jetzt an brauchst du keine weiteren Warnungen mehr. Du kennst die Ursache und du kümmerst dich darum. Du verbesserst deine Körperhaltung ab heute von Tag zu Tag. Du bist frei von Schmerzen verbunden mit deinen Rückenmuskeln.*
>
> *Der Schmerz ist wie abgeschnitten. Solltest du eine neue Warnung brauchen, dann wirst du ein Kribbeln im Rücken verspüren. Ein sehr deutliches Kribbeln, das dich wissen lässt, dass du dich um deinen Rücken kümmern musst. Ich möchte, dass du dich auf deinen Rücken konzentrierst. Spüre dort deine Wirbelsäule, die dein Rückenmark umgibt und schützt. Spüre die verschiedenen Muskeln, die deinen Körper stützen und aufrecht halten. Und nun stell dir vor, wie der Schmerz mit jedem Ausatmen den Körper verlässt. Mit jedem Ausatmen entspannen sich die Muskeln weiter und weiter. Mit jedem Ausatmen entspannen sich die Muskeln immer mehr. Mit jedem Ausatmen lockern sich die Muskeln noch mehr und du fühlst dich absolut entspannt.*
>
> *Mehr und mehr entspannt ... mit jedem Ausatmen. Der Schmerz ist nun vergangen. Du fühlst dich angenehm ruhig und entspannt. Deine Muskeln sind locker und bereit und du bist frei von Schmerz. Genieße dieses angenehm ruhige Gefühl. Genieße die Entspannung. Genieße diese Freiheit. Denn du bist nun frei von Schmerzen."*

## 5.4.15 Asthma[xx]

*„Seit Jahren leiden Sie an einer Krankheit, die man Asthma nennt. Das Interessante an Asthma ist, dass es nur ein Symptom ist. Es ist das Resultat einer Verengung der Bronchien beim Ausatmen. Diese Verengung kommt durch eine zu starke Anspannung der unwillkürlichen Muskulatur in den Bronchien zustande. Das heißt, Ihre Atemnot ist eigentlich nur das Resultat übermäßiger unbewusster Anspannung. Nun, Ihr Unterbewusstsein weiß genau, wie es sich entspannt. Sie tun es gerade jetzt. Sie sind tief entspannt. Ihr ganzer Körper ist tief entspannt... und eben auch die Muskeln in Ihren Bronchien. Sie atmen entspannt ein... und Sie atmen entspannt wieder aus. Das geht ganz von allein... Einatmen... und entspannt ausatmen... Sie tun gar nichts dazu... Einatmen... und entspannt ausatmen... Es liegt nicht in Ihrer Macht... Einatmen... und entspannt ausatmen... Sie kontrollieren es nicht. Ihr Unterbewusstsein kontrolliert es. Vom heutigen Tag an werden Sie ein entspanntes Leben führen. Sie und Ihr Unterbewusstsein. Sie sorgen für die notwendigen Entspannungspausen während der Arbeit, im Alltag, zusammen mit Ihrem Ehepartner, usw. Sie lachen vom heutigen Tag an mehr. In der Arbeit, mit den Kindern, mit Ihrem Ehepartner und auch allein... mit jedem Tag ein bisschen mehr. Sie sorgen für regelmäßige Bewegung an der frischen Luft. Sie sorgen für tägliche Momente der stillen Besinnung, in denen Sie einfach dieses ruhige, lockere und entspannte Atmen genießen. Auf der anderen Seite sorgt Ihr Unterbewusstsein für die notwendige Entspannung beim Atmen. Es wird die Schleimhäute in Ihren Nasenhöhlen gut durchblutet halten, damit die Luft immer gut angewärmt ist. Ihr Unterbewusstsein hält die Muskeln in den Bronchien stets locker und entspannt, damit die Atemluft ungehindert hindurchströmen kann. Ihr Unterbewusstsein hält Ihre Atemwege frei von übermäßigem Sekret. So atmen Sie ruhig, locker und entspannt. Sie atmen entspannt ein... und wieder aus. Spüren Sie, wie angenehm dieses langsame, stete Ein- und Ausatmen sich anfühlt. Fühlen Sie, wie sich der*

> *Brustkorb rhythmisch hebt und senkt. Genießen Sie diese Stille beim Atmen, denn Sie atmen ruhig, locker und entspannt."*

## 5.4.16 Besser verkaufen

> *"Weil Sie ein erfolgreicher Geschäftsmann sein möchten, vertrauen Sie auf Ihre Fähigkeit zuzulassen, dass Ihr Unterbewusstsein Ihnen alle notwendigen Hinweise gibt, die Sie brauchen, um Ihr Produkt erfolgreich zu verkaufen. Sie sind ein sehr erfolgreicher und talentierter Verkäufer. Sie haben Ihren Erfolg und Ihr Vermögen verdient. Sie verdienen es, reich und wohlhabend zu sein. Verkaufen und Handeln bereiten Ihnen Freude. Es bereitet Ihnen Freude, wenn Ihre Geschäfte florieren. Entspannen Sie sich nun noch tiefer und lassen Sie zu, dass Ihr Unterbewusstsein seine Arbeit tut, lassen Sie sich von Ihrem Unterbewusstsein dabei helfen, ein wirklich wohlhabender und erfolgreicher Geschäftsmann zu werden. Das Produkt/die Dienstleistung, die Sie anbieten, ist sehr gefragt und vielen Menschen von Nutzen. Sie empfinden so viel Spaß und Freude, an dem Spiel des Erfolgs teilzuhaben, dass Ihr Enthusiasmus und Ihre Motivation ansteckend sind; sie übertragen sich auf Ihre gesamte Umgebung, ja, auf die ganze Welt, und die Welt reagiert auf Sie. Sie geben Ihr Bestes, und nur das Beste kommt auf Sie zurück. Sie verkaufen jederzeit ohne Schwierigkeiten. Sie wissen, dass Ihr Produkt und Ihre Leistung von bester Qualität sind und höchsten Ansprüchen genügen und allen, die sie nutzen, von Vorteil sein werden. Das Produkt und der Service, hinter dem Sie stehen, sind auch jedem Einzelnen Ihrer Mitarbeiter von Bedeutung und Wichtigkeit. Im Gespräch mit Ihren Kunden sind Sie entspannt und interessiert, Sie finden ohne Schwierigkeit die richtigen Worte, den richtigen Ausdruck, die richtige Geste und den angemessenen Ton. Ihre Kunden fühlen sich bei Ihnen entspannt und in guten Händen, denn sie spüren Ihr ehrliches Interesse. Sie haben eine positive Einstellung, eine starke Überzeugungskraft und ein großes Talent zum Verkauf. Sie stellen fest, dass Sie außergewöhnliches Talent sowie eine außerordentliche Kreativität besitzen, und das gibt Ihnen ein gutes Gefühl. Jedes Mal,*

*wenn Sie auf einen potentiellen Käufer treffen, durchströmt sie eine berauschende Welle von Selbstvertrauen und Begeisterung. Ohne Schwierigkeiten können Sie sich an zahlreiche lohnende und erfolgreiche Verkaufssituationen erinnern. Ihre Kunden kaufen gern bei Ihnen, denn sowohl Sie als auch Ihre Kunden wissen, dass der Vertrag für beide Seiten Vorteile bringt. Sie geben jedem Kunden das Gefühl, der wichtigste Kunde des Tages zu sein. Sie verkaufen jederzeit mit Leichtigkeit. Mit Ihrer freundlichen und entgegenkommenden Art ziehen Sie Ihre Käufer förmlich an. Sie verkaufen jederzeit mit Leichtigkeit."*

## 5.4.17 Agoraphobie

Die Angst vor öffentlichen Plätzen oder speziellen Orten.

*„Und während du weiterhin hinuntergleitest, so ruhig, so angenehm, so entspannt, präsentiere ich deinem Unterbewusstsein einige Suggestionen ..... Suggestionen, die es vernünftig findet, akzeptabel und ausschließlich in seinem besten Interesse. Du verstehst jetzt, dass du Sicherheit suchst. Dein Körper reagiert nur auf das, was du denkst. Du lernst jetzt mit deinen nervösen Symptomen zusammenzuarbeiten und gleichzeitig änderst du erfolgreich deine Sichtweise bezüglich der Situationen, die dir Angst machen. Die Agoraphobie besteht wie alle Phobien aus drei Elementen: Emotion oder der Art und Weise, wie wir uns fühlen, Kognition oder der Art, wie wir denken und Verhalten, der Art, wie wir handeln. Wenn wir emotionale Hindernisse überwinden, ist es sehr wichtig zu erkennen, dass du jetzt entscheiden kannst, welche Gefühle du gegenüber einer bestimmten Situation haben möchtest und wie du dann reagierst. Du kannst diese Reaktionen beschleunigen, was zu dem Gefühl vermehrter Furcht oder Panik führt oder du kannst sie verlangsamen, was zu dem Gefühl der Sicherheit und Kontrolle führt. Jetzt und in Zukunft möchte ich, dass du dich, wann immer du dich in einer Situation befindest, die den Wunsch nach Sicherheit weckt, für einen Moment besinnst und beruhigst, indem du einen tiefen Atemzug nimmst und langsam und kontrolliert ausatmest. Lasse dann deinen Geist und deine Gedanken zurückgleiten, hierher, in diese Situation, in der du in diesem*

*Sessel sitzt (auf dieser Couch liegst) und dich so ruhig, angenehm, entspannt, friedlich und gelöst fühlst. Sage oder denke dann für dich selbst fünfmal das Wort „ruhig". Nimm dann einen weiteren tiefen Atemzug und atme langsam und kontrolliert aus, öffne deine Augen und kehre zu deiner Tätigkeit zurück. Und wenn du das tust, bist du erfüllt mit dem Gefühl der Ruhe, des Selbstvertrauens, der Zuversicht, des Friedens, der Unbeschwertheit und der Kontrolle. Viele Menschen, die Sicherheit brauchen, haben eine Wahl. Du kannst dir weiterhin selbst bestimmte Dinge einreden, die zu einer vermehrten Angst- oder Stressreaktion führen oder du kannst damit aufhören und dich neu programmieren, so dass du zu einem besseren Gefühl und angenehmeren Wohlbefinden gelangst. Sobald du also von jetzt an in einer Situation bist, die dich dazu bringen könnte, negativ zu denken, ersetze diese Gedanken unverzüglich durch positive Vorstellungen. Du begegnest jeder Angst mit einer alternativen, positiven Suggestion, z.B. wenn du dir selbst einredest, dass du es hasst, unter Leute zu gehen, sage oder denke dir von jetzt an sofort: „Ich genieße es, einen Tag unter Leute zu gehen, und ich empfinde es als Freude und willkommene Abwechslung in meinem Alltagsleben". Dann ist es wichtig, die Hindernisse des Verhaltens zu überwinden. Je länger du dich davor drückst, dich der Unsicherheit der Außenwelt zu stellen, umso länger bewahrst du dich selbst davor, die Genüsse und Freuden der Außenwelt zu erleben und zu genießen. Wie dem auch sei, indem du dich der Sicherheit der Außenwelt hingibst, in welcher für dich bekömmlichen Dosis auch immer, überstehst du die Situation und du siegst über die Angst. Das ist einfach. Und du schaffst es von jetzt an, genau das zu tun, auch wenn es nur einige Minuten am Tag sind. Stück für Stück, Tag für Tag ist deine Angst weniger und weniger ein Bestandteil deines Lebens. Jetzt möchte ich, dass du dir deine Angst bildlich vorstellst und sie betrachtest. Gib ihr ein Bild oder stelle sie als ein Objekt dar. Betrachte das Bild der Angst jetzt und stelle fest, wie schwach sie in Wirklichkeit ist. Sie ist wirklich sehr, sehr schwach. Du bist viel stärker als die Angst ... viel, viel stärker. In Wirklichkeit hat sie sehr große Angst vor dir, weil sie weiß, dass du so viel stärker bist als sie. Du bewahrst Haltung, bist entspannt, ruhig und selbstbewusst. Und du lächelst, denn du weißt und erkennst, dass die Angst ihre Stärke und ihre Bedeutung verloren hat. Du kannst auf sie verzichten ... Du gibst sie weg ... und das gibt dir ein unglaubliches Gefühl der Freiheit, der Freude, der Macht und der Kontrolle, weil du mehr und mehr die Person bist, die du wirklich sein möchtest ... schon bist und verdient hast zu sein."*

## 5.4.18 Abhängigkeit von Energydrinks[14]

*„Du wurdest mit einem perfekten Körper geboren, der aus natürlichen Nahrungsmitteln immer die nötige Energie für dich bereitstellt, welche du brauchst. Immer wenn du von nun an Durst hast, trinkst du ein Glas reines Wasser und genießt diese Frische, diese Kraft, die das Wasser in deinen Körper bringt und dich förmlich aufblühen lässt. Wasser ist der Quell unseres Lebens. Genieße dieses gesunde, wunderbare Getränk. Energydrinks werden für dich immer bedeutungsloser. Diese klebrige, chemische Substanz gehört der Vergangenheit an. Wasser ist so rein, dass es deinen Körper reinigt und dir alles gibt, was du für ein gesundes Leben brauchst. Wenn du im Verlaufe des Tages einen Energieschub brauchst, wirst du eine Frucht genießen. Stell dir jetzt eine reife Frucht vor, die über Wochen und Monate am Baum reifen konnte und die Kraft der Sonne in sich gespeichert hat. Der Geschmack in deinem Mund ist wunderbar fruchtig und leicht bekömmlich. Diese Süße, die angenehm säuerliche Note regt deinen Körper an und versorgt dich mit Energie für weitere Taten. Du spürst, wie diese natürliche Energie in deinen Körper fließt und jede Zelle mit sauberer Energie versorgt. Von nun an bist du frei von allen Abhängigkeiten von chemischen Getränken. Die Natur hält alles bereit, was deinen Körper mit gesunder Energie versorgt."*

---

[14] Dieser Text stammt mit freundlicher Genehmigung von Mirco Bona.

## 5.4.19 Fingernägel kauen

*„Nun, wo du deine Erscheinung verbessern und gut aussehen möchtest, hast du den unendlichen Wunsch, deine Nägel wachsen zu lassen und schön auszusehen. Schöne Hände und gepflegte Fingernägel steigern deine Attraktivität enorm. Niemand möchte Teile seines Körpers schädigen und du brauchst nichts zu tun, was dir selbst schadet. Du brauchst nichts zu tun, was du nicht willst. Dein Gehirn ist kein Computer, aber es arbeitet in vielen Dingen ähnlich. Mit der Zeit programmierst du bestimmte Anweisungen ins Gehirn. Jetzt programmiert dein Gehirn eine andere Anweisung, die Anweisung, Dinge besser zu tun als bisher. Wann immer es so scheint, als wolltest du an deinen Nägeln kauen, wird sich deine Hand in Richtung deines Gesichtes bewegen, aber du kannst sie anhalten, bevor sie deinen Mund erreicht, und du schaust deine Hand an, um genau zu überlegen, ob du an deinen Fingernägeln kauen möchtest oder nicht. Wenn du dich entscheidest zu kauen, dann mach das einfach, aber natürlich möchte niemand wirklich seinem Körper schaden. Also wirst du dich eher entscheiden, deine Fingernägel in Ruhe zu lassen. Und du kannst deine Hand wieder ganz leicht von deinem Gesicht wegbewegen. Und sobald du das tust, erinnerst du dich daran, wie attraktiv du mit jedem weiteren Tag wirkst. Du erlebst eine ganze Menge an Stolz und Freude mit der Leichtigkeit, mit der deine Fingernägel wieder schön wachsen, jeden Tag, und etwas, das du für schwierig gehalten hast, ist unglaublich leicht und einfach, eine Überraschung, überraschend einfach und es wird leichter mit jeder Stunde, jedem Tag, jeder Woche, jedem Monat und jedem weiteren Jahr, das von jetzt an vorübergeht. Wann immer du den Drang verspürst, an deinen Nägeln zu kauen oder zu knabbern, stellst du dir deine Finger mit einer wunderschön reinen und sauberen Haut und wunderschönen langen Fingernägeln vor. Und viele Menschen kommen und beneiden dich um deine schönen Fingernägel und machen heimlich vielleicht sogar Fotos davon. Stelle dir vor, wie schön deine Fingernägel in einigen Wochen sind, eine Zeit, zu der die Menschen zu dir kommen, weil sie von deinem Vorhaben und deinem Sieg über die Angewohnheit gehört haben und jetzt auf deine Fingernägel aufmerksam werden und*

*dich beneiden. Sie beneiden dich um deine schönen, langen Fingernägel. Dein Bewusstsein schlägt dir ein Hobby vor, mit dem du dich beschäftigen kannst, um deine Finger beschäftigt zu halten – so etwas wie Modellbau oder Stickereien. Etwas, das du schon immer einmal machen wolltest. Der Schlüssel zu wunderschönen Fingernägeln ist zu entspannen, wann immer du den Drang zum Nägelkauen verspürst. Halte deine Hände ausreichend von deinem Gesicht weg und entspanne dich – einfach so, wie du es vorher schon gemacht hast – atme ruhig und gleichmäßig und entspanne dich – stelle dir vor, wie deine Fingernägel lang und schön sind. Stelle dir dich selbst mit langen, schönen Fingernägeln vor. Denke an all die wunderbaren Dinge, die du tun kannst, wenn du schöne starke Fingernägel hast. Vielleicht wolltest du schon immer einmal Ringe tragen, hast dich aber bisher nicht getraut, weil du damit automatisch die Aufmerksamkeit auf deine Hände und besonders auf die Finger lenkst. Vielleicht wolltest du schon immer einmal zu einer Maniküre gehen und dich verwöhnen lassen, bis die Finger und Hände wirklich bezaubernd aussehen. Stelle dir selbst etwas Konkretes vor, das dir helfen wird, dein Ziel zu erreichen und du wirst dein Ziel erreichen. Du wirst wunderschöne Hände und Finger haben.
(Nur für Frauen und Mädchen: Du denkst daran, wie du deine Fingernägel lackierst und du wirst dir bald den zu dir passenden Nagellack kaufen, du wirst in der Lage sein, deinen Nagellack zu wechseln und dich auch sonst so schön zu schminken und herauszuputzen, wie es dir gefällt, auf die unterschiedlichste Art und Weise. Jeder weiß, dass lackierte Fingernägel bezaubernd aussehen). Und wie du lernst, dich weiter und weiter zu entspannen, wächst das Gefühl der Befriedigung, weil du an deinem Ziel arbeitest und deine Fingernägel jeden Tag stärker und stärker wachsen. Trainiere weiterhin, dich zu entspannen und stelle dir vor, wie schön deine Fingernägel aussehen werden und nach einiger Zeit wirst du dich automatisch entspannen, weil es ein Teil deiner Persönlichkeit geworden ist. Du hast dich selbst so gut darin trainiert zu entspannen und dir deine schönen, langen Fingernägel vorzustellen. Du hast jetzt wirklich schöne, lange Fingernägel, wunderschöne Fingernägel. In kurzer Zeit wirst du dich*

*selbst mit wunderschönen Fingernägeln sehen, denn bald wirst du wirklich schöne, lange Fingernägel haben. Und wie deine Fingernägel länger und länger wachsen, erlebst du das Gefühl von großem Erfolg und Stärke und du wirst erkennen, dass du deine Fingernägel wachsen lassen kannst. Sehr bald wirst du schöne, lange Fingernägel haben."*

## 5.4.20 Frei von Spielsucht

Autor: Michael Weißmann

*„Und während du nun immer tiefer in die Hypnose eintauchst, öffnest du deine Augen nach innen. Vor dir befindet sich eine schwarze Holztür mit eisernem Türgriff. Du öffnest sie und findest dich in einer Glücksspielsituation wieder. Nimm diese Situation mit all deinen Sinnen wahr. Wie sieht der Raum aus, in dem du dich befindest? Welche Geräusche hörst du? Welches positive Gefühl verbindest du damit?*

*Während du dich auf deine Wahrnehmung konzentrierst, bemerkst du eine robuste Hülle, die sich um deinen Körper schmiegt. Du trägst eine massive Rüstung. Durch das Gewicht des Panzers wirst du in dieser Situation gehalten. Fühle das Gewicht von jedem Teil dieser Rüstung. Du merkst die Schwere dieses Panzers auf deiner Haut, während dein positives Gefühl im Inneren bleibt. Auch wenn du in dieser Situation positive Gefühle empfindest, sehnst du dich nach Freiheit. Auf der anderen Seite des Raumes siehst du eine weiße Türe mit goldenem Türgriff. In goldenen Lettern steht das Wort „Freiheit" auf ihr geschrieben. Langsam gehst du auf die Türe zu. Mit jedem Schritt fühlst du die Schwere der Rüstung auf deinem Körper, aber wie ein Magnet wirst du von dieser Türe angezogen. Du möchtest den Zwang ablegen, der dich in dieser Situation hält, aber du verfügst über diese enorme innere Stärke, um die Türe zu erreichen. Drücke die Klinke nach unten und öffne die Türe. Weißes Licht fällt dir entgegen und du trittst durch den Türrahmen hindurch. Du findest dich in einem Garten wieder. Wenn du dich umdrehst, erkennst du das Gebäude, das du gerade verlassen hast. Ein Gefängnis aus schwarzem Stein und dicken Gitterstäben liegt nun hinter dir. Ein vermodertes Schild ist auf dem Gebäude angebracht. Auf ihm steht das Wort „Glücksspiel" geschrieben. Das weiße Licht der Sonne strahlt auf deine Rüstung, und du merkst, wie sich der Panzer nach und nach löst. Mit jeder Sekunde, die du in diesem Garten verbringst, löst sich die Rüstung weiter und weiter. Jedes Segment des Panzers fällt klirrend von deinem Körper ab, bis die Rüstung komplett verschwunden ist.*

*Ein Gefühl von Freiheit durchströmt dich von Kopf bis Fuß. Du bist die Freiheit. Mit einem tiefen Atemzug genießt du deine Macht. Und da du eine starke Persönlichkeit besitzt, bist du frei vom Spielzwang. Du beginnst nun die Feinheiten des Gartens wahrzunehmen. Es ist ein großzügig angelegter Zen-Garten. Prunkvoll gestaltete Wege werden mit Bonsais geschmückt. Du folgst diesem Weg, der dich über einen kleinen Hügel zu einem hölzernen Pavillon führt. Er hat in seinem Holz ein Symbol geritzt. Betrachte das Symbol genau. Ab jetzt führt dich der Gedanke an dieses Symbol wieder zurück an diesen Ort - und weg vom Glücksspiel. Werde dir deines Lebens ohne Spielzwang bewusst. Wie sieht es aus? Nimm alle Konsequenzen wahr. Entsprechen die Auswirkungen deinem Wunsch? Wenn nicht, hast du jetzt die Möglichkeit die Situation gemäß deinem Wunsch zu ändern. Nutze dafür die nächsten fünf Atemzüge, denn sie sind alle Zeit, die du dafür brauchst. Packe dein neues Leben in die weiße Sonne hinter dem Pavillon.*

*Unter seinem Dach findest du eine kleine gemütliche Bank, auf der du nun Platz nimmst und auf das Gefängnis in der Ferne blickst. Neben der Bank findest du einen Wegweiser in der Form eines Pfeiles. Auf ihm sind alle Situationen aufgeführt, in denen du das Bedürfnis verspürt hast, ein Glücksspiel zu spielen. Ich gebe dir eine Minute Zeit, in der du dir all die Situationen bewusst machst. Der Wegweiser zeigt auf das Gefängnis. Du weißt, dass du über die Ressourcen verfügst, um frei zu sein. Ein Leben ohne Glücksspiel ist eine freie Entscheidung, die du bewusst triffst. Du streckst deine Hand aus und drehst den Wegweiser in die entgegen gesetzte Richtung auf die weiße Sonne. Er zeigt auch auf einen weiteren Weg, der auf der anderen Seite des Pavillons hinweg führt. Du stehst auf und folgst dem kleinen Pfad, der in die Richtung der Sonne führt. Mit jedem Schritt fühlst du dich besser. Je weiter du dich von dem Gefängnis entfernst, umso wohler fühlst du dich. Das Wissen, dass du ohne Glücksspiel lebst, macht dich glücklich. Du rufst dir noch einmal das Symbol am Pavillon in Erinnerung und genießt dabei die Stärke der eigenen Freiheit."*

## 5.4.21 Frei von Panikattacken

Autor: Michael Weißmann

*„Und während du nun immer stärker dieses wunderbare Gefühl der Entspannung wahrnimmst, öffnest du deine Augen nach innen. Du nimmst deine Umgebung zunächst nur schemenhaft wahr, wie einen silbrigen Nebel. Dir wird klar, dass du bereits seit heute Morgen ein freier und entspannter Mensch bist. Mit jedem Atemzug gewöhnen sich deine Augen immer mehr und mehr an deine Umgebung, und du beginnst zu erkennen, dass du dich in einem runden Raum befindest. Und je stärker du die Umgebung wahrnimmst, umso wohler fühlst du dich. Durch die Scheiben seiner hohen Fenster wird dieser Raum von Mondlicht durchflutet. Da sich nun deine Augen vollständig an diese Umgebung gewöhnt haben, erblickst du in der Mitte eine Truhe aus rauem Holz. Ihre Seiten sind mit Leder verstärkt, und in den Deckel ist das Wort „Entspannung" graviert. Du spürst jetzt schon diese enorme Stärke der Ruhe. Du öffnest die Holztruhe und ein Lichtstrahl fällt dir entgegen. In der Truhe liegt ein leuchtender Kristall, dessen Anblick dich in einen doppelt so starken Entspannungszustand fallen lässt. Du nimmst den Kristall mit deiner rechten Hand aus der Truhe und betrachtest ihn. Welche Farbe hat er? Wie fühlt sich seine Oberfläche an? An was erinnert dich sein Geruch? Und während du ihn betrachtest, bemerkst du wie dieser Kristall wie schmelzendes Eis zerfließt und in die Poren deiner Handfläche sickert. Die Entspannung des Kristalls dringt in jede*

*Zelle deiner Hand ein und beginnt sich über deinen ganzen Körper auszubreiten. Du besitzt alle Ressourcen, die du für das Erreichen und Aufrechterhalten eines Entspannungszustands benötigst. Spüre das angenehme Gefühl der Entspannung und Freiheit im Moment. Du bist die Ruhe, und daher kannst du dieses Gefühl jederzeit abrufen, sobald du deine rechte Handfläche berührst, in die der Kristall eingesickert ist. Du weißt, wie du diese Kraft der Entspannung jederzeit abrufen kannst. Schließe nun wieder den Deckel der Truhe. Du nimmst dabei ein knarrendes Geräusch wahr. Beginne nun wieder damit, dich in dem Raum umzusehen. In diesem Moment fällt dir eine schwarze Tür auf. Ihre Oberfläche ist glatt wie Glas. Ein weißes Schild mit dem Wort „Raum der Stärke" ist auf ihr angebracht. Du spürst, dass dich diese an einen gemütlichen Ort führt. Öffne nun die Türe und gehe hindurch. Du befindest dich in einem Kinosaal. Alles an diesem Ort strahlt ein Gefühl der Gemütlichkeit aus. Du nimmst den Duft von Popcorn wahr. Dein Blick fällt auf den Kinostuhl, der dir die beste Aussicht auf die Leinwand ermöglicht. Nimm noch einmal einen tiefen Atemzug, bevor du dich in diesen Stuhl fallen lässt und dabei noch stärker dieses schöne Gefühl der Entspannung wahrnimmst. Du bleibst in Ruhesituationen wie dieser völlig entspannt, denn dadurch fühlst du einen angenehmen Körperzustand. Dein Blick fällt auf die Kinoleinwand, auf der bereits der Titel des Films zu sehen ist. Du liest die Worte „Situation einer Panikattacke". Starte nun den Film, der eine Situation zeigt, in der du eine Panikattacke empfunden hast. Auf deiner Armlehne befindet sich ein Drehknopf, mit dem du die Szene vorspulen kannst, wenn du ihn nach rechts drehst, und sie zurückspulen kannst, wenn du ihn nach links drehst. Ich gebe dir nun eine Minute Zeit, den Moment zu finden, wo die Panikattacke in dieser Szene startet. Diese Minute ist all die Zeit, die du dafür brauchst... Sehr gut. Fixiere nun das Bild an genau dieser Stelle zu einem Standbild.*

*Du weißt, es ist nun an der Zeit, diese Szene durch die Leinwand zu betreten. Du bist eine starke Persönlichkeit. Fühle noch einmal die unglaubliche Ressource der Entspannung, die du durch den Kristall bekommen hast. Sie ist ein Schutz vor der Panikattacke. Stehe auf, begib dich zur Leinwand, tauche in die Szene ein, und stelle dich neben die Standaufnahme von deinem Selbst. Du bist vollkommen ruhig und entspannt. Betrachte deine Umgebung genau. Was siehst du? Wie riecht diese Umgebung? Welche Geräusche nimmst du wahr? Verarbeite alle Sinneseindrücke. Lass all die Dinge und Energien strahlen, die zu der Panikattacke deines Abbilds führen. Betrachte all die Dinge und Energien, die nun zu leuchten begonnen haben. Werde dir in den nächsten fünf Atemzügen bewusst, welche Dinge das sind. Das ist all die Zeit, die du dafür brauchst. Du siehst, wie diese Dinge durch einen schwarzen Faden mit deinem Abbild verbunden sind. Auch wenn du es bisher nicht bemerkt hast, aber du hast eine goldene Schere mitgenommen, mit der du all diese Fäden durchschneidest. Beobachte, wie sich alle Fäden trennen und sich in Rauch auflösen. Wende dich nun deinem Abbild zu. Je stärker du deinen Fokus auf dein Abbild richtest, umso transparenter wird sein Äußeres. Und je durchsichtiger sein Äußeres wird, umso wohler fühlst du dich. Lass dein Abbild komplett gläsern werden. Da es nun komplett aus Glas ist, siehst du die Gefühle in deinem Abbild. Nimm den schwarzen Nebel wahr, der für das Empfinden der Panikattacke steht. Nimm auch den weißen Nebel wahr, der für alle positiven Empfindungen in dieser Situation steht. Lege nun deine rechte Hand auf eine Schulter deines Abbildes. Beobachte wie deine eigene Stärke den schwarzen Rauch in deine persönliche Farbe der Entspannung umwandelt. Und in diesem Moment, wo alles Schwarze transferiert wurde, verschmilzt du mit deinem Abbild. Du wirst zu der Person in dieser Szene, und du nimmst all die positiven Gefühle mit, die du durch den Kristall erhalten hast. Du hast diese enorme Kraft der Entspannung in dir, denn du spürst sie im Moment. Du bist gesund und entspannt. Mit dieser inneren Ruhe betrachtest du nochmals alle leuchtenden Dinge. Verbinde dich mit ihnen durch einen neuen, weißen Faden. Ab jetzt führt dich die Anwesenheit dieser leuchtenden Dinge in diesen, für die Situation angemessenen, entspannten und ausgeglichenen Zustand. Du weißt, wie du diese innere Ruhe abrufen kannst. Du fühlst dich frei. In ehemaligen Situationen der Panikattacke bleibst du ruhig*

> *und entspannt. Und während du dieses Gefühl der Freiheit spürst, bemerkst du, dass du eine weiße Kette mit einem goldenen, runden Anhänger trägst. Auf diesem Anhänger ist ein spezielles Symbol. Und immer, wenn du dir dieses Symbol in Gedanken abrufst, spürst du dieses Gefühl von Entspannung, Ausgeglichenheit und Freiheit. Du besitzt die Fähigkeit, jederzeit diese Kraft der Entspannung abzurufen. Genieße nun das Gefühl, diese innerliche Stärke zu besitzen. Du bist frei."*

## 5.4.22 Traumreisen und Metaphern

Traumreisen werden meist verwendet, um Hypnose zu induzieren oder zu vertiefen. Sie eignen sich besonders gut für die Gesprächshypnose und entstammen der Überzeugung, dass unser Unterbewusstsein in unseren Träumen durch Bilder und Metaphern mit uns kommuniziert. Deshalb wird von vielen modernen Trainern und Hypnotiseuren die Technik der „nested loops" und des damit einhergehenden metaphorischen Lernens eingesetzt, um besonders schnell und effektiv in den Teilnehmern und Klienten die erwünschten neuen Verhaltensmuster oder –möglichkeiten zu programmieren. Traumreisen können beispielsweise zur Entspannung unternommen werden und führen dann zu grünen Wiesen, weißen Sandstränden oder schneebedeckten Gebirgen. Die einzige Grenze ist dabei die Vorstellungskraft des Hypnotiseurs und im Einzelgespräch kann der Klient sogar im Vorgespräch selbst eine Situation beschreiben, die nachher in Hypnose durchlebt werden soll. Solange die Traumreise angenehm entspannend ist und dem Klienten gut gefällt, ist dies ohne weiteres möglich, am besten notieren Sie sich hier einige Details.

Auch Milton Erickson, eine der wichtigsten Persönlichkeiten auf dem Weg zur offiziellen Anerkennung der Hypnose als Therapieform, nutzte Traumreisen und Metaphern zur Induktion von Hypnose. Aufbauend auf einer außergewöhnlichen Fähigkeit zur Beobachtung von Menschen und ihren Reaktionen, entwickelte Erickson eine Art "kooperativer Suggestion" (permissive Suggestion) sowie indirekter Suggestion durch Metaphern. Allein durch das Erzählen von Geschichten brachte er seine

Patienten dazu, in Trance zu gehen. In den folgenden Traumreisen von Benedikt Ahlfeld erfahren Sie anhand der hinzugefügten Kommentare, welche Veränderungsarbeit mit den Metaphern bezweckt wird.

## 5.4.22.1 Reise zur Quelle

Bei dieser Traumreise wird dem Klienten die Begegnung mit dem unerwünschten Selbst, dem perfekten Selbst und dem aktuellen Selbst ermöglicht. Dies dient einem Abgleich zwischen verfälschter Selbst- und Fremdwahrnehmung und ermöglicht durch Ankertechniken und Submodalitätsarbeit des NLP sowohl das Annehmen des wahren Selbst und damit die tiefgreifende Steigerung des Selbstwerts als auch das Aktivieren von ungenutzten Ressourcen zur positiven Korrektur des Selbstbildes.

> *(nach der Induktion und einer längeren Vertiefung durchschreitet der Hypnotisand ein Portal und findet sich in diesem Moment wieder) ...*
>
> *„Du findest dich jetzt wieder in einem wundervollen Garten. Du blickst dich um, du kannst sogar in einiger Entfernung, je mehr du dich darauf einlässt, durch diesen wunderschönen Garten zu schreiten, das Vogelzwitschern hören und du spürst tief in dir die Verbundenheit zu diesem Ort.*
>
> *Und dann erkennst du in einiger Entfernung im Zentrum dieses wundervollen Gartens ein Haus. Du bewegst dich mehr und mehr auf dieses Haus zu. Du kannst genau betrachten, wie groß es ist, welche Farbe die Wände und das Dach haben; die Fenster und wie sie beschaffen sind. Und du bewegst dich immer mehr zu auf den Eingang dieses Haus. Je näher du dem Haus kommst, umso wohler fühlst du dich. Ja, es ist nicht nur irgendein Haus, es ist dein Haus, dein Zuhause. Und du spürst in diesem Moment, wie es dich, so als würde eine magische Anziehung davon ausgehen, nach oben zieht, immer weiter hinauf, nach oben zu dem Dach, zu dem Dachboden.*

Kommentar: Auch hier beginnt die Trance mit einer positiven Erfahrung, die Sicherheit und Entspannung weckt. Ein Bild wird gezielt erzeugt (Dachboden), das mit einer wichtigen Erfahrung verknüpft wird. Der Aufbau der Erwartungshaltung ist hier essentiell für den Fokus des Klienten.

*Du trittst nach oben und betrittst diesen Dachboden. Es wirkt so auf dich, als wäre schon seit einiger Zeit niemand mehr hier gewesen. Und gleichzeitig wird dir bewusst, dass du hierher gehörst. Du streifst durch den Dachboden und du erkennst Gegenstände und Objekte, die schon seit langer Zeit vergessen waren. Und dann stößt du auf einen ganz besonderen Spiegel. Es ist nicht nur ein Spiegel, nein, es ist ein dreigeteilter großer Spiegel, größer als du selbst, breiter als du selbst. Jeder der drei Spiegel, links, in der Mitte und rechts, ist größer als du und auf den ersten Blick ist es dir gar nicht wirklich aufgefallen, aber jetzt, wo du deinen Fokus darauf lenkst, wird dir bewusst, dass der Spiegel in der Mitte vor dir dich genau so zeigt, wie du gerade heute bist. Aber der Spiegel links davon macht dir ein etwas unangenehmes Gefühl. Du siehst dich dort nicht ganz so, wie du dich gerne hättest und so schaust du schnell wieder weg zum rechten Spiegel. Und zu deiner Überraschung zeigt auch dieser Spiegel dir nicht das Bild, mit dem du dich jetzt identifizierst, nein, im Spiegel rechts siehst du dich selbst in deiner schönsten, perfekten Form. Aber auch das ist noch nicht wirklich gewohnt für dich, und so richtest du hier den Blick wieder ab zur Mitte, zum gewohnten Bild des Hier und Jetzt.*

Kommentar: Nun beginnt der Abgleich der Selbstwahrnehmung. Drei Ressourcenzustände werden eingeführt: links ressourcenleer (unangenehm assoziiert), mittig neutral und rechts ressourcenvoll (angenehm assoziiert). Zudem wird der Prozess aufgebaut, der gleich im Detail durchlaufen wird. Nur das negative Bild zu zeigen, könnte zu Komplikationen führen, weshalb bereits die Erwartungshaltung aufgebaut wird, dass es gegen Ende zu einem ressourcenvollen, positiven Zustand kommen wird.

*Du trittst näher und näher an das Glas heran und wenn du ganz nah an diesem Glas stehst, dann bemerkst du, dass du durch das Glas hindurchgehen kannst. Und das tust du jetzt, du trittst in diesen Spiegel in der Mitte. Du trittst in dein heutiges Ich. Und du beobachtest dich, dein Gesicht, deine Haare, deine Schultern, bis hinab zu den Fußspitzen, ganz genau; welche Kleidung du trägst, aber auch, wie du selbst mit dir sprichst, was du zu dir sagst, wenn du dich gut fühlst, was du zu dir sagst, wenn du dich unwohl fühlst. Und du achtest darauf, wie sich deine Stimme anhört und welches Gefühl dabei in dir entsteht. Ja, - vielleicht riechst oder schmeckst du sogar etwas in diesem Moment, in diesem mittleren Spiegel.*

<u>Kommentar:</u> Um sich mit dem Bild emotional zu verbinden, wird die Technik des VAKOG verwendet (mehr dazu in Kapitel 5.3.4 Repräsentationssysteme). Dabei werden alle Sinne einbezogen, um eine möglichst intensive Erfahrung zu ermöglichen.

*Und dann, wenn du diese Erfahrung aufgenommen hast, trittst du aus dem Spiegel hinaus und du weißt: es ist an der Zeit, einem gewissen Teil deines Schattens zu begegnen. Du fasst Mut, du spürst in dir die Sicherheit und Geborgenheit wie schon zuvor in diesem langen Gang auf dem Weg zur Quelle. Und du weißt, jetzt, wo du deinen Blick zum linken Spiegel richtest und dieses unangenehme Gefühle in dir wieder etwas zu spüren ist, dass es okay ist. Denn auch die Seiten an dir, die dir nicht gefallen, die Dinge, die du einfach ausblendest, wenn du in den Spiegel schaust oder die Dinge, die dir gar nicht gefallen und die dir genau deshalb immer sofort ins Auge springen, sind ein wichtiger Teil von dir. Auf diesen Spiegel konzentrierst du dich, auch auf diesen Spiegel trittst du zu, mit jedem Schritt näher. Und ich gebe dir jetzt eine Minute Zeit, in diesen Spiegel hineinzutreten und diese Minute entspricht all der Zeit, die du brauchst, um dir bewusst zu werden, was das mit dir macht und wofür das für dich gut sein kann.*

Kommentar: Die unangenehme Erfahrung dient dem Erkennen und Begegnen der negativen Glaubenssätze, die zu einem verzerrten Selbstbild führen. Wichtig ist hierbei die Erkenntnis, dass viele Menschen de facto genau dieses Spiegelbild positiv halluzinieren. Und zwar im echten Leben, jedes Mal, wenn sie in den Spiegel schauen, jeden Tag! Eine mächtige (wenn auch nicht unbedingt positive) Art der Selbst-Programmierung. Nun geht es vor allem um den Abgleich mit realem und positivem Selbstbild, um eine Relativierung der Negativität zu erreichen.

*Und dann trittst du wieder hinaus aus diesem Spiegel und du kannst es kaum noch erwarten, du weißt: jetzt ist die Zeit gekommen, dich gänzlich auf den rechten Spiegel zu konzentrieren. Mit deiner Vorfreude, die du nicht verleugnen kannst, trittst du nun hinein in die rechte Seite des Spiegels, hinein in dein perfektes Selbst. Und du kommst an in dir. Du betrachtest alles, was passiert, aus deinen eigenen Augen heraus. Du fühlst dich ein in dieses absolut schöne Gefühl, ganz genau so zu sein, wie du dir das immer schon vorgestellt hast. Und auch hier hast du eine Minute Zeit und auch diese Minute entspricht all der Zeit, die du brauchst, um dir darüber bewusst zu werden, was das für dich bedeutet.*

Kommentar: Nicht nur der Abgleich ist hier wichtig, sondern auch das Verankern des Zustandes. Idealerweise durch ein Symbol oder einen Anker, der automatisch ausgelöst wird, wenn diese Ressource benötigt wird. Im Fall dieser Trance wird der Zustand nicht beendet, sondern mitgenommen zurück ins Hier und Jetzt.

*Und dann wird es Zeit, diesen Spiegel wieder zu verlassen. Aber diesmal, wenn du aus dem Spiegel hinaustrittst, findest du dich nicht mehr wieder auf deinem Dachboden, sondern du trittst zurück durch das Portal."*

## 5.4.22.2 Buch des Lebens

Mit dieser Trance wird dem Probanden eine Regression zurück durch die Zeit ermöglicht, um verborgene Ressourcen zu aktivieren und sich von fremden Programmierungen und unerwünschten Glaubenssätzen zu lösen. Dabei werden die TimeLine, das Ankern und das future pacing - bekannt aus dem NLP - genutzt.

*„Du fliegst. Du fliegst und du fühlst dich sehr sicher und geborgen. Du fliegst hoch in der Luft über eine Landschaft hinweg. Weit unter dir beobachtest du, wie sie beschaffen ist. Du genießt dieses Gefühl, ganz bei dir zu sein. In der Ferne erkennst du ein hohes Gebirge. Dort sammeln sich wattigweiche Wolken. Und wenn du ganz genau hinsiehst, dann kannst du auch sehr schwach, aber doch spürbar, ein Funkeln erkennen, das aus dieser Wolke, der höchsten Wolke über diesem Gebirge, zu kommen scheint. Du bewegst dich auf dieses Funkeln zu. Und jetzt, - wo du näher, immer näher an dieses Funkeln herankommst, erkennst du, dass es vom höchsten Gipfel dieses sehr hohen Gebirges ausgeht. Was zuvor noch von den Wolken verdeckt war, offenbart sich dir nun, als du näher kommst, als ein Schloss. Jetzt, wo du schon ganz nahe bist, offenbart sich dir das Schloss in den Wolken. Und du bewegst dich langsam auf das Tor zu, das in dieses Schloss hineinführt, und als du davor zu stehen kommst, öffnet es sich wie von ganz allein und du beginnst, durch die Gänge und Teile des Schlosses zu wandeln. Und obwohl du ganz allein bist, fühlst du dich dennoch sehr sicher und geborgen, - fast so, als wäre dies auch ein Teil deines Zuhauses. Und nachdem du einige Zeit durch dieses Schloss gewandelt bist, kommst du im Zentrum des Schlosses an.*

Kommentar: im ersten Teil dieser Traumreise genießt der Klient das Gefühl der Freiheit und der Sicherheit. Ebenfalls wird mit dem Schloss eine magische Landschaft eingeführt, innerhalb der sich neue Geschehnisse ereignen können.

*Es ist eine große Halle, - aber nicht nur irgendeine Halle, es ist eine uralte Bibliothek. Und an den Wänden sind hunderte, tausende Bücher versammelt. Aber ein Buch sticht ganz besonders hervor. Ein Lichtstrahl von oben erhellt es und als du darauf zugehst, - gebannt und wie von magischer Hand geleitet, hebst du es hoch, du hältst es in Händen, du fühlst die Beschaffenheit des Einbandes und du drehst es zur Seite, um zu lesen, wie der Titel lautet. Und auf dem Buch steht dein Name. Du nimmst es in die Hand und du blätterst durch die Seiten deines Buches und du erkennst, dass darin alle wichtigen Ereignisse deines Lebens stehen. Während du durch das Buch nach hinten blätterst, fühlt es sich an, als würdest du wie über eine Zeitlinie fliegen, die dich durch dein Leben in Richtung deiner Geburt trägt. Immer schneller bewegst du dich durch dein Leben zurück und du erkennst dabei all die Aufgaben, all die Erwartungen und all die Programmierungen, die du an und in dir von anderen hast vornehmen lassen. Dafür hast du zwei Minuten Zeit und diese zwei Minuten entsprechen all der Zeit, die du brauchst, um dir darüber klar zu werden, was das für dich bedeutet.*

<u>Kommentar:</u> nun beginnt der eigentliche Zweck dieser Metapher. Im Buch des Lebens – betitelt mit dem eigenen Namen – zu blättern, ermöglicht ein kinästhetisches Empfinden der Zeitreise. Hier wird eine Regression (s. Kapitel 5.4.22.3 Kraft der Herkunft) gestartet. Es wird eine Zeitlinie genutzt, wie sie auch in der Time-Line Therapy verwendet wird. Beim Zurückreisen durch die Zeit sollen alte – teils negative – Verhaltensmuster erkannt werden, die den Hypnotisanden im heutigen Alltag blockieren.

*Immer schneller hast du dich bewegt und nun bist du beim Moment der Geburt angekommen. Und du findest dich wieder im Mutterleib. Es ist ganz ruhig und du bist sicher und geborgen. Und tief in dir entsteht ein wunderbares Gefühl. Es ist das Gefühl, ganz richtig zu sein. Und je mehr du dich an diesen Zustand gewöhnst, umso einfacher fällt es dir, wenn du das möchtest, diesem wunderschönen Gefühl in dir eine Farbe zu geben, wenn es nicht schon eine Farbe hat. Du bist diese Farbe. Du atmest diese*

*Farbe ein und aus. Und je tiefer du atmest, umso tiefer verankert sie sich auch in dir. Und es ist dir möglich zu erkennen, dass diese Farbe dich nie verlassen hat. Stets war sie ein Teil von dir und immer stand sie dir zur Verfügung. Aber vielleicht hast du über die Zeit darauf vergessen und sie somit schon seit längerer Zeit nicht mehr mit Achtsamkeit begrüßt.*

Kommentar: nun werden neue Ressourcen aktiviert, die zwar unbewusst vorhanden sind, aber nicht mehr im bewussten Handeln zur Verfügung stehen. Explizit handelt es sich hier um das Gefühl des Kindes im Mutterleib, das komplett ohne Sorge und Zeit existiert. Diese Emotion wird nun mittels einer Farbmeditation visuell verankert (s. Kapitel 5.3.6 Anker setzen auf Seite 161). Ebenfalls erfolgt eine Verfestigung mittels posthypnotischem Befehl.

*Und du nimmst diese Farbe jetzt mit. Du nimmst sie mit und machst dich auf den Weg in die Zukunft. Du betrachtest erneut dein Leben und reisend über die Linie der Zeit nach vorne, beobachtest du, wie es vor dir vorbeizieht und du nimmst all die schönen und positiven Momente wahr, die dich in deinem Leben geprägt haben, die dich so besonders machen. Und du bewegst dich auch über das Jetzt hinaus in die Zukunft, immer weiter.*

Kommentar: die neu aktivierten Ressourcen werden durch den posthypnotischen Befehl nicht nur verstärkt, sondern auch in das Jetzt und die Zukunft projiziert. Die hier genutzte Technik ist im NLP auch als „future pace" bekannt. Sie dient dazu, sowohl zu testen, ob das neue Verhalten integriert wurde, als auch der Motivation und Sicherheit, dass diese Veränderung von Dauer ist.

*Bis du kurz vor dem Zeitpunkt ankommst, in dem du aus diesem Leben trittst. Es fühlt sich an, als würdest du gerade noch mit deiner kleinen Zehe auf dieser Zeitlinie hängen, die du entlanggeschritten oder - geflogen bist. Und nun blickst du zurück. Du blickst zurück und du erkennst den Sinn deines Lebens. Du erkennst deine Urmotivation. Und ich warte eine Minute lang auf dich, bis du soweit bist, denn vielleicht bedankst du dich auch bei deinem höheren Selbst für diese Einsicht und Erkenntnis.*

*Und dann wird es langsam wieder Zeit, dich auf den Rückweg zu machen."*

## 5.4.22.3 Kraft der Herkunft

Das Ziel dieser Trance ist das Akzeptieren der eigenen Abstammung und des Familiensystems. Hier liegen oftmals die Ursachen für Störungen sowohl psychischer als auch physischer Art, weil der freie Energiefluss blockiert wird. Dies wäre der Fall, wenn beispielsweise der männliche Anteil (Vater) nicht anerkannt wird, was jedoch auch zur Verweigerung der Annahme der eigenen männlichen Anteile führt. Durch Zugriff auf diese Ressource werden Blockaden gelöst, die sich mannigfaltig als Symptom im Alltag widerspiegeln können.

*„Du findest dich wieder in einem wunderschönen Wald. Erforsche ihn. Du kannst ganz entspannt und frei atmen, denn es gibt nichts in diesem Wald, was dich stören könnte. Du bist hier völlig frei und ganz bei dir. Du durchforstest diesen Wald, seine geheimen Pfade und Wege und du spürst, ja du weißt tief in dir, dieser Wald ist schon seit langer, langer Zeit von keiner Menschenseele mehr besucht worden. Und je tiefer du in den Wald vordringst, je mehr du dich in das Zentrum des Waldes begibst, umso intensiver wird dein Gefühl der tiefen Verbundenheit mit dir.*

Kommentar: wieder wird ein Gefühl der Sicherheit erzeugt und mit einem bestimmten Prozess und der Erwartungshaltung verbunden.

*Und dann kommst du in der Mitte des Waldes an, auf einer großen Lichtung und in der Mitte des Waldes, in der Mitte der Lichtung, steht ein uralter, sehr hoher Baum. Es ist dein Lebensbaum. Du trittst näher, du berührst seine Rinde und du kannst fühlen, wie angenehm es sich anfühlt, diesen Baum entlangzustreichen. Es ist fast so, als würde der Baum eine Einladung flüstern und durch deine Hand, die an der Rinde des Baumes liegt, kannst du ein leichtes Vibrieren wahrnehmen. Ein sehr schönes Gefühl beginnt durch deine Fingerspitzen zu fließen. Und fast so wie die Wurzeln eines Baumes, durch die die Lebenskraft fließt, beginnt nun diese Kraft auch durch deine Fingerspitzen zu fließen und in dich hinein.*

<u>Kommentar</u>: positive Ressourcen werden aktiviert als Vorbreitung auf die bevorstehende Intervention.

*All deine Zellen füllt sie von Innen heraus an. Und unter dir spürst du, wie du selbst beginnst, tiefe Wurzeln in den Boden zu schlagen. Und je mehr du dich auf diese Energie konzentrierst, umso sicherer und geborgener fühlst du dich. Tiefe Wurzeln verbinden dich mit diesem uralten Wald und du selbst bist verbunden mit diesem Lebensbaum. Und dann beginnst du, dich auf dieses Gefühl komplett einzulassen, und dir wird bewusst, dass durch deine Beine die Energie deiner Eltern fließt, die zwei Wurzeln, die dich auf dieser Erde tragen.*

<u>Kommentar</u>: die erste Erkenntnis über den Ursprung der eigenen Kraft. Notwendigerweise besteht diese aus beiden Elternteilen. Das Aberkennen der Existenz von einem der beiden führt unmittelbar zu einem Aberkennen der eigenen Kraft.

*Und dann, tief im Boden, kannst du spüren, wie auch deine Eltern zwei Wurzeln geschlagen haben. Und es sind dies die Wurzeln deiner Großeltern. Immer weiter, immer tiefer verwurzelt sich deine Energie in den Boden. Und die Wurzeln deiner Großeltern dehnen sich aus, gehen tiefer in den Boden, verwurzeln sich mehr, bis du deine Urgroßeltern spürst. Immer weiter, immer tiefer verwurzelt sich deine Lebenskraft in diesem uralten Wald. Und du aktivierst gleichermaßen all die Ressourcen in dir, die deine Ahnen an dich weitergegeben haben. Du bist verbunden mit jedem Einzelnen von ihnen. Gib dieser Kraft in dir in Gedanken ein Symbol, das du immer abrufen kannst.*

Kommentar: hier wird die NLP-Ankertechnik ganz offensichtlich utilisiert. Um damit bestmöglich arbeiten zu können, werden VAKOG und die Submodalitäten genutzt:

*Achte ganz genau darauf, wie dieses Symbol aussieht, wie es beschaffen ist, die Oberfläche des Materials, wie groß oder klein es ist, welche Farbe es hat, wenn es eine Farbe hat, welche Oberflächenstruktur. Vielleicht verbindest du mit diesem Symbol auch ein ganz bestimmtes Geräusch, einen Ton, eine Musik und wenn nicht, vielleicht kannst du einen Ton oder dein Lieblingslied nutzen, um diese Energie der Mitte zu verstärken. Und dann berührst du dein Symbol. Du fühlst, wie angenehm kühl oder warm es ist, spürst die Oberfläche, vielleicht pulsiert die Energie darin sogar. Vielleicht hat es sogar einen Geruch oder Geschmack. Und jetzt nimmst du dieses Symbol, du intensivierst dieses Gefühl, denn es ist dein Symbol und alles was du brauchst, um es noch intensiver zu machen, das tust du jetzt. Und wenn du soweit bist, wenn du das Gefühl hast, stärker kann dieses Gefühl nicht werden, dann integrierst du es in dir. Du machst es zu einem Teil deines Selbst.*

Kommentar: das Symbol, – der Anker, der vorher noch außerhalb der eigenen Entität war, wird nun in das eigene Selbst integriert. Diese Methodik ist aus der Teilearbeit entlehnt, bei der unterschiedliche Ressourcen als „Symbole" und eben „Teile" für die Veränderungsarbeit temporär nach außen geholt werden, um sie – nach erfolgter Veränderung – wieder zurückzulegen.

*Und nun wird es Zeit, den Baum zu verlassen, deine Wurzeln wieder einzuziehen, aber mit ihnen nimmst du die ganze Kraft mit.*

Kommentar: ein typischer posthypnotischer Befehl, der idealerweise durch analoges Markieren betont und verstärkt wird.

*Und auch deine Fingerspitzen und das Vibrieren darin lässt du langsam los, bis du wieder ganz bei dir bist. Und dann machst du dich auf den Weg, du machst dich auf den Weg in den Wald hinein und du kannst einen kleinen Bach in der Ferne hören. Du folgst diesem Geräusch, bis du ihn gefunden hast. Und du folgst dem Bach. Es ist ein Weg durch den Wald, dem du folgst, bis du den Ursprung des kleinen Baches gefunden hast. Er führt dich in eine Höhle. Es ist ein Kraftplatz.*

<u>Kommentar</u>: durch den Wechsel der Szenerie geschieht eine inhaltliche Fraktionierung. Der erste Veränderungsprozess wird damit emotional vom zweiten (nun folgenden) separiert. Zusätzlich wird die Trance noch einmal vertieft.

*Und mit dem letzten Licht, das durch die Öffnung hinter dir strahlt, kannst du erkennen: hier unten wartet ein unterirdischer See auf dich. Und du kannst am Ufer des Sees ein kleines Boot erkennen. Es ist gerade mal so groß, dass du dich hineinsetzen kannst. Und darin kannst du genug Polster finden, falls du sie brauchst, um dich bequem hineinzulegen. In dem Moment, wo du dich hineinlegst, überkommt dich ein tiefer Schlaf. Du bist sehr, sehr müde, als das Boot beginnt, langsam vom Ufer wegzutreiben.*
*Und als du aufwachst, findest du dich wieder, bei schwachem Licht, das von überall herkommt, in der Mitte des Sees. Der Boden ist hier sehr flach und unter dem Wasser kannst du die Quelle erkennen, aus der das Wasser sprudelt. Überall um dich herum, auch im Wasser unter dir, sind Diamanten. Und du entdeckst einen Korb im Boot. Und du hast jetzt die Möglichkeit, diese Diamanten, die in den unterschiedlichsten Farben leuchten und funkeln, einzusammeln. Jeder dieser Diamanten steht für eine ganz besondere Ressource und vielleicht möchtest du ein paar davon mitnehmen. Wenn du willst, dann kannst du in diesem Quellwasser baden und dich aufladen. Oder du bleibst im Boot und sammelst von dort aus all die Diamanten ein, die du möchtest.*

> Kommentar: da Baden häufig als reinigendes Ritual assoziiert wird, soll es genutzt werden um den Prozess der Ressourcenintegration zu verstärken. Aber Achtung: nicht für jeden Klienten mag es eine angenehme Vorstellung sein, das „sichere Boot" zu verlassen. Deshalb findet sich gerade an dieser Stelle ein wichtiges Alternativangebot, nämlich den Prozess erfolgreich abzuschließen, auch ohne der Notwendigkeit, schwimmen zu müssen.
>
> *Sie lösen sich ganz leicht, denn sie sind bereits für dich bestimmt. Und all die Farben, all die Diamanten, die dich ansprechen und die in deinem Korb noch fehlen, vielleicht weil du sie bisher auf deinem Weg verloren hast oder vergessen hast, dass es sie gibt, nimmst du jetzt mit. Du hast dafür zwei Minuten Zeit und diese Zeit entspricht all der Zeit, die du brauchst, um deine Diamanten in deinen Korb zu legen. Und dann ist es Zeit, wenn du dein Boot verlassen hast, zurückzukehren in dieses Boot und dich wieder hinzulegen in deinem Boot. Jetzt wo du all deine Diamanten eingesammelt hast und vielleicht auch den einen oder anderen wieder neu entdeckt hast. Und als das Boot beginnt, langsam von der Quelle fortzutreiben, überkommt dich ein sehr tiefer Schlaf, ein sehr tiefer Schlaf der Ruhe und Geborgenheit."*

## 5.4.22.4 Ent-Täuschung

Ziel dieser geführten Meditation ist es, zuerst die Erkenntnis zu erlangen, dass wir selbst für das Feedback unseres Umfeldes verantwortlich sind. Damit wird der Glaubenssatz eingeführt, dass Veränderung nur aus uns selbst heraus entstehen kann. Zudem wird klar, dass das Verhalten einer Person (auch das negative) nur Verhalten und nicht deren Persönlichkeit ist. Danach ist das Ziel, das ewige Suchen abzulegen um sich auf das Wahrhaftige zu fokussieren. Weg von einem Leben in Träumerei und Vor-Stellung, hin zu einem Annehmen und Liebenlernen der Realität. Der zweite Teil dieser Traumreise basiert auf Peter Orbans Prozess in der

Hypnose „Die geliebte Person" aus seiner CD-Serie „Die Reise des Helden"[15].

*„Rund um dich, und du stehst in der Mitte, sind lauter Spiegel angebracht. Du befindest dich in einem Spiegelkabinett und draußen hörst du ganz sanften Regen prasseln. Er gibt dir, ja in dir entsteht ein Gefühl der Ruhe und Sicherheit. Du erkennst dich selbst in allen Spiegeln rund herum wieder. Jede deiner Bewegungen passiert in jedem der Spiegel genau so, wie du sie ausführst, nur spiegelverkehrt. Du reagierst überrascht und alle Spiegel sehen überrascht zu dir zurück. Du freust dich, du lächelst und alle Spiegel freuen sich und lächeln. Ja, selbst sogar dann, wenn du traurig bist, sind auch alle anderen Spiegel um dich herum traurig. Und nachdem du ein paar Emotionen, ein paar Bewegungen ausprobiert hast, wird dir das Spiel mit der Zeit langweilig.*

<u>Kommentar</u>: das Spiegelkabinett steht für die Außenwelt, die unser Verhalten zurückgibt. Damit wird die nächste Stufe der Metapher aufgebaut.

*Nach wie vor siehst du in den Spiegeln um dich herum all das im Außen, was du im Inneren tust. Aber die Spiegel verändern sich nach und nach. Über dein Spiegelbild legst du mit der Zeit andere Gesichter, andere Kleider, andere Bewegungen und so weiter, über all sie stülpst du Dinge oder du kannst beobachten, wie Dinge darüber gestülpt werden, bis schließlich in allen Spiegeln nur noch andere Menschen zu sehen sind. Nun fällt dir auf, dass es sich um lauter bekannte Gesichter handelt, - Kollegen, Freunde, Familie, ehemalige und aktuelle Liebespartner. Auch Menschen, die verstorben sind, sind dabei. An diesem Ort, in diesem Spiegelkabinett, spielt Zeit keine Rolle. Du hast nun die Möglichkeit, eine Person, die dir wichtig ist, die dir aber nicht gut getan hat, zu dir zu rufen. Begegne ihr mit Achtsamkeit und Respekt, da du nun erkennst, dass sie sich lediglich zur Verfügung gestellt hat, damit du den Schleier*

---

[15] Mehr Infos dazu finden Sie auf www.symbolon.de

*deiner Vorstellung und Projektion über sie legen kannst. Sie war da, damit du von ihr lernen kannst. Du hast sie in dein Leben gerufen, genau so, wie du sie jetzt zu dir heranrufst.*

Kommentar: die Erkenntnis findet hier vor allem auf kognitiver Ebene statt. Damit sie emotional erlebbar wird, fehlt noch ein direkter Bezug, das konkrete Erlebnis:

*Wenn du willst, kannst du dich mit dieser Person versöhnen oder ihr etwas sagen, was dir sehr wichtig ist. Je ehrlicher du bist, umso mehr löst sich der Schleier von der Person. Je wahrhaftiger du ihr begegnest, umso mehr fällt die Vorstellung von ihr ab. Du hast dafür eine Minute Zeit und diese Minute entspricht all der Zeit, die du brauchst, um all das zu sagen und zu tun, was dir wichtig ist.*

Kommentar: ein ähnlicher Prozess wird häufig in der „Change History" Technik der Time-Line-Therapy eingesetzt. Dabei werden frühere (emotional stark aufgeladene) Beziehungen verabschiedet und aufgearbeitet. Wichtig ist hier ein Prozess, der unterstellt, dass jede Person eine positive Absicht für ihr Verhalten hat. Negatives Verhalten erklärt sich damit nur durch den Mangel an alternativen Verhaltensweisen.

*Und nun verabschiedest du dich und lässt die Person los. Du schließt deine Augen und atmest dich in eine tiefe, ruhige Entspannung. Als du die Augen öffnest, findest du dich wieder mitten in einer Wüste.*

Kommentar: da viele Klienten eine negative Erfahrung zum Loslassen wählen, ist der Übergang in den zweiten Teil dieser Traumreise relativ abrupt. Dennoch wird eine neue Erwartungshaltung aufgebaut, da nun mit einer negativen Ankerkette begonnen wird. Sie steht für das Verfolgen von einer surrealen Strategie, einer Projektion hinterherzujagen, anstatt sich auf die Realität, die direkt vor den eigenen Augen stattfindet, einzulassen. Achtung: Negative Emotionen sollten stets nur dann ausgelöst werden, wenn sichergestellt ist, dass der Klient Zugriff auf einen positiven Ressourcenanker (wie etwa einen im Kapitel 3.1.3 Sicherheitsort bechrieben) hat. Notfalls kann man dadurch blitzschnell in einen ressourcenvollen Zustand zurückkehren, falls das unangenehme Gefühl zu intensiv wird.

*Rund herum ist nichts außer Sand, dem harschen Wind und der heißen Sonne, die von oben herabstrahlt. Du weißt nicht, wo du bist, du weißt nicht, wohin du sollst. Und plötzlich, gerade als du verzweifeln willst, hörst du in der Ferne eine liebliche Stimme. Du kannst nicht genau verstehen, was sie sagt, es ist mehr noch ein Flüstern, das vom Wind getragen wird. Aber dann, als du ganz genau hinhörst, hörst du, wie die Stimme deinen Namen ruft. Du folgst dem Ruf. Du bist dir nicht sicher, woher er kommt, aus welcher Richtung. Aber tief in dir spürst du, dass es sehr wichtig ist, diesem Ruf zu folgen. Und immer tiefer in die Wüste führt dich diese Stimme hinein. Über Sand, Geröll und Stein, durch Täler und Berge aus Sand. Es ist sehr heiß und ein sehr beschwerlicher Weg, aber du gibst nicht auf, denn du weißt, du weißt, es ist sehr wichtig für dich, diesem Ruf zu folgen. Hinter dir kannst du plötzlich sehen, wie sich langsam ein größerer Sturm aufbaut und große Wolken über den Himmel ziehen. Noch sind sie einige Kilometer entfernt, aber du weißt, es wird Zeit, du musst Unterschlupf suchen. Du hast Angst, denn es geht um dein Leben, während du dieser Stimme folgst und du hast Angst, dein Leben zu verlieren. Und dann am Horizont siehst du plötzlich einen Punkt in der Ferne, du bist dir nicht sicher, ob es wirklich etwas ist, was dich retten kann, aber du folgst diesem Ruf, und dann, du siehst es ja, es ist ein Haus in der Ferne. Du weißt, in diesem Haus kannst du Schutz suchen, vor dem Sturm, der sich hinter dir zusammenbraut. Und so läufst du noch schneller, auch wenn du hinfällst, rappelst du dich wieder auf, auch wenn deine Knie aufgeschunden sind, läufst du immer mehr zu auf dieses sichere Haus, aus dem der Ruf schallt. Und dann kommst du an diesem Haus, du kämpfst dich hinein, doch es ist völlig verlassen. Du bist ganz allein. Aber du kannst spüren, du riechst quasi schon: deine geliebte Person war hier. Dein Märchenprinz, deine Traumfrau, dein*

*Romeo, deine Julia. Und du bist jetzt sehr verzweifelt, weil sie so nahe war und du hast sie gerade so verpasst.*

<u>Kommentar</u>: die ersten negativen Assoziationen werden genutzt, um das unerwünschte Verhalten (Hinterherjagen von Projektionen) mit einem unangenehmen Gefühl (auch als „Leidensdruck" bekannt) zu verknüpfen. Um auch hartnäckige Verhaltensmuster wie in diesem Fall aufzulösen, wird deshalb die Spannung immer weiter aufgebaut.

*Über dir beginnt sich der Sturm mehr und mehr zusammenzubrauen und du weißt, es wird Zeit, noch tiefer in das Haus hineinzugehen, Unterschlupf zu suchen in diesen maroden Wänden. Du solltest jetzt lieber hier in Sicherheit bleiben und dann hörst du den Ruf erneut. Womöglich ist deine geliebte Person in Gefahr. Sie muss sehr nah sein jetzt, da du die Stimme sogar durch diesen Sturm hören kannst. Du folgst dem Ruf hinaus in den Sturm, du kämpfst dich hindurch und der Sand und der Wind peitschen dir um die Augen, bis du kaum noch sehen kannst. Und dann, ganz plötzlich, in dem Moment, wo du denkst, es ist zu spät, du sollst aufgeben, plötzlich lichtet sich der Sturm, um dich herum kannst du Palmen erkennen, du bist an einer Oase angekommen, endlich. Hier bist du sicher. Und hier muss auch sie sich aufhalten, denkst du dir. Du suchst weiter und begibst dich immer tiefer in die Oase. Du folgst dem Ruf deines Namens. Und dann kannst du einen Turm erkennen, - einen sehr hohen Turm. Und ganz oben, du kannst deine geliebte Person zwar nicht genau erkennen, weil es so weit oben ist, aber du siehst ihre Hand, wie sie winkt und nach dir ruft. Aber du kommst nicht hinauf. Kein Weg führt nach oben in diesen Turm. Und, egal wie laut du rufst, egal wie hoch und weit du springst, deine geliebte Person, sie hört dich nicht. Und du spürst, wie kritisch die Zeit ist, die ihr habt, und dass es Zeit ist für deine geliebte Person ist, zu gehen. Und du bleibst zurück, am Boden zerstört. Die einzige Chance ist vertan. Du warst ihr so nah. Du irrst sinnlos umher. Dir ist egal, was passiert. Dann triffst du plötzlich auf deinen Irrwegen durch die Oase auf eine Schlange. Zuerst erschrickst du, aber dann beginnt dieses seltsame Wesen, zu dir zu sprechen. Und sie flüstert dir zu, dass sie eine wichtige Botschaft für dich hat. Sie wurde geschickt von deiner geliebten Person. In Wahrheit willst du bereits aufgeben und abwinken. Es macht keinen Sinn. Du wirst sie nicht finden, denkst du dir. Aber dann kommt die Hoffnung auf in dir und du verlangst von der Schlange, dir zu verraten, wo deine geliebte Person ist. Sie muss es ja wissen. Und die Schlange sagt dir, deine geliebte Person möchte, dass du sie triffst. Du kannst dein Glück gar nicht fassen. Irgendwann, in fünf Jahren, so sagt die Schlange, soll es soweit sein, wenn deine geliebte Person von einer langen Reise zurückkehrt. Sie will dich hier, genau an diesem Punkt in der Oase wieder treffen. Aber sie weiß nicht genau, wie lange ihre Reise dauert und deshalb musst du hier an diesem Fleck auf sie warten, bis sie wieder kommt. Und sollte sie dich hier nicht treffen, dann wird sie für immer verschollen sein. Jedoch ist es dir nicht in der Zeit, in der du auf sie wartet, möglich, anderen Menschen zu begegnen. Denn diese Oase, inmitten der tiefsten Wüste, ist schon seit langer langer Zeit verlassen und das Wasser hier versickert oft für lange Zeit komplett, sodass hier manchmal für längere Zeit kein Leben möglich ist. Und nun hast du drei Minuten Zeit, dich zu entscheiden, ob du bereit bist, auf deine geliebte Person hier zu warten und diese drei Minuten sind all die Zeit, die du brauchst, um herauszufinden, was das mit dir macht.*

<u>Kommentar</u>: Momente der Entscheidung wie diese sind besonders wichtig, um das unerwünschte Verhalten zu testen. Wird es nach wie vor ausgelöst? Oder sitzt die Erkenntnis bereits so tief, dass das gewünschte Verhalten gewählt wird? Das Prinzip hinter dieser Technik erlernen Sie in Kapitel 5.3.8 Das T.O.T.E. Modell.

*Und ganz gleich, ob du dich entschieden hast, zu bleiben oder diese Oase zu verlassen, verstreicht die Zeit, Tag für Tag, Jahr für Jahr vergeht. Zuerst zwei, dann drei Jahre, vier, fünf, sechs, sieben Jahre vergehen. Acht Jahre vergehen. Kein Zeichen deiner geliebten Person. Neun Jahre, zehn Jahre vergehen, bis du tief in dir schon gar nicht mehr wirklich weißt, dass du vor so langer Zeit so kurz davor warst, auf deine geliebte Person zu treffen. Mittlerweile lebst du wieder in der Stadt und durch deine Erfahrung im Leben passiert es dir häufig, dass andere Menschen zu dir kommen, um Rat zu suchen. Und du hilfst ihnen gerne aus deinem Herzen heraus. Du lebst ein gutes Leben für all diese Zeit, bis du nach vielen, vielen Jahren schon sehr, sehr alt geworden bist. Du bist kleiner und die Züge in deinem Gesicht erzählen ihre eigenen Geschichten von dir. Und eines Tages, als du gerade am Weg zum Markt bist, begegnet dir plötzlich ein alter Bekannter. Es ist die Schlange von damals. Es ist die Schlange aus der Oase. Sie sieht noch genauso aus wie damals, doch hat sie sich öfters gehäutet. Sie erkennt dich wieder und du sie auch. Und sie spricht zu dir erneut. Sie sagt: "Gut, dass ich dich endlich gefunden habe. Ich war schon seit einiger Zeit auf der Suche nach dir. Ich habe einen Auftrag von deiner geliebten Person. Sie ist bereit, dich zu treffen. Sie wartet auf dich, heute, an diesem Tag, wenn die Sonne untergeht, sollst du sie besuchen kommen. Und als die Zeit gekommen ist, stehst du vor der Entscheidung, ob du zu ihr gehst. Und auf deinem Weg zu dem vereinbarten Treffpunkt kommen plötzlich viele Menschen auf dich zu. Viele Menschen wollen, dass du ihnen hilfst. Sie haben von weit her schon gehört, wie hilfreich dein Rat in den unterschiedlichsten Gebieten ist. Und viele von ihnen sind sehr auf deine Hilfe angewiesen. Und du hast nun eine Minute Zeit, um zu entscheiden, ob du bleibst und diesen Menschen hilfst oder ob du dich auf den Weg machst zu deinem vereinbarten Treffpunkt. Aber du weißt, wenn du dich entscheidest, diesen Menschen zu helfen, dann wirst du den Treffpunkt mit deiner geliebten Person verpassen.*

<u>Kommentar</u>: Erneut wird mittels T.O.T.E. getestet.

*Und nachdem du die Menschen hinter dir gelassen hast, machst du dich letztendlich auf den Weg zu deinem Treffpunkt. Du kommst an. Die Sonne ist bereits untergegangen, als du an diesem Punkt erscheinst. Und dort wartet die Schlange auf dich neben einem Grab. Und sie sagt: "Gut, dass du es endlich geschafft hast zu kommen. Endlich habe ich meine Aufgabe erfüllt. Eine letzte Botschaft habe ich für dich. Willst du deine geliebte Person treffen? So nimm dieses Schwert und stoß es tief in deinen Körper hinein." Und die Schlange verabschiedet sich und lässt dich stehen. Und du hast nun eine Minute Zeit zu entscheiden, ob du zurück in die Stadt kehrst oder das Schwert nimmst.*

*Und nachdem du deine Wahl getroffen hast, machst du dich auf den Weg zurück ins Hier und Jetzt."*

## 5.4.23 Schmerzkontrolle

Autorin: Marlies Allwinger

*„Heute ist ein guter Tag, ein Tag der Erleichterung. Dein geistiges Auge ist nun bereit sich auf eine Reise zu begeben, eine Reise in deinen Körper, zu dem Ort, wo deine Schmerzen sind. Wenn du dort angelangt bist, bitte ich dich mir ein Zeichen mit deinem Finger zu geben. Das Schmerztor soll dort installiert sein, wo es für dich richtig ist.*

*Nun stell dir bitte ein sehr stabiles Tor vor, ein Tor aus Gusseisen, das ist dein Schmerztor. Es soll dort installiert sein, wo es für dich richtig ist.*
*Ich weiß nicht, ob du dieses Tor kennst, es ist auf jeden Fall ein sehr starkes Tor. Es ist sehr mächtig und hat viele Schlösser angebracht, sodass der Schmerz nicht mehr hindurchkommen kann, wenn es verschlossen wird. Vielleicht hat dieses Tor schon eine Geschichte hinter sich, an dieser Stelle.*

*Aber natürlich bitte ich dich dieses Tor gut anzuschauen, dass es ganz intakt ist und sich gut verschließen lässt. Mach es 1x, 2x, 3x auf und zu, um ganz sicher zu sein, dass dieses Tor sehr gut funktioniert und dicht ist. Kann sein, dass man vorher noch etwas reparieren muss, damit es wirklich gut schließt, eventuell müssen Teile ausgetauscht werden, Risse gekittet werden, braucht es neue Scharniere oder Öl. Es soll alles ausgetauscht werden, was notwendig ist, damit es sich ganz sicher verschließen lässt. Und dann bitte ich dich zur Sicherheit das Tor noch einmal gut zu überprüfen, denn wenn du das Tor kontrolliert hast, kann man sicher sein, dass dieses Tor gut schließt. Es ist nun total dicht.*

*Du hast nun dieses Tor gut kontrolliert und es ist stabil und dicht. Ich bitte dich jetzt das Tor zu schließen. Es fällt ganz schwer ins Schloss, ...*
*K l a c k*
*Du kannst jetzt absolut vertrauen, dass du jederzeit das Tor schließen kannst, wenn der Schmerz kommt und du bist s e h r sicher, dass das Tor dann fest verschlossen bleibt und der Schmerz nicht mehr durchgehen kann.*

*Ein Gefühl der Erleichterung macht sich in dir breit, du fühlst dich frei, endlich f r e i. Es wird immer unwichtiger, was du hinter dem Tor wahrnimmst, ja sogar völlig egal. Es fühlt sich gut an, angenehm leicht, alles ist in Ordnung. Nicht nur heute, sondern auch morgen, sowie in der Zukunft. Das freie Gefühl verbreitet sich nun in deinem ganzen Körper. Du fühlst dich sofort viel vitaler und gesünder. Deine Energie, die vorher gebunden war, kann nun in Zukunft frei fließen. Du freust dich, wie gut sich das anfühlt und bist überrascht, wie einfach es war, dieses Tor zu installieren. Du kannst diesem neuen Gefühl eine Farbe geben und wenn du sie siehst, bitte ich dich diese zu verstärken, sodass sie sich als positive Energie breit machen kann. Ich bitte dich, dir noch einmal dieses leichte und freie Gefühl mit deiner Farbe zu verstärken ... und zu verankern. Ich lasse dir dafür eine Minute Zeit, das ist die Zeit, die dafür genau richtig ist.*

*Nun bist du jederzeit fähig, dein Tor zu schließen, wann immer du es brauchst zu jeder Zeit. Du weißt, du kannst dich darauf verlassen. Das gibt dir Sicherheit und Kraft. Du hast die Kontrolle und nur du hast die Schlüssel für die Schlösser. Mit dieser Gewissheit bitte ich dich wieder langsam zurückzukommen und du hast alles für einen schönen Tag."*

## 5.4.24 Gelassenheit

Autorin: Marlies Allwinger

*„Dein Unterbewusstsein ist nun für eine wunderschöne Traumreise bereit, und in deiner unendlichen und unerschöpflichen Vorstellungskraft entsteht vor deinem geistigen Auge ein Märchenschloss. Es sieht sehr geheimnisvoll aus und du bemerkst, dass von diesem Ort eine starke Ruhe ausgeht.*

*Im nächsten Moment spürst du, wie diese Ruhe auf dich übergeht und du gehst ein paar Schritte weiter und entdeckst einen See, einen See mit verschiedenen Farben, der von smaragdgrün über grünblau schillert. Dein Blick verliert sich im ruhigen grüne Wasser des Sees. Ein Gefühl der Gelassenheit macht sich in dir breit und du hast das Verlangen, dich am Ufer niederzulassen. So gelassen und in dir hast du dich schon lange nicht gefühlt. Dir fällt auf, dass es vertraut riecht, so reich an intensiven Gerüchen, die dich an eine Zeit in deiner Vergangenheit erinnern, wo du unbeschwert und leicht warst. Du erinnerst dich an den Geschmack eines kühlen Getränkes, das du einst so gern mochtest und wie dieser sich nun in deinem Mund breit macht.*

*Das feine Plätschern des Wassers lässt dich noch mehr innehalten und ruhen. Es fällt dir ein, dass du aus deiner Kindheit das Gefühl des Zeitstillstandes kennst und es macht dich glücklich, dies jetzt wieder zu spüren. Du nimmst dieses Gefühl und kannst es verstärken, so dass es sich zuerst in deinem Kopf, dann über den ganzen Körper wie in einer Wellenbewegung verteilt und du bist überwältigt davon, weil du erkennst, dass dieses Gefühl immer schon in dir war und du es jederzeit wieder abrufen kannst - und du wirst sofort in diese Gelassenheit eintauchen. Dir ist es möglich, dich jederzeit daran zu erinnern, welche Freude du empfunden hast, wenn du gelassen in deiner Traumwelt versunken warst und die Zeit kurz innegehalten hat.*

*Du stellst dir dieses Bild am See vor, der so schön grün war, mit all den schönen Gefühlen und Sinneseindrücken und die Ruhe und Gelassenheit kann sich wieder wie in einer Wellenbewegung in deinem Körper verbreiten und ausdehnen.*

*Dieses Gefühl verstärke jetzt und verankere es mit einem Symbol. Ich lasse dir jetzt 1 Minute Zeit, um dir das Symbol vorzustellen, das ist die Zeit, die du dafür brauchst. Wenn du es hast, dann gib mir ein Zeichen mit deiner rechten Hand. Nun kannst du deinen bestehenden Anker festmachen.*

*Du kannst nun den Anker, wenn du ihn brauchst, verwenden und er wird dir die Gelassenheit geben, die du möchtest. Kontrolliere nun mehrfach und wirklich ganz genau, ob du alles hast, was du brauchst, für deine Gelassenheit. Teste dich selbst, indem du dir noch einmal eine Situation vorstellst, die dich früher leicht aus deinem Gleichgewicht gebracht hat. Ich lasse dir noch einmal 1 Minute Zeit, das ist genau die richtige Zeit, um dich selbst zu testen. Falls du noch Hilfe brauchst, weil du noch nicht mit deinem Ergebnis zufrieden bist, dann gib mir ein Zeichen mit deiner Hand. Du weißt nun, du kannst gelassen sein und dir vertrauen, das macht dich ruhig und stark. Dadurch erlangst du mehr Zufriedenheit und du fühlst dich immer ausgeglichener und wohler, so wie schon lange nicht mehr.*

*Viele Dinge, die dir unangenehm waren, können nun leichter in den Hintergrund gestellt werden und du kannst darauf zählen, dass sie dich nicht aus deiner Gelassenheit und Ruhe bringen. Du weißt, du hast nun alle erforderlichen Fähigkeiten, gelassen zu bleiben. Das gibt dir ein gutes Gefühl von Sicherheit und Kraft, Situationen leichter zu bewältigen. Deine Persönlichkeit kann immer mehr wachsen und du hast nun eine positive, in sich ruhende Ausstrahlung gewonnen, die dir stabilen Halt - heute und in der Zukunft - gibt. Deine Umgebung wird sich mit dir über deine wiedergefundene Ressource freuen und das bestätigt dir deinen Weg. Das Insichruhen eröffnet dir ganz neue Ressourcen und neue Energien werden frei. Und mit dieser Gelassenheit und dem guten Gefühl von Sicherheit, jederzeit auf diese Ruhe in dir*

> *zurückgreifen zu können, komm jetzt wieder langsam zurück und du hast alles in dir für eine gute Zeit."*

## 5.4.25 Allergie[16]

Bei einer klassischen Allergie handelt es sich um eine übermäßige Reaktion des Körpers auf eine normalerweise harmlose Substanz. Bekannt sind vor allem Pollen- und ähnliche Allergien. Die körperlichen Reaktionen können mittels Hypnose häufig vollständig aufgehoben oder zumindest signifikant verringert werden.

Im Vorgespräch sollten möglichst viele Auslöser besprochen werden und wann die Allergie das erste Mal bemerkt wurde und wie sie sich entwickelt hat. Wichtig ist hier auf den Sekundärgewinn der Allergie mit einzugehen. Des Weiteren muss eine neue Reaktion auf die Substanz ermittelt werden und sichergestellt werden, dass es eine gesunde Reaktion ist.

Für diese Trancearbeit ist es außerdem nötig, Gegenbeispiele der Allergienreaktion herauszuarbeiten. Gemeint sind damit Beispiele von Substanzen oder Ereignissen, die der allergieauslösenden Substanz ähnlich sind, jedoch keinerlei Reaktion hervorrufen. Z.B. bei einer Katzenhaarallergie könnte es ein Hund oder ein Teddybär sein. Bei Gräserpollenallergie Blumen. Es werden mehrere Gegenbeispiele benötigt.

> *„Stelle dir, gleich wenn ich dich darum bitte, einen schönen Raum vor. Einen Raum mit einem bequemen Sessel und in einiger Entfernung zu dem Sessel befindet sich ein leerer und spezieller Glastank, den du vom Sessel aus beobachten kannst. Es ist ein Glastank, der vollkommen dicht ist, so dass nichts, was sich darin befindet, nach außen dringen kann. Es sei denn, du öffnest ihn, indem du eine Seite nach oben schiebst."*

---

[16] Autor: Stefan Strobl

*„Stelle dir nun diesen Raum vor. Und nimm in dem bequemen Sessel Platz. Spüre, wie schön und angenehm es ist, in dem Sessel zu sitzen. Und betrachte den Glastank in einiger Entfernung. Du weißt, dass er vollkommen dicht ist und nichts von seinem Inneren nach außen dringen kann. Du bist sicher! Stelle dir nun in dem Glaskasten, sicher von dir <u>getrennt</u>, die Substanz vor, auf die dein Körper bis jetzt ungünstig reagiert hat. Stelle sie dir so vor, als wenn sie sich real in diesem Kasten befinden würde. Sicher von dir <u>getrennt</u>."*

Hier den Klienten gut beobachten und sicherstellen, dass eine vollständige Dissoziation vorliegt. Ohne sichere Dissoziation darf nicht weiter gemacht werden.

*„Fühle deinen Körper und wie es ist, von dieser Substanz <u>getrennt</u> zu sein. Wie atmest du, wenn du von ihr <u>getrennt</u> bist?... Welche Gedanken kannst du wahrnehmen, wenn du von ihr <u>getrennt</u> bist?... Wie fühlt sich deine Haut an, wenn du von der Substanz <u>getrennt</u> bist?... Was riechst du, wenn du weißt, du bist von der Substanz getrennt?... Welche Gefühle kannst du wahrnehmen?..."*

(Zustand ankern)

*„Nun lass die Substanz wieder verschwinden. Gleich werde ich dich bitten, dir etwas vollkommen <u>Harmloses</u> vorzustellen - in dem Kasten. Etwas, das der Substanz ähnlich ist, für dich jedoch vollkommen <u>harmlos</u>. Bitte stell dir das jetzt in dem Kasten vor. Etwas, das dich zwar an die Substanz erinnert, jedoch vollkommen <u>harmlos</u> ist. Und du weißt auch, dass es für dich zu 100% <u>harmlos</u> ist. Wie fühlst du dich dabei? Gut? Es ist sicher ein gutes Gefühl, denn es ist ja etwas vollkommen <u>harmloses</u>. Wie fühlt sich dein Körper bei etwas so vollkommen Harmlosen an?*

*Stell dir bitte noch etwas weiteres vollkommen Harmloses vor, das der Substanz ähnlich ist. Auch hier spürst du, wie es ist, wenn etwas vollkommen <u>harmlos</u> ist. Und stell die noch ein dritte Sache in dem Kasten vor, die <u>harmlos</u> ist, und wie gut sich dein Körper dabei anfühlt."*

(Zustand ankern)

*„Gehe nun in Gedanken in deine allergiefreie Zukunft. Stell dir vor, wie gut es sich anfühlt, so frei zu sein. Was machst du, wenn du so frei bist, was du bisher nicht gemacht hast? Wie wirst du reagieren, wenn diese Substanz auftaucht?"*

Hier ist es wichtig darauf zu achten, dass der Klient in einem symptomfreien Zustand bleibt.

*„Wie fühlt sich dein Körper an? Welche körperlichen Reaktionen zeigen dir, dass zu frei davon bist? Was kannst du alles wahrnehmen, jetzt, da du frei bist? Welche Gedanken kannst du dabei wahrnehmen? Was kannst du dabei bei dir selbst beobachten?"*

(Zustand ankern)

Beim folgenden Vorgehen gilt: Sobald der Klient unerwünschte Reaktionen zeigt, sofort den Anker für die Dissoziation auslösen und im Anschluss <u>gleichzeitig</u> die beiden Anker für die harmlose Substanz und den erwünschten neuen Zustand. Es wird erst weitergemacht, wenn der Klient in einem reaktionsfreien Zustand ist. Notfalls die Anker mehrmals in der genannten Reihenfolge verwenden.

*„Sehr gut. Kehre nun in deiner Vorstellung wieder zurück in diesen bequemen Sessel. Und stelle dir die Substanz in dem Glaskasten vor. Sehr gut... Gleich werde ich dich bitten, den Glaskasten zu öffnen und dich der Substanz zu nähern.*

*Öffne nun den Kasten und nähere dich langsam der Substanz... ganz langsam... nähere dich ihr, bis du sie berühren kannst..."*

spätesten hier sollten die Anker wie o.g. verwendet werden, auch wenn der Klient keine Reaktionen zeigt.

*„sehr gut ... und nun nimm die Substanz in dich auf."*

Jetzt die Anker noch einmal verwenden.

*„Erinnere dich nun an das erste Mal in deinem Leben, als du die alte unerwünschte Reaktion auf diese Substanz wahrgenommen hast."*

Anker verwenden.

*„Sehr gut... Und erinnere dich daran, wann du sie das letzte Mal wahrgenommen hast."*

Anker verwenden.

*„In welcher Situation hast du früher diese Reaktion ganz deutlich wahrgenommen?"*

Anker verwenden.

*„Sehr gut... Jetzt gehe in deiner Vorstellung in die erste Situation, in der du wieder einen Kontakt mit dieser Substanz haben wirst."*

Anker verwenden.

*„Und in eine weitere solche Situation!"*

Anker verwenden.

> *„Sehr gut."*
>
> Danach kann der Klient langsam wieder aus der Trance begleitet werden.
>
> Nacharbeit
> Nach dieser Arbeit sollte der Klient für einige Zeit (wenn möglich ca. 3-4 Wochen) den Kontakt mit der ehemals allergenen Substanz vermeiden, damit eine Integration der neuen Reaktion stattfinden kann.

## 5.4.26 Disziplin

> Autor: Robert Schneebauer
>
> *„Immer wieder und fast täglich, aber auch mehrmals kommt es vor, dass du Pläne und Ziele hast. Große, aber auch kleine, wie z.B. am Abend noch etwas zu erledigen oder Mails sofort zu beantworten. Und jeder Weg, ein Ziel zu erreichen, beginnt mit dem ersten Schritt, um dann einen Fuß vor den anderen zu setzen, bis das Ziel erreicht ist.*
>
> *Wenn du jetzt in die Vergangenheit zurückblickst und dich siehst, wie du immer wieder Arbeiten aufschiebst, kommt ein Gefühl von Unbehagen, Druck und Unzufriedenheit auf. Und es gibt auch Situationen, die du sehen kannst, wo du eine Aufgabe planst, durchführst und fertig stellst. Nimm eine kleine Aufgabe und zeige mir mit deinem rechten Zeigefinger, dass du so eine Situation im Geist gefunden hast ... Du findest eine ... und eine zweite ... und noch eine ... sehr gut. Wie du bemerkst, siehst oder auch fühlst, kannst du es. Und der erste Schritt ist der halbe Weg und wie angenehm das ist und bequem, wie der Druck abfällt. Und du kannst aktiv entscheiden, ob du den Task sofort erledigst oder gar nicht machen wirst. Wenn du an eine zukünftige Situation denkst wie z.B. du sitzt vor deinem Computer und eine E-Mail erscheint. Du entscheidest sofort, ob du die Mail bearbeiten willst, wie wichtig sie ist. Du liest sie und beantwortest sie sofort und legst sie ab ... und die nächste, ... und die nächste ... ist es nicht schön, das Gefühl, jeden Task abzuschließen?*

*Es ist doch erleichternd und macht Spaß, Aufgaben zu erledigen und nicht vor sich herzuschieben, Zusagen diszipliniert einzuhalten, und wenn die Last und der Druck abfallen und das Gefühl der Erleichterung kommt, etwas erledigt zu haben, auch ein Vorhaben, das du dir selbst versprochen hast.*

*Stelle dir vor, du gehst nach Hause, den Weg oder die letzten Schritte vor deinem Zuhause... was siehst du, hörst du, riechst du und welches Gefühl hast du... Du gehst weiter und hast einen Plan, zu einer bestimmten Uhrzeit mit einer Aufgabe zu starten. Und der Zeitpunkt kommt näher ... und das Vorgefühl, wenn die Arbeit erledigt sein wird, kommt bereits in deinen Gedanken, und der Spaß, den ersten Schritt zu tun, indem du die Unterlagen vorbereitest, und der nächste Schritt ... und der nächste ... und das Gefühl wird immer besser, mit all den Vorstellungen und wie gut es sich anhört, wenn andere dir bestätigen, dass es fertig ist, oder du zum Ende gekommen bist, den Task abgeschlossen hast – schön.*

*Genieße diese Situation, stelle dir die Umgebung nochmals genau vor – wie sieht die Umgebung aus? ... Sollte es ein Bild sein, stelle sicher, dass es keinen Rahmen hat ... farbig ist ... gehe in das Bild als Akteur hinein, dass du die Umgebung siehst ... in 3 D, farbig, total schön und lausche den Geräuschen, die dort sein können ... Verändere die Lautstärke so, dass diese für dich ideal ist, und auch den Klang .... Und erinnere dich, welches Gefühl du hattest."*

[Jetzt ankern!]

*„Und nimm diese Gesamtsituation als Vorbild für deine nächste Aufgabe, wenn du diese wieder bekommst, ... wie du kurz planst, wie du damit umgehst und sie dann durchführst oder verwirfst."*

## 5.4.27 Selbstheilung

Autor: Bernd Winkler

*"Stelle dir nun vor, wie die Schmerzen besser werden (bzw. die Krankheit besser wird), wie du immer freier von diesen Schmerzen wirst und sie immer weniger spürbar werden. Sie verblassen mit jedem Moment mehr. Empfinde, wie der Schmerz völlig verschwindet. Es ist ein tolles Gefühl, frei von allen Schmerzen zu sein. Fühle, wie die Veränderung geschieht und versetze dich in diesen schmerzfreien, angenehmen, absolut vitalen und wunderschönen Zustand. Nimm dieses Gefühl mit all deinen Sinnen auf. Visualisiere, wie toll dieses Gefühl ist. Atme diese neue Lebensenergie richtig ein. Höre, wie bei deinem neuen Ich dieser einzigartige Klang der Freiheit ertönt, rieche den einmaligen Duft der Vitalität und absoluten Gesundheit. Du kannst völlig loslassen. Dein Unbewusstes heilt alles, was jetzt in dir heilen soll.*

*Alle Weichen werden gestellt. Wenn ich jetzt gleich dein Handgelenk berühre und leicht anhebe und die Hand gleich langsam wieder nach unten sinkt, kannst du noch viel tiefer als zuvor in Trance gehen. Die Heilung findet bereits seit heute Morgen statt und sie wird nun noch intensiver. Wenn du mit deinem neuen Ich, das vollkommen gesund, geheilt ist, welches auch auf dein Umfeld einen sehr positiven Einfluss hat, zufrieden bist, kannst du dich noch stärker in dieses Gefühl hineinversetzen. Während dieses immer stärker werdende, wunderbare Gefühl deinen Körper einnimmt, versuche dieses Gefühl zu speichern, um es jederzeit wieder abrufen zu können. Wenn du an deine Heilung denkst, wirst du dieses fabelhafte, großartige Gefühl verspüren. All die Veränderung und diesen unbeschreiblich schönen Zustand, den du assoziierst, werden nun durch dein Unterbewusstsein in deinem Inneren noch stärker verankert, je mehr und intensiver dieses Gefühl wird.*

> *Deine Heilung geschieht völlig automatisch, in der Art, in der sie geschehen soll. Wenn ich deine Stirn nun berühre, gehst du noch tiefer in diesen angenehmen Zustand und das Gefühl wird sehr viel stärker werden. Es fühlt sich schön an. Immer wenn du an deine Heilung denkst, wirst du dieses enorm tolle Gefühl verspüren, erleben wie fantastisch es sich anfühlt."*

## 5.5 Zusammenfassung

In diesem Kapitel wurde der detaillierte, chronologische Ablauf einer Hypnosesitzung inklusive Vor- und Nachbetreuung dargestellt. Dabei sei erwähnt, dass dem Vorgespräch besonderes Augenmerk zu schenken ist. Zeitlich teilt sich eine Hypnosesitzung im Idealfall zur einen Hälfte in Vorgespräch und Steigerung der Erwartungshaltung und zur anderen Hälfte in die eigentliche Hypnose und das kurze Nachgespräch auf. Aus diesem Grund wurde ein Streifzug durch die grundlegenden Coaching Modelle des NLP unternommen.

Den Hauptteil dieses Kapitels machen jedoch die umfangreichen Beispieltexte diverser Autoren aus, die zu den unterschiedlichsten Thematiken Einblick geben in die Arbeitsweise erfolgreicher Hypnotiseure und Therapeuten.

Dafür möchte ich mich erneut bei allen Autorinnen und Autoren bedanken, die den Umfang dieses Praxishandbuches mit ihrer freundlichen Genehmigung möglich gemacht haben.

## KAPITEL 6: VERHALTEN VERÄNDERN

Dieses Kapitel soll nun nicht nur aufzeigen, wie leicht Hypnose persönliche Veränderung positiv unterstützen kann. Es ist vielmehr als ein Leitfaden zur Verhaltensveränderung gedacht, indem zuerst beschrieben wird, was „Verhalten" überhaupt ist und wieso wir nach bestimmten „Mustern" agieren. Zudem wird damit die Verknüpfung von Verhaltensmustern mit emotionalen Zuständen hergestellt und wie diese unsere weiteren Aktionsmöglichkeiten beeinflussen.

Darauf aufbauend soll auf die neurologischen Ebenen nach Dilts eingegangen werden und wie Werte und Glaubenssätze in diesem System aufgebaut sind. Ein ebenso spannendes Thema ist die Definition des Selbstwertes, also wo der Ursprung unseres internen Dialogs zu suchen ist und wie dieser von der Umwelt manipuliert wird.

Wann immer wir eine Verhaltensveränderung anstreben, so tun wir dies deshalb weil Menschen immer nur mit zwei Arten von Problemen[xxi] konfrontiert sind:

- Sie haben etwas, das sie nicht mehr wollen.
- Sie wollen etwas, das sie noch nicht haben.

Wichtig ist dabei jedoch die Frage, weshalb sie Ihr Verhalten bisher nicht selbst geändert haben: Hier kommt der Sekundärgewinn ins Spiel, der Haupteinflussfaktor, weshalb sich Menschen obwohl sie es gerne möchten und auch versuchen sich zu verändern, davon abgehalten werden. Zu guter Letzt soll das eigentliche Prinzip der Veränderung von Verhaltensmustern erläutert werden, nämlich die Konditionierung beziehungsweise Um-Konditionierung von bestehenden Mustern durch die Auflösung, Neukombination oder Überlagerung des Reizes und der darauf folgenden Reaktion.

## 6.1 Was ist Verhalten?

Im NLP existieren unter anderen zwei Grundannahmen zum Verhalten, auf die kurz eingegangen werden soll, bevor geklärt wird, *was* Verhalten tatsächlich ist. Das erste Axiom lautet, dass jedes Verhalten eine positive Absicht hat, denn jeder Mensch handelt in der für ihn in diesem Moment bestmöglichen Art und Weise. Auch wenn anderen aus ihrer Weltperspektive diese Handlung negativ erscheint, so ist sie in jenem Moment für den anderen positiv, womöglich weil er nicht genug Handlungsalternativen kennt und ihm deshalb die Möglichkeiten fehlen. Dies ist ein Denkanstoß, sich in die Welt des anderen zu versetzen. Das zweite Axiom lautet: Das Verhalten eines Menschen ist nicht seine Persönlichkeit. Im NLP wird Motivation, der Grund für ein Verhalten oder der Charakter selbst, getrennt vom Prozess, also der Handlung wahrgenommen. Es ist möglich, jeden Menschen für das zu akzeptieren, was er ist. Dennoch zählt in der Realität häufig das, *was* wir tun, und wird dem gleichgestellt, was wir *sind*. Spätestens nach Kapitel 6.3 sollte aber klar sein, wie diese Trennung vorgenommen werden kann.

Grundsätzlich unterscheiden wir zwei Arten von Verhalten: angeborenes und erlerntes Verhalten. Beispielsweise sind unsere Urinstinkte (wozu auch Teile der Intuition gezählt werden können), aber auch Emotionen und Gemütsstimmungen angeboren. Anders wäre unsere Entwicklung zum Homo Sapiens Sapiens laut der Evolutionstheorie nicht möglich. Diese angeborenen Verhaltensmuster erfüllen meist einen bestimmten Zweck, als treffendes Beispiel wäre hier die Angst, aus großer Höhe zu fallen zu nennen oder vor lauten Geräuschen. Dies sind überdies die einzigen angeborenen Ängste, beide jedoch aus gutem Grund. Gerade für Kleinkinder sind dies die zwei bedrohlichsten äußeren Einflüsse. Und beide Ängste sind auch in unserem Erwachsenenalter nach wie vor stark ausgeprägt, sei es nun in einer leichten Höhenangst (oder würden Sie sich *wirklich* ohne Bedenken so weit an die Kante der Terrasse stellen, wenn dort kein schützendes Geländer wäre?) oder dem Schreckmoment in Horrorfilmen, der meistens durch bedrohliche Musik vorbereitet wird, gefolgt von kurzer Stille und einem plötzlichen, lauten Knalleffekt, der uns im Sessel zusammenzucken lässt.

Alle anderen Ängste (laut Dr. Richard Bandler) sind also durch Erfahrung (Feedback der Umwelt) angelernt. Das bedeutet, dass sie nur bestimmte Verhaltensmuster sind, die mit einem heftigen emotionalen Zustand verknüpft sind, beziehungsweise in diesen übergehen. Bestimmte Emotionen sind uns angeboren[xxii]. Unsere Emotionsdatenbanken sind jedoch offen und nicht geschlossen. Diese Datenbanken sind ebenso wie die Programme, die unsere Reaktionen auf unsere unterschiedlichen Emotionen steuern, bei unserer Geburt nicht leer.

Die Evolution hat Anweisungen darin niedergelegt, wie wir zu reagieren haben (Reaktion oder Verhalten), und Empfindsamkeiten vorgegeben, die bestimmen, worauf wir reagieren (Reize, also Anker oder *trigger*). Wir können jedoch jederzeit neue Auslöser und emotionale Reaktion erlernen. Unser Unterbewusstsein ist jedoch im übertragenen Sinne relativ faul: sobald es ein programmiertes Verhalten gespeichert hat, das uns zum Ziel führt, wird dieses Verhalten nicht weiter hinterfragt und beibehalten.

Bei einem **trigger** handelt es sich nüchtern betrachtet also bloß um einen Anker, der in ähnlichen Situationen ein (früher erlerntes) immer gleiches Verhalten auslösen. Unser Ziel ist es somit ganz gezielt zu erforschen, welche trigger das unerwünschte Verhalten auslösen, weshalb der Klient bei uns ist. Dabei kann es sich um die unterschiedlichsten Ereignisse handeln, die sowohl im Außen als auch im Innen stattfinden. Deshalb empfiehlt sich auch eine angemessen Selbstbeobachtungszeit zwischen erster und zweiter Sitzung. Erst wenn alle trigger erkannt wurden kann eine nachhaltige Verhaltensänderung durchgeführt werden. Dies geschieht, indem alle auslösenden trigger statt mit dem alten (negativen) Verhalten in Zukunft mit einem neuen (positiven) Verhalten verknüpft werden.

Damit dieses jedoch nachhaltig angenommen wird muss auch der Sekundärgewinn in ein neues Verhalten überführt werden. Dieser wird in Kapitel 6.5 Sekundärgewinn besprochen.

Um diesen Sekundärgewinn zu überführen benötigt es auch ein umfassenderes Verständnis der Glaubenssätze, auf die ich im nächsten Kapitel zu sprechen kommen werde. Dabei ist jedoch zu bedenken, dass wir meist das Verhalten wählen werden, das uns am meisten Befriedigung und am wenigsten Umstände bereiten wird, - dies aber immer in der jeweiligen kontextabhängigen Wertehierarchie der Person. So könnte es durchaus möglich sein, dass eine Mutter sich vor ein fahrendes Auto wirft, um ihre Kinder zu schützen. Ihr Verhalten ist vom eigenen Überlebensinstinkt her unlogisch, doch in ihrer Wertestruktur steht das Überleben ihrer Kinder über dem eigenen. So wird unterbewusst und meist in Bruchteilen einer einzelnen Sekunde ein Verhalten ausgelöst, ohne dass wir bewusst Pro und Contra abwiegen können. Deshalb kommt es bei vielen Menschen oft auch zu Handlungen, die sie nachher selbst als „unbedacht" oder „unlogisch" bezeichnen. Denn mit dem Verstand eine unterbewusste Musterauslösung verstehen zu wollen, setzt voraus, dass das Bewusstsein sich über die volle Tragweite der Reiz-Reaktion im Klaren ist.

Besonders hervorheben möchte ich, dass Paul Ekman, seines Zeichens Erforscher emotionaler Zustände, auf 16 positive Emotionen zu zählen kommt. Gerade im Seminarkontext werde ich immer wieder mit der Frage konfrontiert, wieso es (in der Literatur) so viele universelle (also angeboren in uns programmierte) negative Gefühle wie Ärger und Zorn, Trauer und Verzweiflung, Überraschung und Angst, Depression, Ekel und Verachtung und so fort gibt und nur so wenig positive Emotionen wie Glück oder Liebe. Dazu gesellen sich jedoch weitaus mehr: die fünf Formen sinnlichen Genießens, Belustigtsein, Zufriedenheit, Erregung, Erleichterung, staunende Ergriffenheit, Ekstase, *fiero*, *nácheß*, das Empfinden eines erhebenden Gefühls, Dankbarkeit und Schadenfeude.

*Nacheß* beschreibt die Emotion von übermäßigem Stolz und Zufriedenheit, meist über die Leistung des eigenen Kindes. *Fiero* sind wir beispielsweise, wenn wir die Lösung für eine schwierige Denkaufgabe gelöst haben.

Diese emotionalen Zustände beeinflussen jedoch nicht nur unseren gegenwärtigen Gefühlszustand, sondern auch unsere Folgehandlungen. Denn in einer negativen Emotion „gefangen zu sein" ermöglicht es uns nicht, wie etwa im Vergleich mit einem positiven Gemütszustand, lösungsorientiert zu denken und zu handeln. Mehr Informationen zu diesem Thema der ressourcenreichen Zustände finden sich in Kapitel 5.3.5.

## 6.2 Werte und Glaubenssätze

Bevor wir uns damit beschäftigen, wie wir Ziele besser, schneller und leichter erreichen, möchten wir uns zunächst mit dem sehr spannenden und wichtigen Thema *Werte* beschäftigen. Werte haben einen sehr großen Einfluss auf unser Leben und sind uns dennoch meist unbewusst. Durch die bewusste Auseinandersetzung mit unseren Werten schaffen wir eine gute Basis dafür, die Ziele engagiert zu verfolgen, die es uns wirklich wert sind. Werte sind Dinge,

- die uns wichtig sind,
- die uns motivieren,
- die uns sagen, was richtig oder falsch ist,
- die uns sagen, was gut oder böse ist,
- für die wir Zeit und Ressourcen aufwenden.

> Werte können sein: *Freiheit, Ordnung, Offenheit, Kollegialität, Zurückhaltung, Sicherheit, Offenheit, Pünktlichkeit, Unabhängigkeit, Lebendigkeit, Hilfsbereitschaft, Respekt, Freundschaft...*

Werte beeinflussen unsere Zufriedenheit maßgeblich! Sie bestimmen unsere Kultur, bestimmen unsere Zufriedenheit und sind Motor beziehungsweise die Initiatoren für unser Verhalten. Selbst Firmen haben bestimmte Werte, egal, ob sie explizit sind oder nicht. Können wir im Einklang mit unseren Werten leben und arbeiten, so geht es uns gut und wir sind zufrieden – und sind der Lage, zum Beispiel in beruflichen Dingen mehr Leistung und Einsatz zu bringen.

Es kommt jedoch auf den *Kontext* an, denn es gibt globale Werte, die das ganze Leben betreffen und kontextabhängige Werte, das heißt, dass die Werte im Kontext „Beruf und Erziehung" und „Persönlichkeit und Freundschaft" jeweils unterschiedlich sein können. So kann im beruflichen Bereich der Wert „Erfolg" sehr hoch angesiedelt sein, im Bereich Freundschaft jedoch überhaupt keine Rolle spielen, wo vielleicht eher „Vertrauen" zählt. Dennoch werden sicherlich je Lebensbereich (Kontext) nicht völlig gegenteilige Werte an erster Stelle stehen. Der Mensch hat im Durchschnitt ca. 10 bis 20 aktive Werte, also eine relativ begrenzte Anzahl. Werte sind dabei sehr zeitstabil und „zäh", sie können nicht einfach von heute auf morgen verändert werden – es sei denn, die Lebensumstände ändern sich dramatisch, wie zum Beispiel nach der Geburt des ersten Kindes. Umso spannender ist es, sich mit seinen eigenen Werten auseinanderzusetzen.

Woran aber nun erkennen, ob ein Wert erfüllt ist? Für den einen mag „Sicherheit" zum Beispiel bedeuten, dass finanziell genügend Ressourcen vorhanden sind. Für jemand anderen bedeutet Sicherheit, sich immer auf seine Freunde verlassen zu können, und wieder ein anderer Mensch schließt sich am liebsten zu Hause ein, um sicher zu sein.

Sehr ähnlich anmutende Werte können somit völlig unterschiedlich gelebt werden, was sich erst anhand der *Kriterien* merkbar macht. Deshalb sind Kriterien auch wichtige Indikatoren dafür, ob wir unsere Werte in die Realität umsetzen oder nicht gemäß unseren Vorstellungen leben.

Eine der bemerkenswertesten Eigenschaften von Glaubenssätzen[17] ist, dass sie sich nicht wie Verhalten oder Fähigkeiten beschaffen sind, da sie auf einer anderen Ebene der Persönlichkeitsstruktur programmiert sind, die resistenter gegenüber Veränderung ist.

Eines der klassischen Beispiele hierfür ist der Mensch, der glaubt, er sei eine Leiche[xxiii]. Er isst nicht und geht nicht zur Arbeit. Er sitzt bloß die ganze Zeit über da und behauptet, er sei eine Leiche. Der Psychiater versucht, den Mann davon zu überzeugen, dass er nicht wirklich tot ist. Sie streiten lange über die Frage und schließlich fragt der Psychiater: „Können Leichen bluten?" Der Mann denkt einen Augenblick lang nach und sagt dann: „Nein. Weil alle Körperfunktionen zum Stillstand gekommen sind, kann eine Leiche nicht bluten." Daraufhin meint der Psychiater: „Also gut, dann wollen wir jetzt einmal ein Experiment durchführen. Ich werde eine Nadel nehmen, Ihnen damit in den Finger stechen und schauen, ob er blutet."

Da der Patient ja eine Leiche ist, kann er nicht viel dagegen einwenden. Der Psychiater sticht ihm also die Nadel in den Finger und der Finger des Mannes fängt an zu bluten. Der Patient schaut sich die Sache völlig verblüfft an und ruft aus: „Verdammt! Leichen bluten tatsächlich!"

Wie der Coach oder Hypnotherapeut diese Glaubenssätze nun verändern kann, hängt vor allem davon ab, in welchem Zusammenhang sie mit anderen Ebenen der Persönlichkeit stehen.

---

17 Die Begriffe Glaubenssatz und „Überzeugung" werden in diesem Kapitel synonym verwendet.

## 6.3 Die neurologischen Ebenen

Gregory Bateson hat darauf hingewiesen, dass es bei den Prozessen des Lernens, der Veränderung und der Kommunikation natürliche Hierarchien der Klassifikation gebe. Die Funktion jeder Ebene sei es, die Information auf der darunter liegenden Ebene zu organisieren, und die Regeln, nach denen etwas auf einer bestimmten Ebene geändert werde, unterschieden sich von jenen, nach denen auf einer darunter liegenden Ebene etwas geändert würde. Eine Änderung auf einer der unteren Ebene könne, müsse aber nicht unbedingt die darüber liegenden Ebenen beeinflussen; doch etwas auf den oberen Ebenen zu verändern, verändere notwendigerweise Dinge auf den darunter liegenden Ebenen, um die Veränderung auf den höheren Ebenen zu unterstützen.

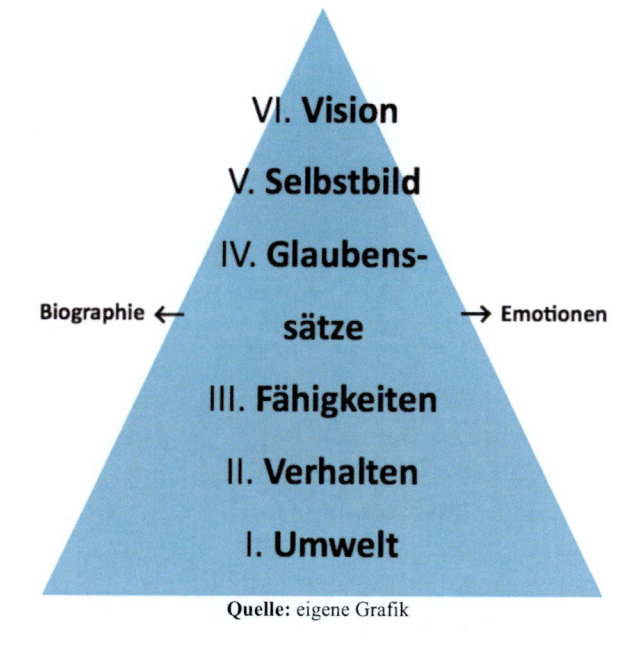

VI. Vision<br>
V. Selbstbild<br>
Biographie ← IV. Glaubens-sätze → Emotionen<br>
III. Fähigkeiten<br>
II. Verhalten<br>
I. Umwelt

**Quelle:** eigene Grafik

Dilts beschreibt die neurologischen Ebenen wie folgt[xxiv]: „Ich verändere meine Umgebung oder wirke auf sie ein mit Hilfe meines Verhaltens. Um mein Verhalten zu verändern, muss ich auf der Ebene darüber sein: der der Fähigkeiten. Ich kann mein Verhalten nicht wirklich verstehen oder es verändern, ehe ich nicht über ihm bin. Die Ebene der Fähigkeiten könnte man mit dem Puppenspieler vergleichen, der eine Marionette führt. Um eine Fähigkeit zu verändern, muss ich auf der nächst höheren Ebene sein: auf der Ebene der Glaubenssätze. Und um einen Glaubenssatz zu verändern, um aus dem Einflussbereich meiner Glaubenssätze herauszukommen, so dass ich sie mir wirklich anschauen und sie verändern kann, muss ich anfangen, aus meiner reinen Identität heraus zu operieren." Und die Identität wiederum wird bestimmt von der Vision, die wir von uns selbst haben beziehungsweise der Zugehörigkeit, der wir uns zurechnen (beispielsweise einer Religion, politischen Ausrichtung oder Ähnlichem).

Mit unserem Verhalten wirken wir auf die Umwelt ein und die Umwelt beeinflusst wiederum unser Verhalten. Eine typische Feedback-Schleife also, wie sie bereits weiter oben beschrieben wurde und vor allem später im Kapitel zur Bestimmung des Selbstwertes wichtig wird. Auch wenn das Modell von Dilts seine Schwächen[xxv] hat, weil beispielsweise eine Hierarchie eingeführt wird, wo ein zirkuläres System besteht, so ist es doch auf Grund seiner Übersichtlichkeit gut im Coaching-Alltag einsetzbar. Behalten Sie dennoch im Kopf, dass sich hier jede Ebene gegenseitig beeinflussen kann, weshalb die grafische Darstellung mehr Vorzeigecharakter als tatsächlichen Verwendungswert für therapeutische Interventionen hat.

In der Hypnotherapie arbeiten wir vor allem mit der Ebene der Glaubenssätze. Dennoch ist es wichtig, in einem ausführlichen Vorgespräch zu klären, wie diese Ebene die anderen, insbesondere Identität (Selbstbild) und Fähigkeiten, beeinflusst und vice versa. Indem wir die Glaubenssätze des Klienten durch gezielte Suggestionen verändern, beziehungsweise stärkere (positive) als Überlagerung der alten (negativen) einsetzen, werden neue Möglichkeiten (Fähigkeiten) eröffnet.

Beispiel: Ein Klient spricht im inneren Dialog häufig negativ zu sich selbst: *„Mir fehlt das Gespür dafür, ich bin einfach nicht gut genug."* Hier besteht eine Mischung aus Fähigkeiten (Können) und Identitätsebene (Sein). Dies mündet im Glaubenssatz *„Ich kann das nicht."* Indem nun dieser Glaubenssatz verändert wird, beispielsweise mit der Suggestion *„Alles, was du dir vornimmst und was gut für dich ist, erreichst du auch"*, verändert dies vorerst die Fähigkeitsebene: es besteht nun die Möglichkeit, dass eine Aufgabe lösbar ist. Aufgrund dieser Lösbarkeit (ein neuer Glaubenssatz) werden die (von Anfang an!) vorhandenen Ressourcen aber erst erkannt. Diese Fähigkeiten werden nun in einem neuen Verhalten (einer Alternativstrategie) manifestiert und dadurch die Umwelt des Klienten auf andere Weise als bisher beeinflusst. Gehen wir davon aus, dass dies ein zielführendes Verhalten ist. Das Feedback der Umwelt ist also positiv und der Hypnotisand wird in seinem neuen Verhaltensmuster bestärkt. Es ist wichtig zu erwähnen, dass ein Klient zur vollen Integration eines neuen Verhaltensmusters noch einen zusätzlichen „convincer" (positives Feedback) benötigt, um die Konditionierung dauerhaft zu programmieren. Dies wäre in diesem Fall die Reaktion der Umwelt, die dazu führt, dass das neue, zielführendere Verhalten ab jetzt angewendet wird anstelle des alten, nicht zielführenden. Durch die Feedbackschleife wird nun auch der neue Glaubenssatz, dessen keimender Same ja die Suggestion war, verstärkt. Dies beeinflusst wiederum die Identitätsebene, aus dem Glaubenssatz *„Ich kann meine Ziele erreichen"* wird *„Ich bin erfolgreich."* Eine mächtige Transformation mit großer Wirkung!

## 6.4 Definition des Selbstwertes

Besonders wenn wir unseren eigenen Wert definieren, also den Selbstwert, ist sehr schön zu beobachten, wie wir auf den kontinuierlichen Abgleich zwischen inneren Erwartungen (Glaubenssätzen) und dem Feedback der Umwelt (Feedback) angewiesen sind. Ohne Feedback gäbe es keinen Vergleich und ohne Vergleich keine Möglichkeit zu bestimmen, was gut und schlecht für die Entwicklung ist.

Wie definiere ich nun also meinen Wert? Wir befinden uns normalerweise innerhalb einer so genannten *Komfortzone*, also einer Umwelt, die uns gewohnt ist und in der wir uns sicher, quasi „zu Hause", fühlen. Wollen wir etwas uns Unbekanntes tun, erscheint es anfänglich oft schwer oder gar nicht machbar. Sobald wir uns jedoch überwinden und den ersten Schritt hinaus aus unserer Komfortzone hin zu unserem Ziel machen, bemerken wir, dass mit jedem Schritt der Weg selbst leichter wird. Und am Ziel angekommen, blicken wir zurück und wundern uns, wieso wir uns am Anfang überhaupt den Kopf darüber zerbrochen haben. Dies ist ein völlig normaler Prozess, durch den alle Menschen gehen. Erfolgreiche Manager nutzen dieses Wissen, indem sie ständig ihre persönliche Komfortzone ausweiten, denn sie wissen: Je größer ihr Wohlfühlbereich ist, desto besser sind sie auf neue Situationen vorbereitet und werden diese mit höherer Wahrscheinlichkeit erfolgreich meistern. Aber selbst die Komfortzone wird durch Feedback der Umwelt, genauer gesagt durch relationales Vergleichen, bestimmt. Es findet ein ständiger Abgleich statt und jede Information, die bestätigend oder hemmend auf ein Verhalten gegeben wird, wird im Unterbewusstsein gespeichert und bewertet. Aus dieser Informationsdatenbank wird ein komplexes Geflecht an kombinierten Datensätzen gebildet, die schließlich in einem Verhaltensmuster verfestigt werden (es findet quasi eine Selbst-Konditionierung statt, das heißt unser Unterbewusstsein programmiert sich selbst, basierend auf den zuvor gemachten Erfahrungen und den Informationen, die durch die Wahrnehmungsfilter selektiert werden). Dies ist mitunter der Grund, warum aus einer anfänglich nur leichten Wahrnehmungsverschiebung (vgl. das positive Halluzinieren von Engeln, Elfen oder sonstigen Märchengestalten wie Feen) schnell eine verfestige Wahrnehmungsstörung werden kann. Durch die Filter wird nur jene Information durchgelassen, die das aktuelle Glaubenssystem bestätigt (auch bekannt unter dem Begriff der „self fulfilling prophecy", also einer sich selbst erfüllenden Prophezeiung).

Dieses Phänomen ist auch in vielen Organisationen anzutreffen und wird hier als „Group-Think" bezeichnet, ist jedoch auch auf den individuellen

Kontext übertragbar. Es steht für die durch Gruppendruck ausgelöste Beeinträchtigung von mentaler Effizienz, Realitätsbewertung und moralischen Beurteilungen.

> *Illusion der Unverwundbarkeit, übertriebener Optimismus und Risikoneigung. Rationalisierung schlechter, unerwünschter Nachrichten. Glaube an moralische Integrität der Gruppe. Stereotype Qualifizierung der Kritiker als schwach, bösartig und dumm. Konformitätsdruck gegenüber potentiellen Abweichlern. Selbstkontrolle jeglicher Abweichungen vom Gruppenkonsens. Illusion der Einstimmigkeit; Schweigen bedeutet Zustimmung. Selbsternannte „Mindguards" schützen die Gruppe vor dissonanten Informationen.*

Es kann mithilfe der Janis-Regeln weitestgehend vermieden werden:

> *Der Leiter sollte ausdrücklich zur Kritik auffordern. Der Leiter und andere wichtige Mitglieder sollten ihre Meinung nicht zu früh nennen, sondern zunächst andere sprechen lassen. Bei wichtigen Entscheidungen sollten zwei Gruppen unabhängig voneinander einen Entscheidungsvorschlag ausarbeiten; beide Vorschläge sollten dann in die Gesamtgruppe eingebracht werden. Alle Gruppenmitglieder sollten dazu aufgefordert werden, das Entscheidungsproblem in ihren Abteilungen mit solchen Personen zu diskutieren, die nicht zur Entscheidungsgruppe gehören. Externe Mitglieder sollten dazu aufgefordert werden, ihre Auffassung unabhängig von der Gruppe zu entwickeln und darzulegen. Es sollte routinemäßig ein „advocatus diaboli" bestimmt werden, der bewusst und kompromisslos die Gegenposition zur Gruppenmehrheitsmeinung vertritt, sobald sich Einigkeit in der Gruppe anzudeuten scheint. Die Entscheidungsgruppe sollte nicht beständig zusammenarbeiten, sondern zeitweilig in Untergruppen aufgespalten werden. Hat sich die Gruppe geeinigt, so sollte das Ergebnis noch einmal bewusst gänzlich in Frage gestellt werden.*

Fehlt jedoch das Negativfeedback durch die Umwelt, ist es schnell möglich, dass dieses nicht der Realität entsprechende Glaubenssystem überhand nimmt und die Gedanken und Handlungen der Person bestimmt. Nun muss unterschieden werden zwischen Glaubenssystemen und Verhaltensmustern, die unser Leben positiv oder negativ beeinflussen oder neutral sind. Beeinflussen sie unseren Lebensalltag gar nicht oder nicht nachteilig, so können selbst an sich als „negativ" bewertete Glaubenssysteme oder Verhaltensmuster bestehen bleiben.

Beispiel: Ein Mann denkt, er würde im Auftrag des Teufels handeln. Da er jedoch mit niemandem darüber spricht und nichts anderes tut oder plant als KFZ-Versicherungen zu verkaufen, schadet er weder sich selbst noch anderen.

Positive Verhaltensmuster sollten auf jeden Fall beibehalten werden und erst dann ersetzt werden, wenn eine noch bessere Lösungsmöglichkeit gefunden wurde. Dies geschieht jedoch meist automatisch durch unser Unterbewusstsein. Erst bei negativen Konsequenzen unserer Verhaltensmuster sollten wir eine Änderung in Betracht ziehen und dies immer nur unter Berücksichtigung des Sekundärgewinns.

## 6.5 Sekundärgewinn

Weshalb hat sich das Verhalten eines Menschen bisher nicht von selbst geändert, selbst wenn er versucht hat, es zu verändern (beispielsweise weniger Süßigkeiten zu essen oder mit dem Rauchen aufzuhören)? Hier kommt der Sekundärgewinn ins Spiel, der Haupteinflussfaktor, weshalb sich Menschen, obwohl sie es gerne möchten, selbst davon abhalten, ihre Ziele zu erreichen. Jede nötige Ressource für Veränderung und Zielerreichung ist bereits in Ihnen. Einzig und allein der Zugang dazu könnte aus diversen Gründen versperrt oder noch verborgen sein. Negative Erfahrungen aus der Kindheit, nicht zielführende Strategien, die unbewusst von Menschen aus Ihrem Umfeld übernommen wurden oder schlicht und ergreifend eben der angesprochene Sekundärgewinn: der positive Nutzen einer an sich negativen Handlung.

Beispiel: Eine Frau empfindet in letzter Zeit immer häufiger Schmerzen in ihrem rechten Fuß. Dieser Schmerz ist mittlerweile so stark, dass sie nur noch selten zur Arbeit gehen kann. Weil jedoch kein medizinisches Problem feststellbar ist, droht die Arbeitslosigkeit. In einem Vorgespräch mit einem Hypnotherapeuten wird jedoch schnell klar, weshalb die Frau diese Schmerzen empfindet. Ihr ist zwar nicht bewusst, warum sie diese hat, doch indem der Prozess, wann und wobei diese entstehen, durchleuchtet wird, ist schnell geklärt, wo die Wurzel des Problems liegt. Jeden Morgen, wenn ihr Fuß schmerzt, macht ihr Mann ihr Frühstück und bringt es besonders liebevoll ans Bett. Dies tut er jedoch nicht, wenn sie keine Fußschmerzen hat, dann muss sie sich ihr Frühstück selbst zubereiten. Der Mann tut dies nicht absichtlich oder aus Böswilligkeit, die Frau wünscht sich auch keine Schmerzen. Doch ihr ist es persönlich wichtiger, von ihrem Mann verwöhnt zu werden, als in die Arbeit zu müssen. Ihr Unterbewusstsein löst deshalb Schmerzen (ihr Verhalten, der Reiz) aus, um einen triftigen Grund dafür zu bieten, von ihrem Mann verwöhnt (Feedback der Umwelt, die Reaktion) zu werden.

Im Coaching ist es nun essentiell, dass dieser Sekundärgewinn einerseits gefunden und andererseits durch eine Alternativstrategie ebenfalls erreicht wird. Ansonsten könnte es passieren, dass sich das Unterbewusstsein ein anderes Verhalten als das vom Hypnotiseur suggerierte sucht, um den Sekundärgewinn zu erreichen. Dieses Verhalten könnte jedoch wieder negative Auswirkungen nach sich ziehen. Eine mögliche Frage wäre beispielsweise:

> *„Gibt es eine andere Möglichkeit (Alternativstrategie ohne negative Konsequenzen) um zu erreichen, von Ihrem Mann verwöhnt zu werden (den Gewinn zu erhalten)?"*

Die Frau könnte einfach mit ihm darüber sprechen, oder sie schließen ein Abkommen: An geraden Tagen macht er das Frühstück, an ungeraden sie. Und tatsächlich, seitdem dieses Abkommen versprochen und auch eingehalten wird (der „convincer"), sind die Schmerzen wie durch Magie verschwunden. Nur, dass Zauberei nichts damit zu tun hatte.

> **Bevor ein Verhalten verändert wird, ist es unbedingt notwendig, den Sekundärgewinn** (falls vorhanden) **zu bestimmen.**

## 6.6 Verhaltensveränderung

Fremd-Konditionierung beschreibt den Prozess einer Verknüpfung von einem Reiz, also einem Auslöser wie einem Anker oder *trigger*, mit einer bestimmten Reaktion, also einem Verhaltensmuster und/oder Emotionszustand durch eine andere Person. Dies ist exakt das, was ein Hypnotiseur in einer Hypnosesitzung bezwecken möchte, die auf Verhaltensänderung abzielt. Dabei bedient er sich größtenteils Suggestionen und posthypnotischer Befehle, um im Unterbewusstsein des Klienten eine bestehende Verknüpfung von Reiz und Reaktion aufzulösen und neu zu verketten. Im Normalfall ist der Reiz in einem der Sinneskanäle besonders stark, vor allem in den drei Repräsentationssystemen visuell, auditiv oder kinästhetisch. Es kann sich dabei wie bereits im Kapitel 5.3.6 um ein Bild, eine Melodie oder ein bestimmtes Gefühl handeln, das gerade entsteht. Das löst einen veränderten Zustand aus, der im Fall eines negativen Verhaltensmusters unsere Funktionsweise im Alltag behindert oder gänzlich blockiert.

Ein „Kettenanker" oder eine „Ankerkette" bezeichnet die Aneinanderreihung von verschiedenen Ankern, welche den Klienten unterschiedliche Zustände hintereinander erleben lassen. Ziel ist, auf einen Reiz wie Langeweile durch das Auslösen der Ankerkette sofort mit Motivation und Tatendrang zu reagieren. Dieser Prozess kann innerhalb weniger Sekunden ablaufen. Kettenanker können ebenso wie Anker in jedem Repräsentationsmodell gesetzt werden, es kann auch eine

Aneinanderreihung verschiedener Sinneskanäle stattfinden oder eine Kombination mehrer Eindrücke für einen Anker. Der Klient reagiert also positiv auf einen Reiz, der für ihn eigentlich negativ ist. Dies wird durch das Auslösen des ersten Ankers erreicht, welcher die Zwischenschritte zwischen unerwünschtem und erwünschtem Zustand hervorruft und in Sekundenschnelle ablaufen lässt. Mehrere Schritte führen Sie also zu einem Ziel, mit dem Vorteil, dass Sie diese Zwischenschritte nicht mehr wirklich durchleben müssen (was normal viel länger dauert und oft bedeutet, in einem ressourcenleeren Zustand hängen zu bleiben), sondern es in Zukunft reicht, den Anker auszulösen. Sie können auch eine Suggestion in Hypnose gegeben haben, dass die Ankerkette automatisch vom Unterbewusstsein ausgelöst wird, sobald nötig. Dies wäre dann ein dauerhafter Eingriff in das Verhaltensmuster des Klienten, den er selbst nur schwer umprogrammieren kann. Möchten Sie, dass er selbst und bewusst entscheiden kann, wann dies geschehen soll, so können Sie ihm die Technik des Ankerns kurz erklären und einen von ihm bewusst gewählten Anker programmieren. Gegebenenfalls fügen Sie eine schützende Suggestion hinzu, dass nur der Klient selbst und sein Unterbewusstsein diesen Anker auslösen können, wenn nötig, und niemand anderer. Um eine solche Ankerkette beim Klienten zu programmieren, gehen Sie wie folgt vor[xxvi]:

*1. Finden Sie den unerwünschten Zustand (wie zum Beispiel Stress, Angst, Lustlosigkeit, ...).*
*2. Wohin wollen Sie jetzt? Was ist das Optimum in diesem Augenblick, der Zielzustand? Was soll anstelle des Gefühls sein?*
*3. Beschreiben Sie, welche einzelnen Schritte, also Gefühlszustände, Sie durchlaufen müssen, um beim gewünschten Zustand anzugelangen (zum Beispiel von Stress zu Entspannung mittels der Schritte Stress, Müdigkeit, Wille zur Entspannung, Ruhe, bewusste Entspannung, Entspannung).*
*4. Ankern Sie nun jedes dieser Gefühle kinästhetisch, am besten in einer Reihe direkt nebeneinander (Oberschenkel oder Unterarm bieten sich*

*an).*

*5. Nutzen Sie Anker 1 (den des Ausgangszustandes), sobald sich die Physiologie auch nur eine Spur verändert, drücken Sie den nächsten, dann den nächsten (seien Sie dabei schnell, bei der kleinsten Veränderung in Körperhaltung, Atmung oder Spannung gehen Sie bereits zum nächsten Anker über), bis der Klient beim Zielzustand angelangt ist.*

*6. Wiederholen Sie das Auslösen der Anker in dieser Reihenfolge einige Male.*

*7. Als Test: Lösen Sie bitte noch einmal den ersten Anker aus und achten darauf, ob der verkettete Prozess jetzt von selbst entsteht (das können Sie gut an der Physiologie des Klienten erkennen). Ziel ist es, dass der erste Anker die ganze Kette auslöst.*

Nachdem diese Ankerkette im Vorgespräch gesetzt wurde, kann sie in der Hypnose mittels Suggestionen verfestigt werden. Sie können diese Ankerkette jedoch auch komplett in Hypnose setzen, beispielsweise mittels Farben, die für die einzelnen Zustände stehen.

Besonders wichtig ist hierbei die Notwendigkeit eines so genannten *Ressourcenankers*, der möglichst viele positive Emotionen und einen besonders ressourcenreichen Zustand auslöst. Erst wenn dieser Zustand abrufbar ist, darf im Coaching zu einem negativen beziehungsweise ressourcenleeren Zustand übergegangen werden. Der Ressourcenanker dient als Rettungsmechanismus, sollte sich der Klient (trotz Dissoziation) zu tief im schlechten Gefühl verlieren und keinen anderen Weg hinaus finden. Dies gilt es auch mit genügend Erwartungshaltung vorzubereiten und bereits mittels posthypnotischen Befehls im Unterbewusstsein zu verfestigen!

Nun noch einmal kurz zu den Bedeutungen von Farben. Prof. Max Lüscher entwickelte vor rund 60 Jahren den ersten Farb-Test. Heute ist daraus eines der ausgefeiltesten Modelle der Persönlichkeitsanalyse gewachsen. Mit dieser Methode lässt sich der innere Gefühlszustand eines Menschen objektiv und relativ exakt messen. Ganz gleich, in welcher Kultur wir aufwachsen, so reagiert unser Körper auf bestimmte Farben immer gleich. Beispielsweise steigt bei *Rot* der Blutdruck und der Pulsschlag, bei *Blau* verlangsamt er sich. Auch wenn wir heute vielleicht andere Farben nach außen tragen, innen erleben wir sie auf die gleiche Weise. Deshalb empfiehlt sich gerade in Hypnose, wo der Klient dem Hypnotiseur nicht lang und breit erklären kann, um welches Gefühl es gerade geht (und zusätzliches Sprechen den Trancezustand behindert), der Einsatz von Farben. Der Hypnotisand wird einfach gefragt:

> *„Wenn dein Gefühl eine Farbe hat, welche ist es? Und wenn das Gefühl keine Farbe hat, welche würdest du ihm geben?"*

Nun kann mit dieser Farbe als Anker der Emotion gearbeitet werden, beispielsweise eine Farbe für das negative Gefühl und eine andere für das positive. Statt Emotionen direkt mit Begriffen anzusprechen, die verwirrend oder doppeldeutig sein könnten, arbeiten wir also mit den Farben als direkten Kontakt zur puren Emotion. So könnte beispielsweise eine Verknüpfung von der ersten auf die zweite Farbe hergestellt werden. Dies führt dazu, dass, wann immer die unangenehme Emotion im Klienten aufsteigt, diese augenblicklich wieder verblasst und stattdessen die positiven Gefühle entstehen. Natürlich ist auch hier eine Verknüpfung erst nach dem genauen Analysieren des Sekundärgewinns zu empfehlen.

Obwohl es öfters vorkommt, dass manche Menschen Farben unterschiedlich wahrnehmen, für einige Gefühle gar gänzlich neue Farbkombinationen kreieren, die sie nicht einmal zu beschreiben vermögen, so existiert doch eine allgemeine Bedeutung von Farben[xxvii], auf die im Folgenden kurz eingegangen werden soll:

**Die Bedeutung von Farben**

| | |
|---|---|
| Gelb | Kreativität und Ideen (Selbst-Entfaltung, Veränderung, Freiheit, Neues erleben wollen) |
| Orange | stimuliert die Sinne (Selbstsicherheit, Mut, Abenteuerlust, Fröhlichkeit, Extrovertiertheit) |
| Blau | Beruhigung (Distanz, Sensibilität, Ruhe, Entspannung) |
| Grün | Hoffnung und Zuversicht (Stabilität, Selbstvertrauen, Beharrungsvermögen, Selbstsicherheit) |
| Rot | Kraft, Aktivität, Sexualität, Veränderung (Eroberung, Selbstachtung, Sieg, aktive Bewegung) |
| Weiß | Helle und Reinheit (Schönheit, Unschuld, Kompetenz, Sauberkeit) |
| Türkis | Klarheit, Offenheit, Kommunikation (Jugendlichkeit, Dynamik, weckt Interesse) |
| Lila | Selbst-Achtung, Würde und Selbstsicherheit (Demut, Spiritualität) |
| Braun | Erde und Stabilität (feste Verwurzelung, Autorität, Selbstsicherheit, Treue, Organisationstalent) |
| Schwarz | Trauer, Tod, Buße und höchste Kompetenz (geheimnisvoll, interessant) |

Veranschaulichen wir den Veränderungsprozess mit einer Grafik. Bei jeder Art von Verhalten handelt es sich um eine Ankerkette:

Reiz ➡ Reaktion

Ein Reiz (intern oder extern) führt zu einer Reaktion (Verhalten und/oder Emotion). Das Verhalten (Reaktion) wird durch einen Reiz (trigger, eigentlich ein Anker) ausgelöst:

trigger ➡ Verhalten

Bei einem unerwünschten Verhalten ist jedoch auch ein Sekundärgewinn vorhanden, der dieses Verhalten rechtfertigt. Es handelt sich also um ein Verhalten, das sowohl positiv als auch negativ ist:

trigger ➡ Verhalten ⁺⁻

Das „Gute am Schlechten", das „Plus im Minus" kennen wir bereits als Sekundärgewinn. Oftmals gibt es jedoch nicht nur einen, sondern gleich mehrere Sekundärgewinne an einem Verhalten. Die Faustregel lautet hier: je schädlicher das Verhalten umso höher ist der (bzw. umso mehr gibt es an) Sekundärgewinn(en).

trigger ➡ Verhalten ⁺⁺⁻

Dazu kommt, dass das gleiche Verhalten normalerweise nicht nur durch einen trigger, sondern durch eine Vielzahl an triggern ausgelöst werden kann. Auch diese sind wieder sowohl interner als auch externer Natur:

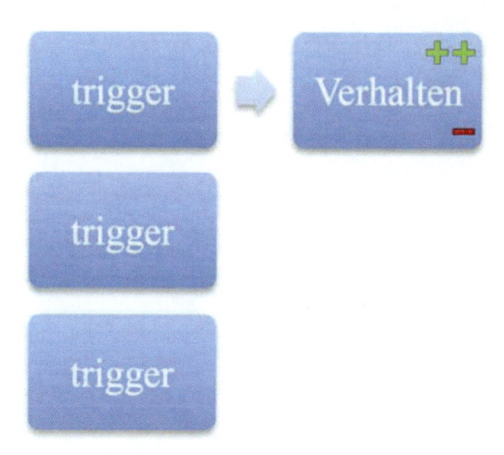

trigger ➡ Verhalten ⁺⁺⁻

trigger

trigger

Nun wird ein neues Verhalten angeboten, dabei ist nicht nur der negative Aspekt des alten Verhaltens verschwunden und durch einen positiven Nutzen ersetzt wurde (bspw. raucht der Klient nicht mehr und hat dafür mehr Lungenvolumen im Sport, kann untertags frei atmen und hat schönere Haut), sondern ebenfalls der Sekundärgewinn überführt worden:

trigger ➡ Verhalten ++ +

Im Zielzustand wird das neue Verhalten (und zusätzliche positive Alternativen) durch dieselben trigger ausgelöst wie zuvor das unerwünschte Verhalten. Damit ist sichergestellt, dass das alte Verhalten dauerhaft verändert wurde.

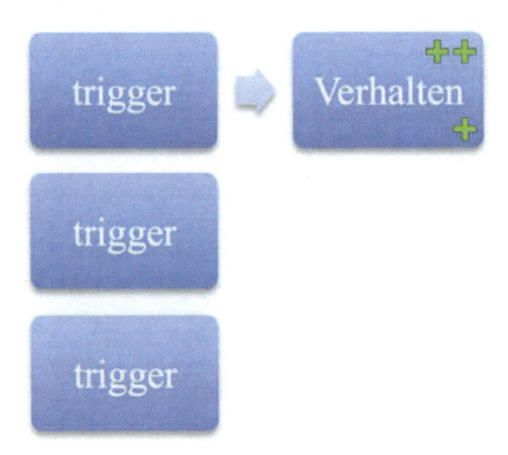

trigger ➡ Verhalten ++ +

trigger

trigger

- Hat der Klient die Wahl zwischen dem alten, negativen Verhalten mit Sekundärgewinn und einem neuen Verhalten ohne Sekundärgewinn so wird er das alte Verhalten wählen.

- Hat der Klient die Wahl zwischen dem alten, negativen Verhalten mit Sekundärgewinn und einem neuen Verhalten mit Sekundärgewinn aber ohne Mehrwert so wird er das alte Verhalten aus Gewohnheit wählen.

- Nur wenn der Klient die Wahl hat zwischen dem alten, negativen Verhalten mit Sekundärgewinn und einem neuen, positiven Verhalten mit Sekundärgewinn und Mehrwert wird er das neue Verhalten wählen.

## *6.7 Wirksamkeit*

Das Prinzip der Veränderung von Verhaltensmustern ist bereits im oberen Kapitel erläutert worden, nämlich die Konditionierung beziehungsweise Re-Konditionierung von bestehenden Mustern durch die Auflösung, Neukombination oder Überlagerung des Reizes und der darauf folgenden Reaktion. Vorsicht sollten Sie jedoch bei der Auflösung walten lassen, denn im übertragenen Sinne handelt es sich hier um Energie und diese kann nur umgewandelt, aber nicht gelöscht werden. Besser wäre also nicht der Ansatz, das unerwünschte Verhalten löschen zu wollen, sondern es durch ein positives zu ersetzen, noch besser: es in ein erwünschtes Verhalten zu *transformieren*.

Wahrscheinlich entscheiden sechs recht unterschiedliche Faktoren[xxviii] über den Erfolg der gezielten Veränderung. Wir bedienen uns dabei einerseits des Modells, einen *Reiz* (als emotionalen Auslöser für einen unerwünschten Zustand) *in Brisanz und Wirksamkeit herabzusetzen*. Andererseits sind wir bemüht, die *Länge der so genannten Refraktärphase zu beeinflussen*, also der Zeit, in der wir lediglich solche Informationen verwerten können, die unseren augenblicklichen Zustand unterstützen. Es handelt sich dabei um eine zeitlich knappe, dafür in der Wirkung komprimierte Form einer Wahrnehmungsverschiebung, die, unterstützt durch Glaubenssätze von innen oder Feedback von außen, auf den Wahrnehmungsfiltern aufsetzt (vgl. dazu die Kapitel „vorbewusste Wahrnehmung" und „Group-Think-Phänomen"). Diese oben erwähnten Faktoren sollen nun kurz aufgelistet werden, bevor detaillierter auf sie eungegangen wird.

- Nähe zu dem in der Evolution entwickelten Thema.
- Ähnlichkeit der aktuellen mit den ursprünglichen Merkmalen des auslösenden Reizes, als er konditioniert wurde.
- Lebensalter, in dem der Reiz konditioniert wurde.
- Der ursprüngliche emotionale Gehalt des Reizes.
- Die Dichte der erinnerten Erfahrung.
- Der affektive Typ[xxix], dem der Klient zuzurechnen ist.

Je näher der erlernte Reiz dem nicht erlernten Emotionsthema ist, desto schwieriger wird es, seine Wirksamkeit zu mindern. Wutausbrüche am Steuer sind ein gutes Beispiel für eine erlernte Variation, die mit dem Emotionsthema eng verwandt ist. Wenn uns ein anderer Autofahrer mit seinem Wagen schneidet (und nichts passiert), so ist es an sich unnötig und höchstens vergeudete Energie, sich zu ärgern. Warum aber reagieren wir vielleicht auf einen Kollegen, der uns ein wichtiges Projekt vor der Nase wegschnappt, wenig bis gar nicht, obwohl hier der Wutausbruch durchaus angemessen wäre? Warum also das Verhalten zulassen, wo der verursachende Reiz eher trivialer Natur ist, bei einem wirklich wichtigen Ereignis jedoch nicht? Der Grund ist, dass das Verhalten des Fahrers dem vermutlich universalen in der Evolution entstandenen emotionalen Thema ähnelt, dem zufolge wir mit Zorn reagieren, wenn wir nicht durch Worte, sondern durch physisches Handeln daran gehindert werden, ein Vorhaben auszuführen. Der andere Autofahrer liegt mit seinem Verhalten sehr viel näher an diesem Thema als Arbeitskollege.

Je mehr der aktuelle Reiz jenem Anker ähnelt, als er in der ursprünglichen Form konditioniert wurde, desto heftiger wird das Verhalten ausgelöst, beziehungsweise desto mehr der unerwünschte Zustand verstärkt. Wird, beispielsweise, ein Angestellter von seiner Führungskraft heftiger Kritik ausgesetzt, reagiert er daraufhin mit Apathie und Verzweiflung, anstatt konstruktiv mit dem Feedback umzugehen und es in seine zukünftigen Handlungen zu integrieren. Dies könnte darin begründet sein, dass der Vorgesetzte als ausgeprägte Autoritätsperson den Angestellten an dessen Vater erinnert, der ihn in seiner Jugend stets kritisiert hat. Somit fällt der Mann wieder in sein altes Muster zurück, weil er sich ja schon als kleiner Junge nicht gegen den allmächtigen Vater wehren konnte. Wäre die Kritik von einer weiblichen Führungskraft oder einer gleichgestellten Kollegin gekommen, hätte dieser Mann voraussichtlich besser damit umgehen können.

Das obige Beispiel zeigt auch gut, dass der zeitliche Horizont, zu dem das Verhaltensmuster erlernt wurde, eine wichtige Rolle spielt. Je jünger der Angestellte war, als sein Vater begann, ihn zu kritisieren, desto verfestigter wird dieser Anker in seinem Unterbewussten sein. Wäre die Kritik erst mit Beginn der Pubertät geäußert worden, hätte sie aller Wahrscheinlichkeit nach keine nachhaltigen Programmierungen in den Verhaltensschemata des Mannes nach sich gezogen (ein Umstand, den fast alle Eltern leidlich selbst erfahren).

Ebenso zählt der Gehalt der ursprünglich erlernten Reiz-Reaktion Verknüpfung. Damit ist die Stärke des *triggers* gemeint, der das Verhalten auslöst. Je heftiger der emotionale Zustand, beziehungsweise je intensiver der auslösende Reiz, desto suggestibler ist die Person in diesem Moment für eine Programmierung. Dieses Phänomen macht sich, wie Sie bereits wissen, auch die Induktionsmethode des pattern-interrupt oder der Konfusion und Schockhypnose zu Nutze. Dabei wird ein möglichst überlastender Zustand erzeugt, in dem die jeweiligen Suggestionen gegeben werden. Handelte es sich bei unserem Angestellten mit dem kritisierenden Vater zum Beispiel nicht um echten

Spott, sondern nur um eine im Spaß gesagte Neckerei, so wird das Verhaltensmuster der Machtlosigkeit weniger stark ausgeprägt und damit auch viel leichter zu entschärfen sein.

Ein weiterer Faktor, der zur Verfestigung dieses auslösenden Reizes beiträgt, ist die Dichte der Erfahrung. Wir spielen damit direkt auf die Methodik der Fremd-Konditionierung an, da ein Verhaltensmuster umso unauslöschlicher programmiert wird, je öfter es in kurzen Zeitabständen hintereinander auftritt (vor allem in Situationen mit hoher emotionaler Belastung). Dies beeinflusst ebenso die Refraktärzeit, da zum Beispiel bei einer sehr starken ursprünglichen emotionalen Aufladung und einer massiven Häufung diese im Vergleich zu weniger tief schürfenden Erlebnissen länger sein kann.

Der affektive Typ beschreibt die Fähigkeit eines Menschen, sich von einem emotionalen Erlebnis zu erholen. Dies differenziert sich in Geschwindigkeit und Intensität und hängt jeweils von er betroffenen Person ab. Zu bedenken bleibt hierbei, dass Menschen, die generell rascher und intensiver emotional reagieren, es im Schnitt viel schwerer haben, einen brisanten *trigger* aufzulösen, beziehungsweise das darauf folgende Verhalten ohne Unterstützung durch eine andere Person zu verändern.

Spätestens nach detaillierter Beschreibung dieser Einflussfaktoren wird klar, dass die *trigger* von unerwünschten Verhaltensmustern nichts anderes als unbewusste, ungewollte Anker sind. Sie entsprechen denselben Kriterien, die dazu führen, einen Anker zu setzen, nur dass der Ausgang hier ein für den Klienten negativer ist. Die Aufgabe eines Hypnotherapeuten besteht somit vor allem im Vorgespräch darin, einerseits nach bestimmten, immer wieder auftretenden Verhaltensmustern beim Klienten zu suchen und andererseits den dafür verantwortlichen Auslöser festzumachen. Sobald dieser gefunden ist, kann er in der Hypnose mittels Suggestionen und posthypnotischen

Befehlen vom aktuellen Verhaltensmuster gelöst werden und mit einer positiven, zielführenden Handlung verknüpft werden.

## 6.8 Commitment

Besonders förderlich für die Integration von neuem Verhalten ist das Commitment nach Außen. Wir alle wissen was es bedeutet, sich selbst ein Ziel zu setzen: oftmals kommen wir vom Weg ab und finden dann (natürlich gute) Ausreden, wieso etwas anderes doch wichtiger war.

Nicht so beim öffenlichen Bekanntmachen der eigenen Ziele. Indem vor eben jenen Personen im eigenen Umfeld des Klienten das Vorhaben bewusst angesprochen und um externe Kontrolle gebeten wird erhöht sich der Druck, das Ziel zu erreichen. Beispielsweise lässt sich die alleinerziehende Mutter, die von ihren Kindern natürlich als Autorität wahrgenommen werden will, von eben jenen dabei überprüfen, ob sie sich an ihr Versprechen hält.

Oder es werden wöchentliche Statusberichte auf sozialen Netzwerken wie Facebook oder Google+ geteilt, um eine zusätzliche Motivation zu haben am Ziel festzuhalten. Ebenso empfiehlt sich ein Erfolgstagebuch, in dem Zwischenschritte kontrolliert und bei Erreichen gefeiert werden.

So kann (und soll) es sich der Klient selbst so unangenehm wie möglich machen, das Ziel *nicht* zu erreichen. Das erhöht - im Umkehrschluss - die Wahrscheinlichkeit erfolgreich zu sein und die gesteckten Ziele zu erreichen dramatisch.

## 6.9 Der Quality Coaching Prozess

Im Rahmen meiner NLP, Hypnose und Coach Ausbildungen stelle ich einen Coaching-Prozess vor, der alle hier aufgeführten Werkzeuge in einen klar strukturierten Prozess bringt und damit nicht nur der Übersichtlichkeit halber hier aufgeführt werden soll. Er dient Ihnen, wie ich hoffe, zudem als künftige Checklist beim Führen Ihrer Vor- und Coaching-Gespräche und zum „sauberen Arbeiten".

- Erstkontakt (Telefon, Website, etc.)
    - Erwartungshaltung aufbauen und formen
- 1. Sitzung
    - Allgemeine Informationen & Vorannahmen
    - Coaching Gespräch
        - Thematische Abgrenzung
        - Trigger
        - Sekundärgewinn
        - Zielzustand
            - Erfolgs-Pentagon
        - Öko-Check
        - T.O.T.E.
    - Selbstbeobachtung durch Klienten
        - Trigger
        - Sekundärgewinn
- 2. Sitzung
    - Coaching Gespräch
        - Trigger
        - Sekundärgewinn
        - Neurologische Ebenen
        - Zielzustand
        - Öko-Check
        - Suggestionen
        - T.O.T.E.
    - Hypnose
    - Nachgespräch
        - Convincer
        - Commitment
- Selbstbeobachtung durch Klienten
- optional: weitere Sitzung
    - je nach Themenumfang

Um den kompletten Prozess eines Hypnose-Coachings inklusive Aufbereitung der Suggestionen nicht nur theoretisch, sondern auch praktisch darzustellen, möchte ich nun die Mitschriften zweier kompletter Vorgespräche inkl. Suggestionen präsentieren.

Sie wurden von einem meiner Teilnehmer während des Hypno Expert geführt und mit seiner freundlichen Genehmigung darf ich sie hier abdrucken. Ich bin mir sicher, dass diese Texte Ihnen die Möglichkeit bieten ein umfassenderes Verständnis für die praktische Arbeit eines Hypnotiseurs zu entwickeln, der nicht nur auf schnellen sondern vor allem auf nachhaltigen Erfolg aus ist. Besonders essentiell ist hierbei die Berücksichtigung der trigger (also jener Anker, die das unerwünschte Verhalten auslösen) und des jeweiligen Sekundärgewinns, der mit dem unerwünschten Verhalten einhergeht. Erst wenn alle trigger mit einem alternativen Verhalten (in das auch der Sekundärgewinn überführt wurde) verknüpft wurden, wird es zu einer dauerhaften Veränderung im Verhalten kommen.

Besonders hervorheben möchte ich den Erfolg des 2. Praxisbeispiels zum Thema Parkinson. Die Klientin (selbst eine Ärztin) hat bereits während der Tage zuvor beim Hypno Expert Seminar eine Reduzierung ihrer Medikamente um 50% vornehmen können und war nach der hier aufgeführten Sitzung im Rahmen des Testings unserer Teilnehmer (Dauer nur knapp eine Stunde) komplett frei von den gewohnten Symptomen ihrer Erkrankung. Diesen Zustand kann sie nun selbstbestimmt durch einen Anker abrufen und mit gewissenhafter Pflege nicht nur erhalten, sondern auch verstärken.

Über die Langzeitwirkung dieser Sitzung lässt sich zum jetzigen Zeitpunkt des Druckes des vorliegenden Buches leider noch nichts sagen, jedoch soll eines gezeigt werden: mit Hypnose können wahrhaft fantastische Ergebnisse erreicht werden, die – selbst wenn sie wie bei einer Krankheit wie Parkinson nicht unbedingt von Dauer sein mögen – unseren Klienten dennoch das Selbstvertrauen geben, einen großen

Einfluss auf die Krankheit nehmen zu können. Damit erhalten sie vor allem eines zurück: die Macht über den eigenen Körper und Geist. Und damit auch eine gänzlich neue Perspektive auf eine Krankheit, die zuvor für unmöglich zu beherrschen gehalten wurde (außer mit schwerer medikamentöser Behandlung). Allein für diese Erkenntnis war meiner Meinung nach bereits die Arbeit mit Hypnose schon wertvoll. Insbesondere, wenn das Ergebnis wie hier in nicht einmal einer Stunde erreicht werden konnte!

### 6.10.1 Hypno-Coaching Praxisbeispiel: Abnehmen[18]

**Telefonisch:**
Nach der Erwartungshaltung fragen.

Was erwartest du von der Hypnose?
*Ich möchte gerne abnehmen ...*

Ja, wie soll das Ergebnis aussehen? Möchtest du ein gewisses Gewicht erreichen? Möchtest du ein gewisses Aussehen erreichen?
*Ich würde gerne ca. 20 kg abnehmen und trotzdem einen gut gebauten Körper haben.*

**Vorgespräch:**
Begrüßung, fragen, wie der allgemeine Zustand zur Zeit ist. Ob das Gefühl gut ist, die Gesundheit in Ordnung ist. „Telefonisch haben wir deine Erwartung schon besprochen, nun möchte ich in einem kurzen Gespräch mit dir diese Erwartungen noch vertieft besprechen, wenn das für dich in Ordnung ist."

Warum möchtest du dieses Ergebnis erzielen?
*Erstens, damit ich mich besser fühle und nicht wie aufgeblasen fühle und ich nach außen (von anderen gesehen) ästhetischer wirke.*

---
[18] Autor: Michael Banovits

Fühlst du dich nicht sicher oder beobachtet, aufgrund deiner jetzigen körperlichen Situation?
*Manchmal erwische ich mich selbst, dass ich glaube, ich bin zu stark und andere empfinden das auch so und das ist mir eher unangenehm.*

Was hat dich in deine jetzige Situation gebracht?
*Schlechte Essgewohnheiten, schnelles unkontrolliertes Essen und auch oft zu viel essen, bisschen naschen usw.*

In welchem Umfeld befindest du dich zur Zeit? Familie, Beruf ... und vielleicht gibt es schon hier Probleme, die mit dem Umfeld verbunden sind, die du weißt.
*Ich bin verheiratet, Kinder, arbeite als Techniker im Bauwesen und habe eine Firma nebenbei, deshalb viel Stress und oft keine Zeit, vernünftig zu essen. Dann werde ich bei jeder Besprechung zu einem Essen eingeladen, da sich beim Essen vieles besser besprechen lässt. Wenn ich dann am Abend nach Hause komme, freut sich meine Frau, mich mit einem Essen zu überraschen oder zu verwöhnen. Natürlich nur das, was mir sehr gut schmeckt und dementsprechend esse ich dann auch mehr davon ... vor dem Niederlegen.*
(mit diesem Punkt wurde auch das Essverhalten mitgeteilt ...)

(Glaubenssätze abfragen) Hast du schon probiert abzunehmen? Wenn ja, mit welchem Erfolg?
*Schon öfters, ist mir auch schon gelungen, nur war das eigentlich nur von kurzer Dauer. Mein Alltag lässt es auch nicht wirklich zu, so vernünftig zu essen oder besser gesagt, so zu essen, dass ich mein gewünschtes Gewicht (Aussehen) erreiche bzw. auch halten könnte.*

Hast du schon einmal mit Hypnose zu tun gehabt? Wurdest du schon einmal hypnotisiert?
*Nein, noch nicht.*

Bist du schon einmal in eine leichte Trance gefallen? Oder sind dir schon einmal Tagträume passiert?
*Ja- Tagträume hatte ich oder habe ich ab und zu schon.*

Sehr gut, und bei welcher Situation hast du die Tagträume?
*Meistens, wenn ich gerade eine kurze Zeit Ruhe habe und aus dem Fenster schaue.*

Sehr gut, so oder sehr ähnlich wird es sich auch gleich anfühlen. Du merkst schon, in Wahrheit warst du bereits schon ganz oft in Trance! Jetzt nutzen wir diesen Zustand, damit du dein Ziel schnell und einfach erreichst. Einverstanden?
*Ja!*

**Ziele abgrenzen und definieren:**
Wie viel möchtest du abnehmen, wie möchtest du aussehen und in welcher Zeit möchtest du dein Ziel erreichen?
*Wie gesagt, ca. 20 kg weniger, einen muskulösen Körper und ca. 2-3 Monate würde ich für ein schönes Ziel halten.*

Ich möchte mit dir jetzt die Situationen herausarbeiten, wann du isst, wie du in dieser Situation isst und was du isst.

Deine Umgebung Familie … wann isst du in der Umgebung der Familie?
*Meistens abends, wenn ich nach Hause komme, ca. 20.00 bis 21.00 oder wir gehen essen um dieselbe Zeit herum.*

Was isst du?
*Alles, was schmeckt, da ich viel Stress habe und dann spät nach Hause komme, belohne ich zumindest mit einem guten Essen.*

Isst du dann, weil du Hunger hast?
*Na ja, eigentlich geht es mehr um etwas Gutes für mich, mit dem ich zufrieden bin.*

Und im beruflichen Umfeld?
*Ein, zwei Besprechungen täglich und oft wird das im Rahmen eines Essens durchgeführt.*

Muss das mit einem Essen durchgeführt werden? Ist das zwingend?
*Muss nicht, aber für ein gutes Gesprächsklima ist es das Einfachste miteinander zu essen. Ist einfach gemütlich und wenn es gemütlich ist, kommt meistens ein positives Ergebnis raus.*

Gibt es außer der Familie oder dem beruflichem Umfeld noch andere Essgewohnheiten? Z.B. Naschen, zusätzliches heimliches Essen oder Ähnliches?
*Nein, eigentlich nicht wirklich ...*

Eigentlich nicht wirklich? Oder definitiv – Nein?
*Na ja, ab und zu am Abend ein Eis aus dem Eiskasten oder eine Schokolade mit Milch beim Fernsehen.*

Als Trigger (Anker) wurden jetzt erkannt:

- dass das Nachhausekommen ein Auslöser für das Essen ist und eine Art Belohnung für den erledigten Tag ist.
- Ein zweiter Trigger ist das berufliche Umfeld, damit bei Besprechungen ein positives Ergebnis erzielt wird und weil ein gemütliches Essen als Möglichkeit angenommen wird.
- Noch ein Trigger ist beim Fernsehen. Am Abend wird noch ein Eis gegessen oder genascht.

Für den Trigger beim Nachhausekommen wird die Reaktion „Essen" ausgelöst:

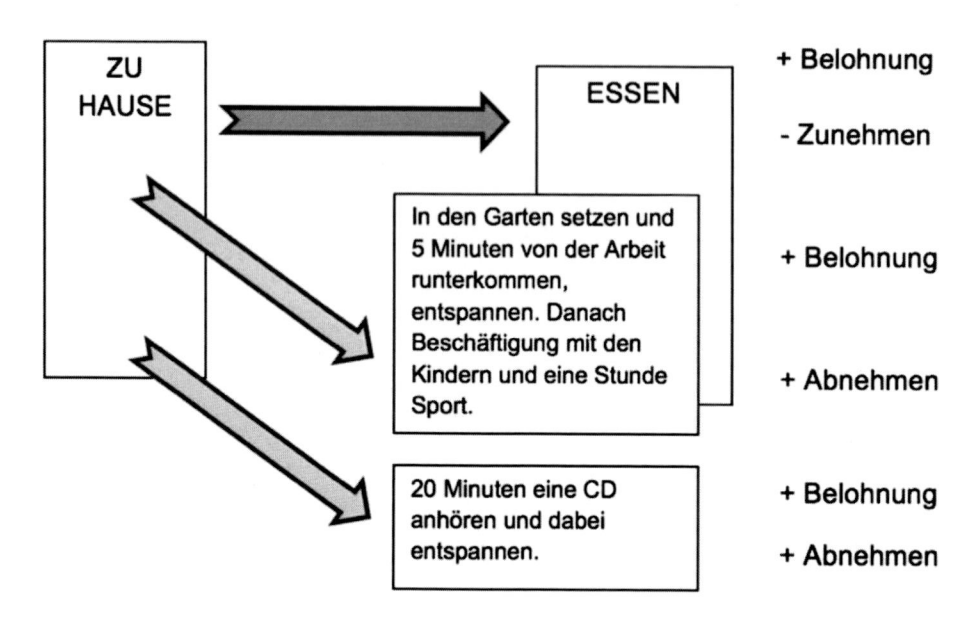

```
ZU HAUSE  →  ESSEN                               + Belohnung
                                                 - Zunehmen

         ↘  In den Garten setzen und
            5 Minuten von der Arbeit             + Belohnung
            runterkommen,
            entspannen. Danach
            Beschäftigung mit den
            Kindern und eine Stunde              + Abnehmen
            Sport.

         ↘  20 Minuten eine CD                   + Belohnung
            anhören und dabei
            entspannen.                          + Abnehmen
```

Oder vielleicht findest du selbst eine für dich angenehme Möglichkeit, nicht gleich, wenn du nach Hause kommst, zu essen, womit du dich für den Tag belohnst.
*Eigentlich sind beide Vorschläge nicht schlecht, die könnten fast von mir selbst sein!*

Für den Trigger Besprechung wird die Reaktion „Essen" ausgelöst:

```
Besprechung  →  ESSEN                            + gutes Klima
                                                 - Zunehmen
```

Jetzt bist du selbst gefragt, findest du vielleicht eine Möglichkeit, in einer Besprechung ein angenehmes Klima zu schaffen, ohne dass du dabei essen musst?

*... Da die meisten Gesprächspartner glauben, mir etwas Gutes damit zu tun, und ich sie eigentlich nicht enttäuschen möchte, liegt es eigentlich an mir selbst. Ich könnte auch ein Kaffeehaus vorschlagen und nur einen Tee bestellen. Wenn ein Gesprächspartner essen möchte, könnte er das sicher vorher oder nachher erledigen, ich werde da nicht gezwungen dazu.*

Sehr gut – du hast selbst die Lösung gefunden …

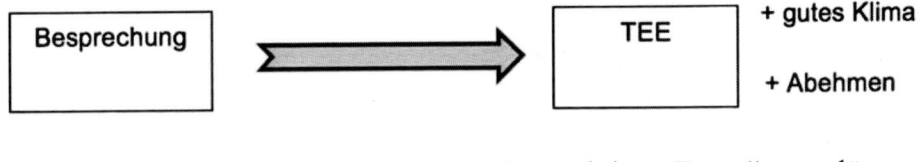

| Besprechung | ⟹ | TEE | + gutes Klima<br>+ Abnehmen |

Für den Trigger „Lust auf Süßes" wird die Reaktion „Essen" ausgelöst:

| Lust auf Süßes | ⟹ | ESSEN | + Ablenkung<br>− Zunehmen |

Hast du eine Idee, wie du die Ablenkung beim Fernsehen wegbekommen könntest?
*Am besten wäre es, gar kein Eis zu Hause zu haben. Wenn ich ein Eis essen möchte, sollte das etwas Besonderes sein und mit einem Besuch im Eisgeschäft verbunden sein. Auch die Schokolade sollte nur eine Belohnung sein und vielleicht sollte ich mich nur belohnen, wenn ich ein bestimmtes Ziel erreicht habe. Und weniger ist mehr, nur ein Stück Schokolade, dafür aber etwas ganz Besonderes.*

Jetzt stell dir vor: Du in 3 Monaten, du hast dein Ziel erreicht – 20 kg weniger, einen muskulösen Körper und du bist mit deinem Aussehen zufrieden und fühlst dich wohl. Schau dein Umfeld an, deine Familie, dein berufliches Umfeld, deine Freunde – passt dein jetziger Zustand? Bist du damit zufrieden? Oder gibt es Situationen, die du vielleicht noch ein bisschen ändern oder verbessern musst, damit du dein Ziel erreichen kannst und auch in Zukunft damit zufrieden sein kannst?
*Ich denke, ich bin sehr zufrieden.*

Du denkst, du bist zufrieden? Schau dich in den Spiegel, du siehst dich, du bist so, wie du es vor 3 Monaten selbst beschrieben hast. Bist du wirklich mit der gesamten Situation zufrieden? Sieh dich um – möchtest du noch etwas ändern, damit es wirklich in Ordnung für dich ist und du zufrieden bist?
*Nein, es ist wirklich in Ordnung und ich bin wirklich sehr zufrieden.*

Du kannst dir vorstellen:

- wenn du in der Arbeit bist und du zu einer Besprechung eingeladen wirst – nicht mehr essen gehst – sondern mit den Geschäftspartnern auf einen Tee in ein Kaffeehaus gehst. Immer, wenn du auf ein Essen für eine Besprechung eingeladen wirst, möchtest du automatisch nur auf eine Tasse Tee eingeladen werden.
- wenn du nach Hause kommst – nicht mehr mit einem Essen belohnt zu werden – sondern dich selbst mit den Kindern beschäftigst oder mit Musik entspannst und mit Sport belohnst.
- beim Fernsehen nicht mehr zu naschen, sondern es genießen, sich dafür auf einen besonderen Moment zu freuen und sich mit etwas Süßem zu belohnen.

Jetzt würde ich eine kurze Pause einlegen und danach mit der Hypnose beginnen. Während der Hypnose werde ich dich an einen Ort führen, der nur für dich da sein wird, an dem du glücklich, zufrieden und entspannt sein wirst. Dieser Ort wird dir immer zur Verfügung stehen – zu jeder Zeit, überall, wo du dich befindest. Und damit du den Raum überall abrufen kannst, er ist immer bei dir, in dir, möchte ich ihn mit dir verankern. Meine Frage ist jetzt an dich, welcher Art der Verankerung es sein soll, dies kann mittels eines Punktes an deinem Körper, ein Geruch, ein Geräusch oder irgendetwas sein, das dir hilft, dich an deinen Ort der Entspannung zu erinnern.
*Ja, ich denke an der linken Hand zwischen Daumen und Zeigefinger.*

Gut, dann machen wir jetzt noch eine kurze Pause – du kannst aufs Klo gehen oder etwas trinken wenn du möchtest – und dann starten wir mit der Hypnose.

Ich beginne mit einer einleitenden Induktion und einer Traumreise zur Vertiefung ... danach folgen die Suggestionen, die auf Basis des Vorgespräches erarbeitet wurden:

*„Du bist dort, wo du dich richtig wohl fühlst. Und jetzt möchte ich dir deinen Ort der Entspannung, an dem du gerade bist, verankern ... und mit jedem Druck deines Ankers wirst du dich noch mehr entspannen und wohl fühlen.*

*Rechts von dir steht ein großer Spiegel ... gehe einmal zum Spiegel und schau dich im Spiegel an ... ja - das bist du – du, wie du in 3 Monaten aussehen wirst – so wie du es dir wünschst, 20 kg weniger und einen muskulösen Körper – du spürst, wie wohl du dich dabei fühlst, es geht dir richtig gut dabei und du bist richtig glücklich. Nimm dieses Bild in dich auf, spüre, wie gut du dich dabei fühlst – du hast es geschafft, 20 kg abgenommen und gut trainiert – das fühlt sich so richtig gut an ...*

*Sieh dich um – schau wo du bist – du bist geschäftlich unterwegs zu einer Besprechung und du spürst, wie dir ein 20 kg schwerer Rucksack umgehängt wird, mit dem du jetzt zur Besprechung in ein Restaurant gehen musst. Du spürst das Gewicht, das plötzlich auf dich wirkt, und wie unwohl du dich dabei fühlst, eigentlich möchtest du gar nichts essen. Du gehst beim Restaurant vorbei und wie du dich wieder vom Restaurant entfernst, spürst du, wie der Rucksack an Gewicht verliert und je weiter du dich vom Restaurant entfernst, desto leichter wird der Rucksack – das ist angenehm! Du gehst weiter, bis du das Restaurant nicht mehr siehst und das Gewicht vom Rucksack wieder völlig verschwindet. Ja, das ist ein gutes Gefühl – mit einer Tasse Tee ist die Besprechung viel schöner und angenehmer. Du fühlst dich auch gut dabei und bist auch konzentrierter, auch deine Partner sind zufrieden und freuen sich. Du kannst stolz auf dich sein, du hast einen großen Schritt für dein Ziel gemacht – weiter so.*

*Du spürst das angenehme Gefühl und wie entspannt du bist – das ist ein schönes Gefühl.*

*Geh jetzt langsam nach Hause – schau deine Kinder, sie freuen sich schon auf dich. Für dich wird schon das Essen zubereitet und du spürst schon wieder diesen 20 kg schweren Rucksack, der dir umgehängt wird. Er drückt dich schwer auf den Magen, du spürst das Gewicht und du fühlst dich unwohl dabei. Du machst die Küche zu und gehst in den Garten, weit weg von der Küche und spürst wieder, wie der Rucksack wieder leichter wird, bis er wieder ganz weg ist. Du legst dich auf die Bank und genießt die Umgebung und kannst dich total entspannen. Das tut dir sehr gut, du spürst, wie angenehm dir das ist. Du gehst weiter ... und siehst deinen Fitnessraum. Du hörst eine angenehme Musik und beginnst zu trainieren. Ja, das gefällt dir sehr und entspannt dich. Du spürst, wie dein Körper nach den Trainingseinheiten verlangt. Und wieder hast du einen Riesenschritt für dein Ziel getan. Du kannst stolz auf dich sein.*

*Jetzt kannst du dich gemütlich vor den Fernseher setzen und genießen. Du gehst zum Eiskasten und schaust, ob du etwas zu naschen findest ... nein ... du kannst nichts finden ... du bist aber froh darüber und freust dich ... du weißt, morgen oder übermorgen oder irgendwann in nächster Zeit wirst du dafür mit einem guten Stück Schokolade belohnt – ja und da steht er wieder der 20 kg Rucksack ... nimm ihn und wirf ihn so weit du nur kannst – ja du wirfst ihn weit, weit sehr weit weg ... du kannst ihn gar nicht mehr sehen soweit, du wirst ihn auch nie wieder mehr finden ... du bist richtig glücklich und fühlst dich gut.*

*Erinnere dich an das gute Gefühl, das du gerade jetzt empfindest, ich verankere dir dieses, dein jetziges gutes Gefühl mit einem Druck in deine linke Handfläche. Und immer, wenn du diese gute Gefühl benötigst, wenn du dich belohnen möchtest, dann drücke den Anker in deiner linken Handfläche und du wirst dieses gute Gefühl erleben und empfinden.* (Ankern).

*Komm wieder langsam ins Jetzt und hierher zurück ...*

Exduktion

**Nachgespräch**
Wie geht es dir jetzt?
*Gut, danke ...*

Wie fühlst du dich?
*Danke, gut.*

Bist du zufrieden mit der Traumreise?
*Ja, es war sehr angenehm ...*

(Ablenkende Frage) Kennst du den Donauturm in Wien? Wann warst du das letzte Mal dort?
*? vor 2 Jahren ...*

Atme bitte einmal tief ein und wieder aus ... und zeig mir deine linke Handfläche (drücke den Anker in der linken Handfläche und beobachte die Reaktion). Wie geht's dir dabei?
*Danke, wirklich sehr gut.* (Test erfolgreich)

Wen würde es richtig stolz machen außer dir selbst, wenn du dein Ziel erreicht hast?
*Meine Familie, vielleicht einen Arbeitskollegen ...*

Sehr gut, informiere deine Familie und deinen Arbeitskollegen darüber, - über dein Ziel in 3 Monaten. Sie werden es kontrollieren. (Commitment)

Sie werden dich beobachten. Hast du eine Hose oder ein Hemd, was du früher tragen konntest? So, wie du wieder sein möchtest und sein wirst?
*Ja ... eine Hose - warum?*

Nimm die Hose und häng sie dort auf, wo du sie jeden Tag sehen kannst – als Erinnerung an einen weiteren Schritt in Richtung deines Zieles. Aber denk daran, sie alle paar Tage umzuhängen, damit du nicht gedankenlos daran vorbeiläufst.
*Das ist eine gute Idee!*

**Nachkontrolle**
Um den dauerhaften Erfolg zu gewährleisten, findet 2-3 Tage nach der Sitzung ein Telefonat statt, bei dem geprüft wird, ob die Verhaltensänderung erfolgreich war. Danach beginnt entweder eine Selbstkontrolle (im Idealfall verstärkt durch ein Commitment nach außen, wie hier am Beispiel Familie und Kollegen) oder der Hypnotiseur kontrolliert durch regelmäßige Anrufe und ggf. eine weitere Sitzung zum Nacharbeiten, falls noch weitere Trigger oder alternative unerwünschte Verhaltensweisen auftauchen, die bisher nicht bekannt waren.

## *6.10.1 Hypno-Coaching Praxisbeispiel: Parkinson*[19]

**Telefonisch:**
Nach der Erwartungshaltung fragen.
Was erwartest du von der Hypnose?
*Ich habe ein, naja, körperliches Problem ...*

Um welches Problem handelt es sich?
*Ich habe Parkinson und bewege unkontrolliert meinen Körper - oder besser gesagt, er macht es von selbst in gewissen Situationen.*

---

[19] Autor: Michael Banovits

Ok, hast du schon einmal eine Hypnose selbst miterlebt?
*Nein.*

Was erwartest du dir von der Hypnose?
*Dass ich in diesen Situationen nicht mehr nervös meinen Körper bewege.*

**Vorgespräch:**
Begrüßung und fragen, wie der allgemeine Zustand zur Zeit ist. Ob das Gefühl gut ist, die Gesundheit in Ordnung ist. „Telefonisch haben wir deine Erwartung schon besprochen, nun möchte ich in einem kurzen Gespräch mit dir diese Erwartungen noch vertieft besprechen, wenn das für dich in Ordnung ist."
Warum möchtest du dieses Ergebnis erzielen?
*Damit ich mich besser fühle.*

Vorerst wollte ich schon mit dir abklären, dass ich keine ärztliche Ausbildung habe und mich mit keinen Krankheiten und deren Auswirkungen auskenne.
*Ja, o.k., ich möchte auch nicht die Krankheit behandeln, sondern, wenn das möglich ist, die unkontrollierten Bewegungen wegbekommen, die eigentlich von der Krankheit unabhängig sind.*

Wann tritt diese körperliche Reaktion auf? In welchen Situationen?
*Meistens, wenn ich mit anderen Leuten zusammen bin.*

Also wenn du allein bist, in einer sicheren Umgebung, passiert dir das nicht?
*Nein.*

Welche Leute sind das? Fremde? Oder auch Bekannte?
*Eigentlich Fremde oder Kollegen.*

Fühlst du dich unsicher, wenn du mit Fremden oder Kollegen zusammen bist?
*Ein bisschen, ja, - und dann stört mich das eigentlich sehr.*

Also zu Hause, wenn du bei deiner Familie bist, passiert dir das nicht oder stört es dich nur nicht?
*Es passiert schon, nur eher selten und da stört es mich nicht. Vielleicht ein wenig bei den Kindern, aber da ist es nicht so schlimm.*

Aber wenn du ganz allein bist und du dich absolut sicher fühlst, passieren diese Bewegungen nicht oder sind sie dir dann egal? Oder sind sie dir eigentlich egal, wenn du zu Hause bist und deshalb passieren sie nicht?
*Ja, wenn ich allein bin, passiert das nicht und deshalb fühle ich mich gut.*
Beschreibe eine Situation, in der es dich sehr stört.
*Bei der Teambesprechung im Besprechungszimmer in der Arbeit.*

Also bist du eigentlich unsicher und fühlst dich nicht gut, wenn du Menschen siehst, weil du befürchtest, die sehen deine unkontrollierten Bewegungen und deshalb passiert das?
*Ja.*

Also wenn wir es schaffen, dass es für dich nicht wichtig ist, was die anderen über dich denken, wäre es dasselbe, als wenn du allein zu Hause bist und dich sicher fühlst. Und dann würde das ja nicht mehr passieren und deshalb bräuchtest du dich nicht unsicher fühlen in der Situation.
*Ja – das stimmt.*

Eigentlich ist nicht das unkontrollierte Bewegen das Problem, sondern nur die Reaktion auf dein Gefühl, dein Empfinden, wie dich andere Menschen sehen oder du glaubst, dass sie dich sehen.
*Irgendwie, - ja, stimmt!*

**Ziele abgrenzen und definieren:**
Also können wir als Ziel einmal definieren, dass du dich bei den Teambesprechungen im Besprechungsraum sicher fühlst und das unkontrollierte Bewegen nicht mehr vorkommt?
*Ja, das würde mir sehr helfen.*

Vor der Teambesprechung, wo bist du? In deinem Büro, zu Hause ..?
*In meinem Büro.*

Und der Weg von deinem Büro zum Besprechungszimmer?
*Ein normaler Gang.*

Wie sieht die Türe zum Besprechungszimmer aus? Aus Glas (durchsichtig) oder eine normale Kunststofftür und welche Farbe?
*Eine normale, weiße Türe.*

Als Trigger (Anker) wurde erkannt:

- dass sie sich nur in Situationen unkontrolliert bewegt, in denen sie selber annimmt, dass andere Menschen sie beobachten, wie sie sich unkontrolliert bewegt.

Für den Trigger „Stress/Anspannung" wird die Reaktion „unkontrolliertes Bewegen" ausgelöst:

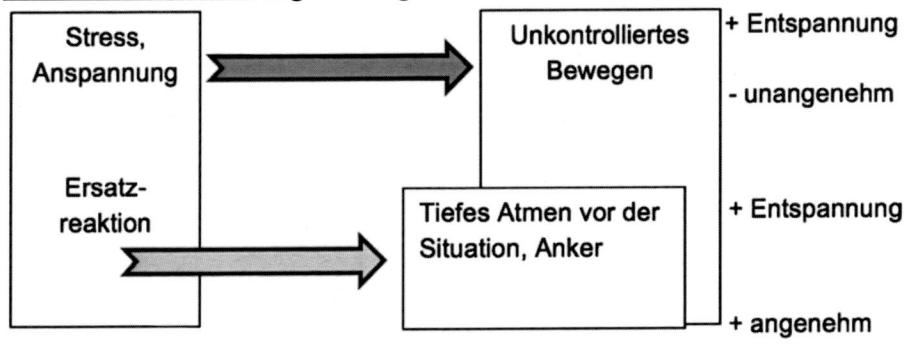

| Stress, Anspannung | → | Unkontrolliertes Bewegen | + Entspannung |
| | | | − unangenehm |
| Ersatzreaktion | → | Tiefes Atmen vor der Situation, Anker | + Entspannung |
| | | | + angenehm |

Könntest du dir vorstellen, dass du vor der nächsten Sitzung, wenn du dich unwohl fühlst, - in diesem Moment tief Luft holst, eventuell deinen Anker benutzt und dass das dir helfen könnte?
*Ja!*

Jetzt stell dir vor, du bist bei der nächsten Teambesprechung. Du atmest vorher tief durch, verwendest, wenn du ihn brauchst, deinen Entspannungsanker. Du setzt dich in den Besprechungsraum, nichts passiert und keiner schaut dich an, weil ja auch nichts passiert. Wäre dieser Zustand gut für dich?
*Ja, das wäre ein super toller und guter Zustand.*

<u>Jetzt legen wir eine kurze Pause ein und beginnen dann mit der Hypnose.</u>

Während der Hypnose werde ich dich an einen Ort führen, der nur für dich da sein wird, an dem du glücklich, zufrieden und entspannt sein wirst. Dieser Ort, wir nennen ihn deine Entspannungszone, wenn dir das recht ist, wird dir immer zur Verfügung stehen – zu jeder Zeit, überall, wo du dich befindest. Bist du damit einverstanden?
*Ja!*

Und damit du deine Entspannungszone überall abrufen kannst, sie ist immer bei dir, in dir, möchte ich diese mit dir verankern. Meine Frage ist jetzt an dich, welcher Art der Verankerung es sein soll, dies kann mittels eines Punktes an deinem Körper, ein Geruch, ein Geräusch oder irgendetwas sein, das dir hilft, dich an deinen Ort der Entspannung zu erinnern.
*Ja, in der linken inneren Handfläche.*

Ich beginne mit einer einleitenden Induktion und einer Traumreise zur Vertiefung …

*„Du bist dort, wo du dich richtig wohl fühlst. Und jetzt möchte ich dir deinen Ort der Entspannung, an dem du gerade bist, verankern ... und mit jedem Druck deines Ankers wirst du dich noch mehr entspannen und wohl fühlen.*

*Jetzt möchte ich, dass du in Kürze in eine Teambesprechung gehst. Du weißt, du kannst jederzeit deine Entspannungszone in Anspruch nehmen. Aber vor der Teambesprechung bist du noch in deinem Büro, allein in deinem Zimmer. Sieh dich um, es geht dir gut und du bist locker und entspannt. Ein gutes Gefühl ist in dir. Nimm dir einen Notizblock von deinem Schreibtisch und jetzt gehe langsam in Richtung Besprechungszimmer. Du weißt, du kannst jederzeit deine Entspannungszone abrufen – sie ist in dir. Und auf den Weg zum Besprechungszimmer - du siehst die weiße Türe - bleib kurz stehen, drücke den Notizblock fest mit beiden Händen und atme tief durch.*
*Das war gut und ist angenehm.*

*Gehe langsam, aber konsequent zum Besprechungszimmer, vor der Tür drücke noch einmal den Notizblock fest mit beiden Händen und atme tief ein und gleich noch einmal. Das tut gut.*

*Öffne nun die Türe und sieh dich um, es geht dir gut. Such dir einen angenehmen Platz aus, setz dich nieder und atme noch einmal tief ein und jetzt verwende noch einmal deine Entspannungszone. Ja, – du merkst, es geht dir gut.*

*Jetzt schwebe im Besprechungszimmer und schau dich selbst an, beobachte dich. Kein unkontrolliertes Bewegen, niemand schaut auf dich, kein Kollege beobachtet dich – es gibt ja nichts zu sehen!*

> *Schau dir genau deine Kollegen an, du wirst sehen, manche klappern mit ihren Kugelschreibern, einer schaukelt und einer schaut verlegen auf den Boden ... du musst sogar lächeln, wenn du dich so siehst, so ruhig, so sicher und so entspannt. Jetzt merkst du, dass du die Fesseln gesprengt und abgelegt hast – das ist ein gutes Gefühl, du kannst stolz auf dich sein, du hast es allein geschafft."*
>
> Exduktion

**Nachgespräch**
Wie geht es dir jetzt?
*Gut, danke ...*

Wie fühlst du dich?
*Danke, gut!*

Bist du zufrieden mit der Traumreise?
*Ja, es war sehr angenehm ...*

(Ablenkende Frage) Wie ist deine Telefonnummer rückwärts?
*? 9 – 4 – 7 – 2 ...*

Atme bitte einmal tief ein und wieder aus ... und zeig mir deine linke Handfläche (drücke den Anker in der linken Handfläche und beobachte die Reaktion). Wie geht's dir dabei?
*Danke, wirklich sehr gut!*

Wen würde es richtig stolz machen außer dir selbst, wenn du dein Ziel erreicht hast?
*Meine Familie, vielleicht Arbeitskollegen ...*

Sehr gut, informiere deine Familie über dein Ziel. Sie wird deine Veränderung bemerken und sich mit dir freuen.

## 6.11 Zusammenfassung

Um Verhalten nachhaltig positiv zu verändern, bedarf es zuerst eines umfassenden Verständnisses dafür, was Verhalten überhaupt ist. Wir erkennen, dass es auf den Glaubenssätzen und dadurch Fähigkeiten eines Menschen aufbaut, oft aber direkt durch dessen Selbstbild bestimmt ist.

So ist es wichtig zu verstehen, wie diese unterschiedlichen Ebenen miteinander in Verbindung stehen, was das Modell der neurologischen Ebenen nach Dilts sehr gut darstellt. Weiters wurde hier im Besonderen auf Werte, Glaubenssätze und die Definition des Selbstwertes eingegangen.

Mindestens genauso wichtig ist die Frage nach dem Sekundärgewinn einer an sich negativen Handlung, die dafür verantwortlich ist, wieso ein Verhalten nicht verändert wird, obwohl der Wunsch danach besteht.

Denn meistens verbirgt sich hinter einem zuerst banal wirkenden Problem eine tiefer liegende Ursache. Ohne diese Wurzel zu erkennen und zu bearbeiten, ist die Wahrscheinlichkeit relativ hoch, dass – auch wenn das ursprüngliche Symptom verschwunden ist – sich dasselbe Thema auf andere Art und Weise (in Form eines neuen womöglich schwerwiegenderen Symptoms) erneut äußert.

Schließlich wurden Methoden zur Veränderung von Verhalten wie der Kettenanker vorgestellt und das Prinzip in seiner Wirksamkeit erneut unter Bezugnahme auf die emotionalen Zustände, die hier eine ganz wesentliche Rolle spielen, durchleuchtet.

Ein Commitment nach außen hin ermöglicht es dem Klienten, die nachhaltige Verhaltensveränderung im Alltag zu integrieren.

# KAPITEL 7: SELBSTHYPNOSE[20]

Ich halte Selbsthypnose für eines der wichtigsten Werkzeuge, wenn es darum geht, die eigenen Ziele zu erreichen. Gerade in meiner alltäglichen Arbeit mit meinen Klienten ist es möglich, die Eigenkompetenz des Klienten zu fördern. Viele Menschen leben ein Leben, in dem sie die meiste Zeit scheinbar nur fremdbestimmt sind. Wenn sie etwas in ihrem Leben verändern wollen, benötigen sie immer externe Hilfe. Dies ist einer der wichtigsten Gründe, weshalb ich meine, dass jeder Selbsthypnose erlernen sollte. „Selbsthypnose ist eine Kunst, keine Wissenschaft," antworte ich, wenn ich gefragt werde, was Selbsthypnose ist. Es ist die Kunst, das eigene Leben selbst zu gestalten. Da es keine einheitliche Definition gibt, was Hypnose genau ist, ist eine Definition der Selbsthypnose genauso uneinheitlich. In meinen Selbsthypnosekursen biete ich immer mehrere mögliche Definitionen an, zum Beispiel Hypnose ist ein „Fähigkeiten-Verstärker" oder: Hypnose ist die Kommunikation zwischen Körper und Geist. Ich lade dazu ein, über die möglichen – verschiedenen – Bedeutungen der einzelnen Definitionen für die Arbeit mit Selbsthypnose nachzudenken. In der Arbeit mit Selbsthypnose zeigt sich, wie individuell jeder Mensch ist und wie wichtig es ist, gezielt auf dessen Bedürfnisse einzugehen. Ebenso einzigartig ist auch die Definition von Selbsthypnose.

Neben den klassischen Möglichkeiten der Entspannung und damit der Stressreduktion bietet die Selbsthypnose auch die Möglichkeit des Selbstcoaching. Das bedeutet, sie ist eine effektive Methode zu lernen, wie man gezielt unerwünschtes Verhalten abstellen und neues gewünschtes Verhalten entwickeln kann. Selbsthypnose ist deutlich effizienter als reines Verhaltenstraining. Die Meinung, man müsse sich immer erst die alten negativen Erfahrungen bewusst machen und

---

[20] Das Kapitel 7 „Selbsthypnose" ist geistiges Eigentum von **Stefan Strobl**.

durcharbeiten, bevor man seine Ziele erreichen und Verantwortung für das eigene Leben übernehmen kann, ist falsch. Es gibt genügend Erfahrungen, die zeigen, dass sich selbst alte hinderliche Zwänge und Leid sich lösen lassen, indem man die Aufmerksamkeit auf das richtet, was erwünscht ist.

Im medizinischen Bereich ist die Selbsthypnose, ähnlich wie die traditionelle Hypnose auch, bekannt für ihre Möglichkeit, Einfluss auf Schmerzen zu nehmen. Neben zahnärztlichen Eingriffen werden auch kleine und mittlere Operationen allein mit Selbsthypnose als Schmerzmittel durchgeführt. Gerade im Gesundheitsbereich sind die Möglichkeiten weit erforscht. Sie beschränken sich nicht nur auf die Schmerztherapie. Weitere Anwendungsbereiche sind psychosomatische Erkrankungen und Erkrankungen des Immunsystems, wie beispielsweise auch Allergien. So haben klinische Studien der Universität Basel mitunter die Wirksamkeit von Selbsthypnose zur Linderung von Allergiesymptomen belegt. Selbsthypnose eröffnet Ihnen die Fähigkeit, ohne Hilfe einer anderen Person Hypnose zu nutzen.

## 7.1 Selbsthypnose im Unterschied zur Fremdhypnose

Selbsthypnose unterscheidet sich von der Fremdhypnose teilweise so grundlegend, dass ich sie als eigenen Bereich ansehe. Zwar gibt es die weit verbreitete Meinung: „Jede Fremdhypnose ist ein Selbsthypnose". Die derzeitigen Forschungsergebnisse der Gehirnforschung scheinen diese These zu unterstützen. Doch ist die zu Grunde liegende Struktur der Selbsthypnoseanwendung eine andere als die der Fremdhypnose. Die Tatsache, dass man sich in der Selbsthypnose nur auf sich selbst beziehen kann, legt folgende Implikationen nahe:

„Ein System kann sich niemals vollständig selbst betrachten!" Für den Leser, der sich schon mit Systemtheorie auseinandergesetzt hat, mag dies eine bekannte Aussage sein. Für Selbsthypnose bedeutet dies ganz einfach gesagt: „Jeder hat seine blinden Flecken". Wir können niemals alle unserer Filter, Glaubenssätze und so weiter in ihrer Gesamtheit selbst erfassen. Es wird immer nur ein Teilaspekt sein. „Wir haben immer dieselben Daten." So wie wir nur einen Teil von und selbst erfassen können, können wir auch nur mit dem arbeiten, was wir bereits haben. Alle unsere Erfahrungen, egal, wie umfangreich sie auch sind, sind begrenzt und uns längst bekannt. Das heißt, wir können nur Bekanntes auf eine neue Art und Weise zusammensetzen. Alles scheinbar Neue basiert letztendlich nur auf Altem, was je nach Fähigkeit zu kombinieren bereits eine Menge sein kann.

Es ist wie beim Kochen: Mit einer fest definierten Menge an Zutaten können nahezu unendlich viele verschiedene Gerichte hervorgezaubert werden. Die einzige Begrenzung sind die Fähigkeiten und die Phantasie des Kochs. Wenn wir mittels Selbsthypnose etwas verändern wollen, sehen wir uns zwei Begrenzungen gegenüber. Zum Glück ist kein Mensch eine Insel und wir leben mit anderen Menschen zusammen. Dies ermöglicht uns, jenseits dieser Grenzen zu gelangen. Unser Verhalten löst in unserer Umwelt immer Reaktionen aus. So wie man nicht nicht kommunizieren kann, kann man auch nicht keine Reaktionen auslösen. Die Umwelt gibt uns ständig Feedback über unser eigenes Verhalten, auch wenn das meiste davon für uns unbewusst ist. Es ist allgegenwärtig. Und mit Hilfe dieses Feedbacks können wir unsere eigenen blinden Flecken erkennen. Dies ist wichtig. Wenn dieser Punkt in der Anwendung von Selbsthypnose nicht beachtet wird, kann diese nur die eigene Welt weiter verfestigen. Neben dem Feedback stellen unsere Mitmenschen einen wertvollen Schatz an Ressourcen da, der es uns ermöglicht, Neues jenseits der oben genannten Grenzen zu schaffen.

Für den Selbsthypnoseanwender heißt dies konkret, dass er bei allen Zielen, die er mit Selbsthypnose erreichen will, zuerst folgende Fragen stellen sollte:

> *„Welche Auswirkungen hat es auf mein Umfeld, wenn ich dieses Ziel erreicht habe?"*

> *„Welche Auswirkungen hat es auf mich, wenn ich dieses Ziel erreicht habe?"*
> *„Ist es sinnvoll, vorher mit einer anderen Person über das Ziel zu sprechen?"*

## 7.2 Die Phasen der Selbsthypnose

Genauso wie der normale hypnotische Prozess folgt die Selbsthypnose in der Regel verschiedenen Phasen, die fast immer anzutreffen sind.

- Vorsatz
- Geeigneten Bewusstseinszustand herbeiführen
- Suggestionen / Intervention
- Rückkehr zu „Alltagsbewusstsein"

### 7.2.1 Der Vorsatz

Es wird einen Vorsatz bzw. ein Ziel geben, für das Selbsthypnose angewendet werden soll. In Zusammenhang mit Selbsthypnose spreche ich hier oft von Vorsatz, bzw. Intention. Der Vorsatz sollte den Wohlgeformtheitskriterien aus dem Kapitel Ziele entsprechen. Diese sind für die effektive Anwendung der Selbsthypnose sehr wichtig. Da die Eigenwahrnehmung in Trance verändert ist, kommt es oft vor, dass nach dem Erreichen einer tiefen Trance keine Suggestionen mehr bewusst gegeben werden können. Hier hilft der richtige Vorsatz, diese Lücke zu schließen. Der Grund, weshalb der Vorsatz Wirkung wie eine Suggestion haben kann, liegt am *Priming*. Priming ist ein Begriff aus der Gehirnforschung und beschreibt die neurologischen Mechanismen der Aufmerksamkeitsfokussierung. Vereinfacht gesagt, sorgen jede Wahrnehmung und jeder Gedanke für eine Richtung, wohin sich unsere Aufmerksamkeit fokussiert. Durch die Fokussierung der Aufmerksamkeit ändert sich unser Wahrnehmungsfilter und die Beurteilung von Informationen. Meist entstehen hierdurch sich selbst verstärkende Kreisläufe. So führt ein Gedanke bzw. eine Information dazu, dass alles, was damit zusammenhängt, eher wahrgenommen wird und entsprechend interpretiert wird. Diese neue Wahrnehmung verstärkt die Aufmerksamkeitsfokussierung in diese Richtung. Somit werden Aspekte, die damit zusammenhängen, noch leichter wahrgenommen. Dies beeinflusst unser Verhalten und unsere körperlichen Reaktionen. Sehr bekannt ist die Studie aus der Primingforschung zum Thema Alter und Gebrechen. Hierbei wurden die verschiedenen Versuchsgruppen gebeten, sich jeweils über ein Thema zu unterhalten: Familie, Beruf, Urlaub usw. Eines der Themen war auch Alter und Gebrechen. Anschließend wurde bei allen Gruppen die Zeit gemessen, die sie zum Ausgang brauchten. Bei allen Tests war die Zeit der Gruppe, die sich über Alter und Gebrechen unterhalten hatte, signifikant länger. Es legt den Schluss nahe, dass allein die Unterhaltung zu einer Veränderung der Aufmerksamkeit und damit zu einer Veränderung des körperlichen Empfindens geführt hatte.

Der Vorsatz ist auch ein Priming mit entsprechender Wirkung. Die Aufmerksamkeitsfokussierung wirkt in der Selbsthypnose deutlich stärker als im sog. Wachbewusstsein. Das Priming durch den Vorsatz beeinflusst den gesamten Selbsthypnoseprozess. So wird der Vorsatz „Entspannt sein" eine andere Fokussierung und damit ein anderes Erleben begünstigen als der Fokus „Weg mit der Verspannung". Im ersten Fall liegt die Aufmerksamkeit auf der Entspannung, die sich nach dem oben genannten Prinzip verstärken wird. Im zweiten Fall liegt die Aufmerksamkeit auf der Verspannung. Zu Beginn legen Sie Ihr Ziel so genau fest, wie Sie auch Suggestionen für sich erstellen würden.

### *7.2.2 Der geeignete Bewusstseinszustand*

Es gibt viele Wege, den Zustand der Trance selbst herbeizuführen, zum Beispiel Meditation, Autogenes Training oder auch (Selbst-)Hypnose. Hypnose bietet hier grundsätzlich zwei unterschiedliche Wege an. Die

Verankerung des Trancezustandes mit Hilfe eines Hypnotiseurs und das Selbsthypnosetraining.

## 7.2.3 Suggestionen

Nach dem Erreichen des gewünschten Bewusstseinszustandes kommt die gewünschte Suggestion beziehungsweise Visualisierung. Da es vorkommen kann, dass die Suggestion in einer sehr tiefen Trance nicht mehr bewusst ausgeführt werden kann, ist der richtig gewählte Vorsatz sehr wichtig. Zur Auswahl oder der Gestaltung der Suggestionen gelten dieselben Regeln, wie sie im Kapitel Suggestionen beschrieben wurden.

### 7.2.3.1 Visualisierung

Eine Sonderform von Suggestionen sind Visualisierungen. Wie schon erwähnt, hat jede bildhafte Vorstellung die Tendenz, sich zu verwirklichen. Das bedeutet, dass alles, was wir uns intensiv bildhaft vorstellen, früher oder später eintreten wird, da wir unser Unterbewusstsein darauf ausrichten. All jene Bücher, die in der jüngsten Zeit über „Das Gesetz der Anziehung" geschrieben wurden, gehen genau von diesem Ansatz aus. Gehen Sie davon aus, dass nichts so viel Kraft hat wie ein motivierendes Bild, an das wir auch glauben!

Für eine Visualisierung stellen Sie sich Ihr Ziel so lebhaft und realistisch vor wie möglich. Dabei hat sich folgendes Vorgehen bewährt: Zuerst stellen Sie sich das Bild so vor, dass Sie sich selber darin sehen können. Sobald Sie mit dem Ergebnis zu 100 Prozent zufrieden sind, stellen Sie sich vor, wie Sie in dem Bild hinter sich stehen und steigen in sich selbst hinein, so dass Sie alles aus eigenen Augen sehen können.

## 7.2.3.2 Affirmation

Eine Affirmation ist ein bejahender Satz, den wir uns selbst wieder und wieder sagen, um unsere Gedanken umzuprogrammieren. Es sind Suggestionen, die durch kontinuierliches Wiederholen auch ohne Trance ihre Wirkung entfalten. Der bekannteste Vertreter war Emil Coué, Begründer der modernen, bewussten Autosuggestion. Durch Beobachtungen und seine eigenen Rückschlüsse entwickelte er eine Methode, um Menschen mittels Affirmationen zu helfen. Seine Universalformel lautete: „Mir geht es jeden Tag in jeder Hinsicht immer besser und besser." Diese sollte dreimal täglich, halblaut zwanzigmal hintereinander gesprochen werden. Emil Coué konnte hiermit auch erstaunliche Erfolge verzeichnen. Affirmationen funktionieren sehr gut, solange es keinen inneren Widerstand gegen diese gibt.

Eine Anmerkung zum *positiven Denken*. Positives Denken und Affirmationen erscheinen auf den ersten Blick sehr ähnlich. Positives Denken wird dabei oft mit Zweckoptimismus und dem Ignorieren von „unangenehmen Tatsachen" gleichgesetzt. Es gibt Menschen, die das genau so durchführen und damit natürlich auch keinen Erfolg haben. Positives Denken ist die Fähigkeit, sich auf die Dinge zu konzentrieren, die gut für einen sind. Also das, was funktioniert, was einem gute Gefühle bereitet. Genauso die Fähigkeit, Schönheit zu erkennen. Statistisch gesehen haben wir pro Tag deutlich mehr positive Erlebnisse als negative. Doch bleiben vielen meist nur die negativen Erlebnisse in Erinnerung. Des Weiteren heißt positives Denken, aus den Dingen, die schlecht gelaufen sind, entsprechende Lernerfahrungen zu ziehen. Affirmationen hingegen sollen gezielt unseren Geist neu ausrichten.

## 7.2.3.3 Ressourcen aktivieren

In unserer Vergangenheit sind unzählige schöne Erinnerungen gespeichert. Oft neigen wir dazu, diese zu vergessen bzw. nicht wahrzunehmen, wie viele es waren. Folgende Übung hilft, sich dieser Ereignisse wieder bewusst zu werden.

Als Erstes erinnern Sie sich an ein ausschließlich positives Erlebnis in Ihrer Vergangenheit und nehmen wahr, wie gut Sie sich daran noch erinnern können. Anschließend gehen Sie in Trance und durchleben diese Erinnerung noch einmal. Bitten Sie Ihr Unbewusstes, Sie so viele Details wieder erleben zu lassen wie möglich. Achten Sie auf den Unterschied zu der vorhergehenden Erinnerung. In aller Regel sollte die Erinnerung in Trance intensiver sein. Nach diesem Schritt können Sie in Trance gehen und ein bisher nicht erinnertes positives Erlebnis wieder bewusst werden lassen. Lassen Sie sich von dem Ergebnis überraschen. Sie können diese Übung beliebig fortsetzen und so von einem ausschließlich positiven Erlebnis zum nächsten springen. Diese Übung lässt sich auch wunderbar mit Erfolgen durchführen.

## *7.2.4 Rückkehr zum Wachbewusstsein*

Um nach der Intervention zurückzukehren, gibt es verschiedene Möglichkeiten. Oft taucht man von selbst wieder aus der Trance auf. Soll bei der Anwendung ein zeitlicher Rahmen eingehalten werden, leistet ein Wecker mit einem angenehmen Klang gute Dienste. Ebenso gut ist die umgekehrte 10 bis 1 Technik. Dazu zählen Sie langsam von eins bis zehn und stellen sich dabei vor, wie Sie mit jeder Zahl ein Stück weiter zurück in Ihr Alltagsbewusstsein kommen, bis Sie bei zehn vollkommen zurückgekehrt sind.

Im Folgendem werden bewährte Skripte für die Anwendung von Selbsthypnose vorgestellt. Diese können direkt so angewendet werden, beziehungsweise auch als Vorlage für eigene Suggestionen dienen. Denken Sie daran, dass Sie die einzelnen Suggestionen immer mit *„Ich wähle ..."* oder *„Ich erlaube mir ..."* abändern können, wenn die Suggestion noch zu direkt ist. Die Skripte beschreiben den Vorsatz und die Suggestionen bzw. die Visualisierung. Als Tranceinduktion kann eine beliebige Technik verwendet werden. Dabei ist es von Vorteil, wenn Sie sich zu Anfang nur ein leichtes Themengebiet suchen und Ihre Erfahrungen damit machen, damit Sie schneller Ihre Erfolge genießen können. Selbsthypnose ist dann am mächtigsten, wenn Sie mit ihrer Hilfe regelmäßig kleine Schritte machen. Sollte sich mal nicht sofort der gewünschte Erfolg einstellen, suchen Sie sich ein Teilziel oder passen Sie die Suggestionen ein wenig an, damit Sie kleinere Schritte machen können. Wenn Sie genügend Erfahrungen und damit Erfolge mit Selbsthypnose haben, können Sie auch an mehreren Themen gleichzeitig arbeiten.

## 7.3 Verankerung

Verankerung ist eine sehr schnelle und zuverlässige Methode, um Selbsthypnose zu erlernen, wenn der Klient offen für eine Fremdhypnose ist. Hierzu wird der Klient in eine möglichst tiefe Trance gebracht. Im Idealfall sollte der so genannte somnambule Zustand erreicht werden. Dieser Zustand wird dann geankert (siehe Kapitel 5.3.6). Für den Hypnoseanwender ist wichtig zu beachten, dass eine Fremdhypnose in der Regel immer tiefer empfunden wird als eine Selbsthypnose. Ein Anker, der in einem zu leichten Trancezustand gesetzt wird, kann später in der Anwendung als nicht „funktionierend" erlebt werden, wenn der Klient ihn mit der erlebten Trance einer Fremdhypnose vergleicht.

Nachdem der Anker in Trance gesetzt worden ist, wird der Klient aus der Trance herausgeführt. Sobald der Klient vollständig wieder sein Alltagsbewusstsein erreicht hat, soll er den Anker selbst testen. Dazu hat sich folgendes Vorgehen bewährt: Der Klient fasst den Vorsatz, für kurze Zeit, etwa zwei Minuten, in Trance zu gehen und danach selbstständig wieder in das Alltagsbewusstsein zurückzukehren. Anschließend löst er den Anker aus. Hierbei kommt es häufig zu dem Phänomen, dass der Klient sehr viel kürzer oder auch länger in Trance bleibt. Dies liegt an dem Phänomen der Zeitverzerrung. Dies kann dem Klienten als Trancephänomen mitgeteilt und somit utilisiert werden. Sollte er nicht von selbst in einer angemessenen Zeit aus der Trance zurückkehren, kann der Hypnotiseur ihn jederzeit herausholen. Dazu wird erneut Rapport aufgebaut und der Klient wieder aus der Trance herausgeführt. Es ist durchaus möglich, für solche Fälle vorher in Trance bereits einen „Aufwach" – Anker zu installieren. Der Trance-Anker sollte so lange getestet und kalibriert werden, bis der Klient sicher selbständig in Trance gehen und ins Alltagsbewusstsein zurückkehren kann. Der Vorteil dieser Methode ist, dass sie sehr schnell ist. Normalerweise ist es möglich, diese Art der Selbsthypnose so in einer Sitzung zu unterrichten.

## *7.4 Selbsthypnosetraining*

Im Gegensatz zu der Technik des Verankerns des Trancezustandes, erarbeitet sich der Selbsthypnoseanwender den Trancezustand selbst. Der Vorteil dieses Ansatzes liegt in der Steigerung der Eigenkompetenz des Klienten. Wenn dieser die Selbsthypnose selbst erlernt, kann er dies als eigenen Erfolg verbuchen und ihn nicht an die „Macht" des Hypnotiseurs abgeben. Das Selbsthypnosetraining erfordert regelmäßiges Üben. Nur wenige Menschen erreichen schon beim ersten Versuch eine ausreichende Trancetiefe. Doch jeder Mensch kann diesen Zustand durch Üben erreichen.

Es gibt viele Methoden bzw. Techniken, um Selbsthypnose zu lernen. Eine sehr weit verbreitete ist das so genannte Autogene Training. Das Autogene Training wird oft nicht zu den Selbsthypnosetechniken gezählt, doch enthält es alle nötigen Kriterien. Es wurde vom Berliner Psychiater Johannes Heinrich Schultz aus der Hypnose heraus entwickelt. Eine weitere, weit verbreitete Technik ist die von Betty Erickson, der Ehefrau von Milton Erickson

## *7.4.1 Induktion nach Betty Erickson (3-2-1-Methode)*

Diese Technik leitet die Trance ein, indem sie die Aufmerksamkeit langsam von außen nach innen lenkt. Im ersten Schritt nehmen Sie eine angenehme Position ein und betrachten Ihre Umgebung. Suchen Sie sich dabei drei Dinge, die Sie sehen, und sagen Sie zu sich selbst, was Sie sehen, zum Beispiel:

*„Ich sehe eine rote Lampe." (Kurze Pause)*
*„Ich sehe den Vorhang am Fenster." (Kurze Pause)*
*„Ich sehe den Schreibtisch."*

Danach achten Sie auf die Geräusche in Ihrer Umgebung und zählen Sie diese auf:

*„Ich höre meinen Atem."*
*„Ich höre Vögel singen."*
*„Ich höre Musik in einer anderen Wohnung."*

Im Anschluss suchen Sie sich drei körperliche Sinneseindrücke, die Sie auch aufzählen:

*„Ich fühle, wie ich auf dem Stuhl sitze."*
*„Ich fühle die Luft in meinem Gesicht."*
*„Ich fühle die Hose an meinen Beinen."*

Wiederholen Sie diesen Zyklus mit je zwei optischen Eindrücken, zwei akustischen Eindrücken und zwei Gefühlseindrücken. Danach noch einmal mit je einem Eindruck. Im Anschluss schließen Sie die Augen und suchen sich ein Objekt aus, das Sie sich vor dem inneren Auge vorstellen und sagen zu sich, was Sie sehen. Zum Beispiel:

*„Ich sehe einen Garten."*

Menschen, die nur schwer oder gar nicht visualisieren können, können sich einfach nur vorstellen, ein Bild zu sehen. Das heißt, sie tun nur so, als ob sie ein Bild sehen könnten. Das reicht vollkommen. Nach dem Visualisieren stellen Sie sich ein Geräusch vor, das zu dem Bild gehört, beispielsweise:

> *„Ich höre den Wind in den Bäumen."*

Danach erzeugen Sie noch die Vorstellung von einem Gefühl, welches sich ebenfalls auf das Bild bezieht, wie zum Beispiel:

> *„Ich fühle warmen Wind in meinem Gesicht."*

Wiederholen Sie auch diesen Zyklus noch mit je zwei und danach noch mit je drei Vorstellungen, mit jeweils was sie hören, sehen und fühlen. Nun sollte man in einer angenehmen Trance sein.

## 7.4.2 Die „Zehn bis eins" Technik

Eine andere sehr leicht zu erlernende Technik ist die so genannte „Zehn bis eins" Technik, in der mit der Vorstellung einer Treppe oder eines Aufzuges gearbeitet wird.

> *Stellen Sie sich entweder eine Treppe mit zehn Stufen oder einen Aufzug mit zehn Stockwerken vor. Wichtig ist, dass Sie sich mit der Treppe bzw. dem Aufzug wohl fühlen. Sollten Sie sich weder mit Aufzug noch Treppe wohl fühlen, überlegen Sie sich ein anderes Bild, das über mehrere „Stufen" nach unten geht und für Sie angenhm ist. Die unterste Stufe (beziehungsweise das unterste Stockwerk) symbolisiert den Zustand der Trance, den Sie erreichen wollen. Stellen Sie sich vor, wie Sie den Aufzug im obersten Stockwerk betreten bzw. wie Sie am Anfang der Treppe stehen. Dann beginnen Sie langsam in einem Tempo, welches für Sie am angenehmsten ist, von zehn bis eins abwärts zu zählen und gleichzeitig stellen Sie sich vor, wie Sie mit jeder Zahl ein Zehntel des Weges zurücklegen. Dies erfordert natürlich nach jeder Zahl eine gewisse*

> *Pause, damit sich die Entspannung einstellen kann. Hierbei können Sie sich jede Zeit nehmen, die Sie brauchen. Sobald Sie bei eins angekommen sind, sollten Sie den Zustand der Trance erreicht haben.*

### 7.4.3 Die Arm-Senk-Induktion

Diese Induktion nutzt körperliche Reaktionen und die Schwerkraft, um in den Zustand der Trance zu gelangen.

> *Hierzu setzen Sie sich bequem und aufrecht hin und heben den Arm etwa auf Augenhöhe leicht gebeugt vor dem Körper über dem Oberschenkel. Sie stellen sich vor, wie er in dieser Position verharrt. Nun schließen Sie die Augen und stellen sich vor, wie Ihr Arm langsam zu sinken beginnt und Sie gleichzeitig in dieser Geschwindigkeit in Trance gehen. Wenn der Arm am tiefsten Punkt angekommen ist, das bedeutet entweder auf dem Oberschenkel zu liegen kommt oder am Körper seitlich herunterhängt oder sonst nicht mehr sinken kann - beispielsweise wegen der Armlehne, ist der tiefste Trancepunkt erreicht.*

### 7.4.4 Selbsthypnose Induktion nach Eberwein [21]

Zum Schluss soll eine Schnellhypnose-Induktionstechnik beschrieben werden, die Werner Eberwein entwickelt hat und die vor allem mit in Hypnose unerfahrenen Klienten bestens geeignet ist. Es handelt sich um eine sehr sanfte, strukturierte Induktion. Eine eventuell vorhandene Angst des Klienten vor Kontrollverlust durch Hypnose wird umgangen, indem die Induktion als „Selbsthypnose-Training" geframed wird. Und tatsächlich ist die Technik im Grunde eine ericksonianisch modernisierte Form eines angeleiteten Autogenen Trainings und kann gut auch zur Selbsthypnose verwandt werden. Die Technik funktioniert im Prinzip

---

[21] Das Kapitel 7.4.4 „Selbsthypnose Induktion nach Eberwein" ist geistiges Eigentum von **Werner Eberwein** und wurde wie hier abgedruckt publiziert im Heft „*Suggestionen*", herausgegeben vom Forum der Deutschen Gesellschaft für Hypnose e.V. mit Nr. 1 in 2006.

durch Konfusion, die durch eine Überladung der Aufmerksamkeit des Klienten durch Imagination gleichzeitig auf der auditiven und der visuellen Ebene erzeugt wird. Ähnlich wie im Autogenen Training sagt der Klient bestimmte Sätze mit seiner inneren Stimme zu sich selbst und wiederholt diese Sätze immer wieder. Im Gegensatz zum Autogenen Training sind diese Sätze nicht als erreichte Zustände formuliert, sondern als Bewegung zu einem Zustand hin. (Mit dem Autogenen Training haben ja vor allem deswegen viele Klienten Probleme, weil sie sich beispielsweise selbst suggerieren sollen: „Mein rechter Arm ist ganz schwer", während sie aber das Gefühl haben, dass ihr rechter Arm noch keineswegs schwer ist. (Diese Schwierigkeit wird in der von mir verwandten Variante umgangen, indem die autosuggestiven Sätze als eine kontinuierliche Bewegung zum Entspannungszustand hin formuliert sind, aber nicht als der bereits eingetretene Entspannungszustand selbst.) Bei der Selbsthypnose-Induktion handelt es sich um eine sanfte, kooperative Technik, die sich aber, wenn man den realen Zeitablauf und die erreichbare Trancetiefe miteinander vergleicht, nach meiner Erfahrung durchaus mit den so genannten Schnellhypnoseinduktionen messen kann.

Zu Beginn erläutern Sie dem Klienten, dass es sinnvoll sein kann, hypnotische Übungen *„mit nach Hause zu nehmen"*, um mit ihnen als Selbsthilfemethode weiterzuüben. Sie besprechen mit ihm einen zeitlichen und räumlichen Rahmen für seine Selbsthypnoseübungen, der für diesen Klienten passt und auf seine speziellen Bedürfnisse abgestimmt ist. Dann erklären Sie, dass die nun folgende Trance (auf Wunsch) auf Kassette aufgenommen wird, die der Hypnotisand mit nach Hause nehmen und für seine Übung verwenden kann. Sie fragen ihn, welches Ziel er durch die Selbsthypnose erreichen möchte. Sie nehmen sich genügend Zeit, um das Ziel in einen für den Klienten griffigen, grammatikalisch richtigen und positiv formulierten Satz zu fassen. Dann bitten Sie den Klienten, sich eine Körperhaltung zu suchen, in der er *„gut in Trance gehen kann"*. Wie diese Körperhaltung aussieht, sei vollkommen beliebig, Hauptsache, der Klient könne in dieser Haltung

*„so tief in eine angenehme Trance gehen"*, wie es für ihn *„angenehm und hier in diesem Rahmen angemessen ist"*.

Die Induktion besteht aus drei autohypnotischen Sätzen, verbunden mit entsprechenden Vorstellungen und, darauf folgend, einer vierten Autosuggestion, nämlich dem Satz, der vorher mit dem Klienten vereinbart worden ist. Die ersten drei Sätze lauten:

*1. „Ich komme zu mir."*
*2. „Die Muskeln werden gelöst und weich."*
*3. „Ich lasse mich einsinken nach innen."*

Der Klient wird suggestiv angeleitet, zunächst den ersten Satz *„mit einer beruhigenden inneren Stimme, langsam und mit Pausen"* zu sich selbst zu sagen und diesen Satz wieder und wieder zu wiederholen. Der Therapeut spricht dem Klienten einige Male mit ruhiger Stimme und Pausen diesen Satz vor und gibt ihm genügend Zeit, diesen Satz einige bis viele Male mit seiner inneren Stimme zu wiederholen. Dann leitet er den Klienten auf suggestive Weise an, sich gleichzeitig das bildlich vorzustellen, was der Satz beinhaltet. Der Klient soll also zu sich selbst sagen: *„Ich komme zu mir"* und sich gleichzeitig bildlich vorstellen, wie er *„zu sich"* kommt. Auf dieselbe Weise wird mit den beiden anderen Sätzen verfahren. Sodann folgt die persönliche Autosuggestion des Klienten, die der Hypnotisand ebenfalls zunächst als verbale Autosuggestion und dann als Autosuggestion, verbunden mit einer bildlichen Vorstellung, sich selbst vorgibt. Auf diese Weise entsteht im Geist des Klienten eine konfusionierende Überladung, die auf einfache, sanfte Weise in eine tiefe Trance hineinführen kann.

Werner Eberwein hat diese Methode im Rahmen von Vorträgen schon mit Hunderten von Zuhörern gleichzeitig mit gutem Erfolg durchgeführt. Erstaunlich war vor allem, dass nur die wenigsten Anwesenden die drei Induktionssätze hinterher wörtlich wiedergeben konnten, obwohl er sie in der Induktion viele Male wiederholt hatte. Die Technik eignet sich besonders gut dazu, den Übergang in den Trancezustand als selbst gesteuerten Prozess zu erlernen. Der gesamte Prozess dauert – wie gehabt – etwa 15 bis 20 Minuten. Wenn die Sätze und Vorstellungen geankert sind, genügt es oft, sie einige Male oder, nach einiger Übung, nur ein einziges Mal zu imaginieren, um einen brauchbaren Trancezustand zu erreichen („autosuggestive Re-Induktions-Anker"). Die Reorientierung geschieht, indem der Therapeut den Klienten suggestiv auffordert, dreimal tief einzuatmen, in die äußere Welt zurückzukommen, sich zu räkeln und zu strecken, die Augen zu öffnen, sich allmählich aufzurichten, dann nach einer Weile aufzustehen und vielleicht ein paar Schritte zu gehen. Auch die Reorientierung kann später in Form von Selbstinstruktion geschehen.

## 7.5 Stressmanagement

Eines der zentralen Probleme der heutigen Zeit ist der falsche Umgang mit Stress. Inzwischen gibt es unzählige Studien, die die gesundheitlichen Schäden von dauerhaftem Stress verdeutlicht haben. Viele Menschen wissen jedoch nicht, wie Sie effektiv Stress wieder abbauen bzw. in ihrem Alltag weniger Stress aufbauen. Hier kann Selbsthypnose gute Dienste leisten. Allein der Trancezustand baut bereits Stress ab.

### 7.5.1 Stressabbau

Vorsatz: *„Ich werde ruhiger und gelassener"* oder *„Ich bin ruhig und gelassen."*
Es kann vom derzeitigen Stresslevel abhängig sein, welcher von beiden effektiver ist. Als Faustformel gilt: Je höher der Stress, desto eher empfiehlt sich *„Ich werde ..."*

> *„Wie wäre es, ruhig und gelassen zu sei?n" (Pause)*
> *„Ich komme zur Ruhe." (Pause)*
> *„Der Stress darf gehen, jetzt." (Pause)*

> *„Mein ganzer Körper entspannt sich." (Pause)*
> *„Ich bin ruhig und gelassen."*

Wiederholen Sie diese Sätze dreimal mit einer längeren Pause zwischen den Blöcken. Verweilen Sie dann noch einige Zeit in Trance, damit Körper und Geist noch Erholungszeit bekommen.

## 7.5.2 Stressvermeidung

Vorsatz: „Ich reagiere bei {Situation} ruhig und gelassen bzw. ruhig und souverän." Wählen Sie eine Situation, in der Sie anders reagieren möchten, und schließen diese in den Vorsatz mit ein. Vor der Selbsthypnose beurteilen Sie die Situation auf einer Skala von 0 bis 10. 0 bedeutet keinerlei Stress bei dem Gedanken daran, 10 maximaler Stress. Führen Sie diese Beurteilung nach der Selbsthypnose noch einmal durch, um zu kontrollieren, um wie viel es besser geworden ist.

> *„In {Situation} bleibe ich ruhig und gelassen."*
> *„Immer wenn {Situation} passiert, atme ich zuerst tief durch und erinnere mich daran, ruhig und gelassen zu sein."*
> *„Jedes Mal, wenn ich merke, dass es zu {Situation} kommt, stelle ich mir vor, wie es ist, ruhig und gelassen zu sein."*

Wiederholen Sie diese Sätze dreimal mit einer längeren Pause zwischen den Blöcken. Visualisierung: Wenden Sie diese Technik allein nur für Situationen an, die Sie mit 5 oder weniger beurteilen!

> *Stellen Sie sich einen alten Schwarzweißfernseher vor. Einen alten Fernseher, der weit weg steht, so weit weg, dass Sie sich anstrengen müssen, um etwas zu sehen. Auf diesem Fernseher läuft die Situation, die Sie verändern wollen. Sie können dort weit entfernt sich selbst in der Situation beobachten. Verändern Sie nun den Inhalt der Sendung so lange, bis dieser zu 100 Prozent Ihren gewünschten positiven*

> *Vorstellungen entspricht. Holen Sie den Fernseher nun heran und lassen Sie die Sendung farbig werden. Wenn Sie immer 100 % Prozent zufrieden sind, steigen Sie in den Film und erleben die neue Situation aus Ihren eigenen Augen.*

## 7.6 Schneller, besser lernen

Die Effektivität des Lernens hängt von vielen Faktoren ab. Eine davon ist der richtige Zustand, in dem sich der Inhalt angeeignet werden soll. Alle benötigten Lernmaterialien sollten in Reichweite sein.

Vorsatz: *„Ich lerne jetzt in Trance {Thema}."*
Wählen Sie das zu lernende Thema in einer Größe von etwa 15 Minuten. Das kann zum Beispiel ein Kapitel eines Buches sein.

> *„Ich lerne jetzt {Thema} leicht und effektiv."*
> *„Gleich werde ich die Augen öffnen und in einem entspannten Zustand bleiben, der für das Lernen ideal ist."*
> *„Alles, was ich jetzt lerne, nimmt mein Unterbewusstsein vollständig auf."*
> *„Alles, was ich gleich lerne, steht mir immer dann zur Verfügung, wenn ich es brauche."*

Wiederholen Sie diese Sätze dreimal mit einer längeren Pause zwischen den Blöcken. Anschließend öffnen Sie die Augen und bleiben dabei in Trance. Beginnen Sie mit dem Lernen, jedoch maximal für fünfzehn Minuten. Schließen Sie danach die Augen, vertiefen die Trance wieder und wiederholen kurz das, was Sie gerade gelernt haben. Kehren Sie danach in das Alltagsbewusstsein zurück und machen eine Pause von mindestens fünf Minuten, bevor Sie eine erneute Lerneinheit anschließen. Durch regelmäßiges Anwenden dieses Vorgehens steigert sich der Inhalt dessen, was Sie in fünfzehn Minuten lernen können, enorm.

## 7.7 Ängste

Selten sind Ängste für uns förderlich, meistens behindern sie uns. Wenn zum Beispiel die Angst vor Prüfungen verhindert, dass das vorhandene Wissen Ihnen auch zur Verfügung steht. Einige Menschen vertreten die Meinung, dass Ängste auch ihren Nutzen haben. Beispielsweise Höhenangst, die uns abhält, leichtsinnig zu werden. In diesem Fall ist die Angst jedoch nur ein Ersatz für fehlende Selbsteinschätzung der eigenen Fähigkeiten. Sollte es zu einer Situation kommen, in der zum Beispiel in großer Höhe reagiert werden muss, blockiert die Angst die Möglichkeiten zu handeln.

Vorsatz: *„In {Situation} bleibe ich ruhig und gelassen."*
Wählen Sie eine Situation, in der Sie normalerweise Angst bekommen, und schließen diese in den Vorsatz mit ein. Vor der Selbsthypnose beurteilen Sie die Situation auf einer Skala von 0 bis 10. 0 bedeutet keinerlei Angst bei dem Gedanken daran, 10 bedeutet maximale Angst. Führen Sie diese Beurteilung nach der Selbsthypnose noch einmal durch, um zu kontrollieren, um wie viel es besser geworden ist. Setzen Sie sich dabei bewusst am Anfang nur kleine Ziele.

---

*„Ich bin im Moment vollkommen sicher."*
*„Ich weiß, dass ich hier sicher bin."*
*„Ich kann mich immer daran erinnern, sicher zu sein."*
*„Wenn zukünftig {Situation} geschieht, werde ich mich daran erinnern, dass ich sicher bin."*
*„Wie wäre es für mich in dieser {Situation}, völlig frei von Angst zu sein?"* (Pause)
*„Wenn ich an {Situation} denke, werde ich mich daran erinnern, dass ich sicher bin."*

---

Wiederholen Sie diese Sätze dreimal mit einer längeren Pause zwischen den Blöcken. Sie können auch die Fernsehertechnik, wie bei

Stressvermeidung beschrieben, verwenden. Wenden Sie diese Technik allein nur für Situationen an, die Sie mit 5 oder weniger beurteilen!

## 7.8 Zum Nichtraucher werden

Das Rauchen beziehungsweise das Nichtraucherwerden ist ein umfangreiches Feld. Für die meisten Menschen ist das Rauchen mit mehreren der folgenden positiven Resultate verknüpft:

- Entspannung beziehungsweise Stressabbau
- Kommunikationsmittel
- Erlaubnis für eine Pause
- Ein Zeichen von Freiheit
- Ein Ritual

Dies sollte bei der Selbsthypnose mit bedacht werden. Für viele Raucher kann es ein großer Schritt sein, wenn Sie lernen, auch ohne Zigarette zu entspannen.

Vorsatz: *„Ich bin gerne Nichtraucher. Rauchen ist mir gleichgültig."*
Es sollte immer mit einer gewissen Gleichgültigkeit gegenüber dem Rauchen einhergehen. Es wird immer wieder Situationen geben, wo Sie mit dem Rauchen anderer Personen konfrontiert werden.

> *„Wie wäre es, einfach Nichtraucher zu sein?" (Pause)*
> *„Was würde ich anders machen als Nichtraucher?" (Pause)*
> *„Zigaretten und Rauchen sind unwichtig."*
> *„Es ist angenehm, Nichtraucher zu sein."*
> *„Jedes Mal, wenn ich den Wunsch nach einer Zigarette verspüre, nehme ich stattdessen einen tiefen Atemzug."*

Wiederholen Sie diese Sätze dreimal mit einer längeren Pause zwischen den Blöcken.

> Visualisierung:
> *Stellen Sie sich mehrere Bilder von Situationen in Ihrer Zukunft vor, in denen Sie früher üblicherweise geraucht haben, zum Beispiel in der Kneipe oder bei der Kaffeepause. Doch diesmal sind Sie Nichtraucher. Machen Sie das so lange, bis Sie mindestens fünf aussagekräftige Bilder haben, in denen Sie Nichtraucher sind. Anschließend erleben Sie diese Situationen, als wären Sie live dabei. Erleben Sie es mit Ihren eigenen Augen, hören Sie und fühlen Sie alles, was zu der Situation gehört.*

## 7.9 Mehr Leistung im Sport

Im (Leistungs-) Sport kommt es oft darauf an, im entscheidenden Teil besser zu sein als die Konkurrenz. Kein Profisportler kommt heute noch ohne qualifiziertes Mentaltraining aus. Selbsthypnose ist eine besonders effektive Form des Mentaltrainings.

### 7.9.1 Neue Bewegungsabläufe lernen, Bewegungsabläufe optimieren

Sie können die Geschwindigkeit, mit der Sie neue Bewegungsabläufe lernen, deutlich steigern und bestehende optimieren, wenn sie Selbsthypnose nutzen. Hierzu ist das Hypnosephänomen der Zeitverzerrung besonders hilfreich. Damit können Sie Abläufe, die in der Wirklichkeit nur ein paar kurze Augenblicke dauern, auf mehrere Minuten dehnen und sie so gezielt verbessern.

Vorsatz: „*Ich lerne jetzt {Bewegungsablauf}*" bzw. „*Ich optimiere {Bewegungsablauf}.*"

> Visualisierung:
> „*Stellen Sie sich vor, wie Sie den gewünschten Bewegungsablauf ausführen, als endlose Wiederholung.*"

> *„Verlangsamen Sie nun die Geschwindigkeit, bis Sie jeden Aspekt der Bewegung wahrnehmen können."*
> *„Gehen Sie die Bewegung so lange durch, bis Sie sie in Ihrer Vorstellung perfekt ausführen."*
> *„Steigern Sie nun die Geschwindigkeit langsam, bis Sie die Bewegung in normaler Geschwindigkeit immer noch perfekt ausführen."*
> *„Anschließend steigern Sie die Geschwindigkeit langsam bis auf das Doppelte der normalen, jedoch immer nur soweit, dass Sie die Bewegung in Ihrer Vorstellung perfekt ausführen."*
> *„Führen Sie die Bewegung zum Schluss noch einmal in normaler Geschwindigkeit aus."*

## 7.9.2 Schnellere Erholungsphasen

Nach dem Training oder auch im Wettkampf ist die Phase der Erholung genauso wichtig wie die Aktivität. Nur bei entsprechender Erholung stehen dem Sportler alle Ressourcen zur Verfügung, die er für seinen Erfolg braucht. Vorsicht mit zu starker Entspannung vor einer Leistungsphase. Hier kann eine ausreichende Grundspannung wichtig sein.

Vorsatz: *„Ich erhole mich schnell und ausreichend."*

> *„Ich tanke neue Kraft."*
> *„Mein Körper und mein Geist erholen sich vollständig."*
> *„Alle Muskeln arbeiten optimal zusammen."*
> *„Meine Erholungsfähigkeit ist optimal."*

Wiederholen Sie diese Sätze dreimal mit einer längeren Pause zwischen den Blöcken.

## 7.10 Zusammenfassung

In diesem Kapitel wurden verschiedene Möglichkeiten der Selbsthypnose sowie der Unterschied zur Fremdhypnose vorgestellt. Am Anfang stehen grundsätzliche Überlegungen zu den Möglichkeiten und auch den Grenzen. Vor allem, dass in der Selbsthypnose der Input durch andere fehlt, ist eine Besonderheit dieser Technik.

Der zweite Abschnitt stellt zwei Möglichkeiten vor, Selbsthypnose zu unterrichten und zu erlernen. Die erste ist das Setzen eines Tranceankers durch einen Hypnotiseur. Als Alternative kann Selbsthypnose durch eigenständiges Training erlernt werden. Hier wurden verschieden Übungen als Beispiel angeführt.

Als Erklärungsmodell für die Funktionsweise von Selbsthypnose wurde *Priming* vorgestellt. Das Verständnis des Primingeffektes kann viele Fragen nach der Wirkung erklären. Es ist vom ersten Augenblick an richtungsweisend für die Selbsthypnose. Gerade bei sehr tiefen Trancezuständen, wie sie auch durch Selbsthypnose erreicht werden können.

Den Abschluss bilden mehrere klassische Anwendungsbeispiele mit der Möglichkeit des Selbstcoachings.

# NACHWORT

Mit der vorliegenden Publikation war ich bemüht, verschiedenste Einflüsse der modernen Hypnose zu vereinen und einen eklektischen Ansatz zur Anwendung im professionellen Coaching wie auch im Alltag von Privatpersonen zu bieten. Ich hoffe, Sie haben durch die Einsichten dieses Buches neue Möglichkeiten kennen gelernt, um Ihre eigenen Gefühle, Ihr Verhalten und die Botschaften Ihres Unterbewusstseins besser zu deuten, besser zu verstehen und einfach besser damit zu leben. Ebenso hoffe ich, dass Ihnen die vielen Beispiele aus der Praxis und die Suggestionstexte, die als direkte Hypnoseanleitung verwendet werden können, dazu beitragen, Ihr Interesse an der praktischen Anwendung der Hypnose zu wecken oder es weiter zu steigern.

Besonders freuen würde ich mich, Sie persönlich in einer meiner Ausbildungen kennen zu lernen. Sie haben auch die Möglichkeit, unserer Facebook Gruppe beizutreten und auf unserem YouTube Channel vorbeizuschauen. Ich stelle laufend und kostenlos spannende Informationen und Videos rund um die Themen Hypnose und Kommunikation online. Alle Infos dazu finden Sie im Anhang unter Punkt X.II. Gerne bin ich für Fragen, Feedback und Anregungen offen. Sie erreichen mich jederzeit über das Kontaktformular meiner Website auf www.ZHI.at.

Zum Abschluss wünsche ich Ihnen nochmals viel Freude mit diesem Buch, das Ihnen hoffentlich auch in Zukunft als Nachschlagewerk dienen darf, und ganz viel Spaß und Erfolg mit Hypnose!

Alles Liebe,

Benedikt Ahlfeld

# ANHANG

## X.1 Über die Autoren

**Mag. Benedikt Ahlfeld** war jahrelang im Bereich der Persönlichkeitsentwicklung tätig und legt einen besonderen Schwerpunkt seiner Ausbildung auf die authentische Umsetzung der eigenen Lebenswünsche. Er wurde von Dr. Richard Bandler, dem Erfinder des NLP, persönlich zum Trainer ausgebildet. Mit seinem 18. Lebensjahr machte er sich 2007, während seines BWL-Studiums mit Schwerpunkt auf Change Management, mit ZHI selbstständig. Benedikt unterstützt Menschen bei der Entdeckung und Umsetzung ihrer Ur-Motivation. Mit seiner ansteckenden Energie begleitet er auf dem Weg zu einem Leben nach eigenem Standard.

Der med. Hypnotiseur **Stefan Strobl ist** staatlich geprüfter Heilpraktiker und lebt in Lüneburg. Er arbeitet seit 2000 als Therapeut und Sportcoach und bildet Menschen in Hypnose und Kinesiologie aus. Seine Kenntnisse setzte er erfolgreich über vier Jahre lang als Leiter eines ambulanten Pflegedienstes ein und ist seitdem als Trainer und Coach tätig. Mit seiner breiten Fachkompetenz hat er sich auch als NLP-Master bei diversen Trainern einen besonders guten Ruf aufgebaut. Zudem ist er als Fachdozent in einer Heilpraktikerschule in Hamburg tätig für die Bereiche Heilpraktiker für Naturheilkunde und Heilpraktiker für Psychotherapie.

## X.II Hypnose Ausbildungen

Möchten Sie Hypnose oder NLP praktisch anwenden und sich privat wie beruflich rasend schnell weiterentwickeln? Dann informieren Sie sich gleich jetzt über den Besuch unserer **Ausbildungen** auf **www.ZHI.at**

- **Hypnose Ausbildungen**
    1. Hypno Practitioner
    2. Selbsthypnose
    3. Blitz- und Schnellhypnose
    4. Hypno Expert

- **Lic. NLP-Ausbildungen** nach Dr. Richard Bandler

Völlig **kostenloses Material** erhalten Sie zusätzlich, indem Sie sich in unseren **Coaching Brief** eintragen: **www.ZHI.at/coachingbrief**

Ebenfalls finden Sie über unsere **Facebook-Fanseiten** viele spannende Informationen zum Thema Hypnose und Kommunikation: **www.facebook.com/hypnotisieren**

## X.III.1 Buchempfehlung: Körpersprache & NLP
### Erfolgreich nonverbal kommunizieren

Die Art, wie du denkst, beeinflusst deinen Körper. Wie du deinen Körper nutzt, beeinflusst deine Art zu denken. Bist du bereit, die bestmögliche Wirkung auf dein Gegenüber und auch für dich selbst zu erzielen? Verbale Kommunikation beschäftigt sich mit dem Ausdruck unserer Gedanken, nonverbale Kommunikation behandelt den Eindruck, den wir hinterlassen. Das was wirklich bei deinem Gegenüber ankommt. Dieses Buch wurde für dich geschrieben, wenn du in einem deiner Lebensbereiche mit Kommunikation zu tun hast. Natürlich wird dir schnell auffallen: Leben ist Kommunikation.

Das ist auch logisch, denn du kannst nicht nicht kommunizieren. Die Frage ist vielmehr: Was willst du kommunizieren? Um sicherzustellen, dass deine Botschaft ankommt, sollte das Hauptaugenmerk auf dem nonverbalen Eindruck liegen – immerhin macht dieser 95% der Kommunikation aus! NLP & Körpersprache deckt inhaltlich eine Einführung in einen NLP-Practitioner ab und bietet mehr als zwanzig Übungen, die du sofort durchführen kannst. Lerne die praktische Anwendung im Beruf, dem privaten Alltag und beim Flirten von:

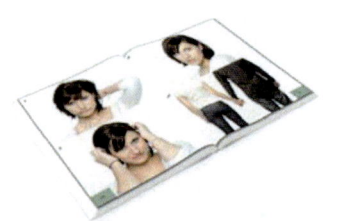

- Rapport und ankern
- Repräsentationssysteme und Submodalitäten
- Meta- und Milton-Modell
- Reframing und Verhaltensstrategien
- Werte und Glaubenssätze
- Trance und Gesprächshypnose

Wenn du selbst bestimmen möchtest, wie du auf andere wirkst und auch in bester Erinnerung bleibst, ist dieses Buch genau das Richtige für dich.

**Jetzt bestellen auf www.KoerperSprache-NLP.com**

## X.III.II Buchempfehlung: Manipulationsmethoden
Erfolgreiche Gesprächsführung, Mittel der Rhetorik und Schutz vor gezielter Beeinflussung

Wie schaffen es manche Menschen, andere scheinbar mühelos zu beeinflussen? Wie kannst du deine Rhetorik perfektionieren, um deine Ziele schneller zu erreichen? Manipulations-Methoden ist ein praxisnahes Handbuch der effektiven Gesprächsführung. Das KGS (Körper – Gestik und Gesicht – Stimme und Sprache) Prinzip wird dich auf allen Ebenen der Beeinflussung überzeugen und das MPP (Meta-Programm-Profil) wird dich dazu befähigen, in wenigen Minuten ein komplettes Charakterprofil deines Gesprächspartners zu erstellen. Damit lernst du schnell und sicher, gezielt zu beeinflussen und kannst dich selbst vor Manipulation schützen.

- Wie lassen sich Menschen manipulieren?
- Welche Manipulationstechniken funktionieren wirklich?
- Ist die Manipulation von Menschen ohne deren Kenntnis überhaupt möglich?

Du lernst in diesem Buch unter anderem:

- Ein 6-Phasen-Modell, mit dem du Manipulationsversuche entlarven und dich vor ungewollter Beeinflussung schützen kannst.
- Techniken aus der Praxis, die Menschen emotional stark binden und zu neuen Handlungen motivieren: regelmäßig eingesetzt in der Werbung, den Medien und der Politik.
- Wie du die Macht der Farben für dich nutzbar machst und welche Wirkung hinter welchen Farben steckt. Enthülle ein echtes Geheimnis der subbewussten Kontrolle.
- Zudem erfährst du alles Nötige über Körpersprache, Mikromimik, Gruppendynamik und Wertesysteme, um auch mit mehreren Menschen gleichzeitig völlig unerkannt zu arbeiten.

Der Autor gibt dem Leser damit ein Nachschlagewerk für den täglichen Gebrauch an die Hand. Mit den rhetorischen Mitteln, erklärenden Grafiken und witzigen Metaphern werden auch Sie innerhalb kürzester Zeit verblüffende Ergebnisse erleben:

**Jetzt bestellen auf www.ManipulationsMethoden.com**

## X.IV Vereinbarung mit dem Klienten

Name: ........................................................................

Straße: ......................................................................

PLZ/Wohnort: ............................................................

Telefon: .....................................................................

E-Mail-Adresse (sofern vorhanden): ..........................

Eine Hypnosesitzung bei *{Name des Hypnotiseurs}* ist keine Heilung und kein Therapieersatz und ersetzt in keinem Falle eine ärztliche Behandlung. Sie kann lediglich zur Unterstützung beitragen. Sofern Sie sich in psychotherapeutischer Behandlung befinden, ist eine Hypnosesitzung bei mir nicht möglich.

Eine normale psychische und physische Stabilität werden für die Hypnosesitzung vorausgesetzt.

Bei einer Hypnosesitzung handelt es sich um eine Dienstleistung, die zum vereinbarten Preis abzugelten ist (Preise siehe Rückseite).

Ich erkläre mich mit allen hierin aufgeführten Vertragsbedingungen voll und ganz einverstanden und bestätige gleichzeitig, mich nicht in psychotherapeutischer oder psychiatrischer Behandlung zu befinden.

_____          _____
Ort, Datum                                               Unterschrift Klient

## X.V Empirische Studien zur Wirksamkeit der Hypnose

Besonders zahlreich sind die Belege der Hypnotherapie[22] im Bereich Schmerz. Hier liegen Studien mit positiven Ergebnissen aus verschiedenen Bereichen vor: Kopfschmerz, Migräne, Krebsschmerz, Schmerzen bei medizinischen Eingriffen.

Auch in der Angstbehandlung zeigt sich Hypnose in vielen Studien als wirksames Verfahren. In zwei Studien konnte die Wirksamkeit der Hypnose allerdings nicht belegt werden. Bei der Überprüfung der Effektivität der Behandlung bei Warzen kann im Durchschnitt eine 30% Erfolgsquote erreicht werden. Damit überschreitet dieser Wert den der Spontanremissionsrate von 16% um fast das Doppelte. Bei der Behandlung von Rauchern kann von einem Erfolg gesprochen werden, wenn die Spontanabstinenzquote von 15% überschritten wird. Dies ist in den 16 aufgeführten Studien der Fall. In 4 Studien konnte dieses Ergebnis nicht erreicht werden. Bei Schlafstörungen konnten 3 Studien, eine davon zum Schlafwandeln, beim Einsatz von Hypnose Erfolge zeigen. Bei Adipositas muss berücksichtigt werden, dass die Hypnose in allen 3 vorliegenden Studien in Kombination mit verhaltenstherapeutischen Techniken eingesetzt wurde, sich hier aber bewähren konnte.

Zurückhaltender müssen die Ergebnisse bei Hypertonie und Asthma gewertet werden. Bei Hypertonie kam es in einer Studie sogar zu einem Blutdruckanstieg hochsuggestibler Patienten während der Hypnose. Bei Asthma konnte in einer Studie bei Kindern kein Erfolg erzielt werden. Zu folgenden Bereichen liegen nur einzelne Untersuchungen vor, so dass es hier noch einer weiteren Sicherung der Ergebnisse bedarf: Chirurgie, Überlebenszeit von Krebspatienten, IBS, Enuresis und Sucht.

Insgesamt ist die Wirksamkeit der Hypnotherapie in verschiedensten

---

[22] Der folgende Text ist stark an die exzellente Recherche von Dr. Revenstorf des psychologischen Instituts der Universität Tübingen angelehnt (1993).

Bereichen mit hier genannten 71 Studien gut belegt. Vergleichsweise werden im Forschungsgutachten der Bundesregierung der BRD zur Psychotherapie für die psychoanalytische Kurztherapie 27, für die Gesprächstherapie 31, für operante Verfahren der Verhaltenstherapie 71, die Desensibilisierung 82, das Biofeedback 87 und kognitive Verfahren 102 empirische Studien aufgeführt. In den Metaanalysen erreicht die Hypnose sogar eine Effektstärke (basierend auf 19 Kontrollgruppenuntersuchungen), die den meisten anderen Therapieformen überlegen ist.

Bei diesen Ergebnissen der Hypnotherapie ist die vergleichsweise kurze Behandlungsdauer, die Nichtinvasivität der Methode sowie die Geringfügigkeit von Nebenwirkungen zu berücksichtigen. Insgesamt sind wenige Kontraindikationen (zum Beispiel floride Psychosen) bekannt und die Anwendbarkeit ist in vielen Bereichen noch nicht hinreichend ausgelotet (beispielsweise neurologische Rehabilitation). Sicher ist die Hypnotherapie auch nicht unterschiedslos die Methode der Wahl. Vielmehr gibt es bevorzugte Anwendungen. Ihr Vorteil ist in vielen Fällen in der Kombination mit anderen Methoden zu sehen.

Hier die Liste der durchgeführten Studien:

1. Chirurgie: HART (1980)

2. Bluthochdruck: CASE (1980), COTANCH (1985), DEABLER (1973), FRIEDMAN (1977)

3. Asthma: CITRON (1968), MAHERLAUGHNAN (1962) MORRISON, SMITH & BURNS (1960) zit. n. MAHER-LOUGHNAN (1962)

4. Krebs (Überlebenszeit): SPIEGEL (1989)

5. Warzen: CHANDRASENA (1982), JOHNSON (1978), SINCLAIR-GIEBEN (1959) SURMAN (1973), ULLMANN (1959), ZHUKOV

(1961), TENZEL & TAYLOR (1969)

6. Irritable Bowel Syndrome: WHORWELL (1984)

7. Übelkeit (Krebs): BURISH (1981), REDD (1982), ZELTZER (1983)

8. Kopfschmerzen und Migräne: ANDERSON (1975), ANDREYCHUK (1975), CARASSO (1983), FRIEDMAN (1982), FRIEDMANN (1984), SCHLUTTER (1979, 1980)

9. Schmerz (bei Krebs): HILGARD (1978, 1982), KELLERMAN (1983), SPIEGEL (1983), SYJALA, CUMMING, & DONALDSON (1992), ZELTZER (1982)

10. Schmerz (chronischer): ELTON (1980) HOPPE (1983)

11. Angst: BENSON (1978), GLICK (1970), HOROWITZ (1970), MARKS (1968), MELNICK (1976), O'BRIAN (1981), (BOUTIN (1983), MCAMMOND

(1971), PAUL (1969a), STANTON

(1978b)

12. Schlafstörungen: BERKOWITZ (1979), BORKOVEC (1973), GRAHAM (1975), REID (1981)

13. Enuresis: EDWARDS (1985)

14. Sucht: EDWARDS (1966), MANGANIELL (1984), WALLERSTEIN (1957)

15. Adipositas: BOLOCOFSKY (1985), BORNSTEIN (1980), GOLDSTEIN (1981)

16. Rauchen: BARKLEY (1977), BERKOWITZ (1979), HALL (1970), JEFFREY (1985), KLINE (1970), MACHOVAC (1978), MILLER (1976), NULAND (1970), OWENS (1981), PEDERSON (1975, 1979), PERRY (1975, 1979), RABKIN (1984), SANDERS (1977), SHEEHAN (1982), SHEWCHUK (1977), SPIEGEL (1970), Stanton (1978a), WAGNER (1983), WATKINS (1976)

## X.VI Trance-Downloads

Wir wollen Ihnen die Möglichkeit geben, nicht nur durch unsere Texte und Anleitungen zu lernen, sondern auch, indem Sie Hypnose *praktisch* erleben. Deshalb schenken wir Ihnen 2 Trancen zum Download:

---

www.ZHI.at/download/hypnose

**Benutzer:** hypnose
**Passwort:** lernen

---

**Der Tempel der tausend Spiegel (Benedikt Ahlfeld)**
Dieser Live-Mitschnitt einer Integrationstrance während der Metamorphoses führt Sie in die Mitte Ihres Selbst. Mittels leichter Trance werden Sie den Tempel der tausend Spiegel erkunden und sich darüber klar werden, welche Menschen Ihr Leben maßgeblich beeinflussen - welche Spiegel Ihnen im Außen vorgezeigt werden - und welche Konsequenzen dies für Sie birgt. Erkunden Sie die Weiten Ihres Unterbewusstseins und lernen Sie, in Kontakt mit Ihrem höheren Selbst zu treten.

**Ziele erreichen (Stefan Strobl)**
Programmieren Sie Ihr Unbewusstes darauf, Ihre Ziele fast wie von selbst zu erreichen. Profitieren Sie von einer doppelten Strategie: erleben Sie Ihr Ziel als bereits erreicht und genießen Sie dadurch die Sicherheit und Ruhe, alle nötigen Schritte dieses Weges umsetzen zu können. Parallel dazu werden alle Hindernisse auf dem Weg dorthin aufgelöst und so die Basis für die Entfaltung Ihrer wertvollen Ressourcen geschaffen. Mit der energetisierenden Musik dieser Trance, die ganz leicht in einen gesteigerten Lernzustand führt, werden Sie neues Potential erkennen und ihren Fokus weg von früheren Blockaden und hin zu neuen Zielen lenken.

# X.VII Quellenverzeichnis

[i] Overbye, D. *Free Will: Now You Have It, Now You Don't*. 2. Jänner 2007 in: New York Times.

[ii] Eldon, T. *Mind-Programming*. 2009. New York: Hay House.

[iii] Bauer, J. *Warum ich fühle was du fühlst*. 2006. München: Heyne Verlag.

[iv] Sheila O. und Schröder, L. *Superlearning 2000*. 2007. New York: Dell.

[v] Grzeskowitz, I. und Wehner, A. *Träume leben!*. 2009. Norderstedt: BoD.

[vi] Moine, D. und Lloyd, K. *Unlimited Selling Power: How to Master Hypnotic Selling Skills*. 1990. New York: Prentice Hall Press.

[vii] Sacks, O. *Awakenings*. 1999. New York: Vintage Press.

[viii] Dr. Revenstorf, D. *Hypnose und Hypnosetherapie*. 1993. Psychologisches Institut der Universität Tübingen.

[ix] Grzeskowitz, I. und Wehner, A. *Träume leben*. 2009. Norderstedt: BoD.

[x] s. dazu die Endnote ix.

[xi] Dr. Revenstorf, D. *Hypnose und Hypnosetherapie*. 1993. Psychologisches Institut der Universität Tübingen.

[xii] Ahlfeld, B. und Thommesen, L. *NLP und Körpersprache*. 2010. Wien: ZHI CONsulting.

[xiii] Gemeint ist Alexander Cain, der diese Geschichte in seinen Workshops gerne als Negativbeispiel erzählt.

[xiv] Feustel, B. und Komarek, I. *Das NLP-Trainingsprogramm*. 2006. München: Südwest Verlag.

[xv] s. dazu die Liste der zur Wirksamkeit der Hypnose durchgeführten Studien in Kapitel X.II

[xvi] Hodgson, G. *Sidney Gottlieb. The real Manchurian Candidate.* 11. März 1999 in: The Guardian.

[xvii] Eggetsberger, G. *Hypnose – Die unheimliche Realität.* 1992. Wien: Perlen-Reihe (Band 424).

[xviii] Dilts, R. *Professionelles Coaching mit NLP.* 2005. Paderborn: Junfermann.

[xix] Autor: Matthias Drab.

[xx] Autor: Matthias Drab.

[xxi] Vgl. dazu das Zitat des NLP-Trainers Chris Mulzer im *Volkspractitioner 2009* in Berlin.

[xxii] Ekman, P. *Gefühle lesen.* 2. Auflage 2010. Heidelberg: Spektrum Akademischer Verlag.

[xxiii] Dilts, R. *Die Veränderung von Glaubenssätzen.* 1990. Paderborn: Junfermann.

[xxiv] s. dazu die Endnote xxiii

[xxv] Grochowiak, K. *Die Logischen Ebenen.*1998.

[xxvi] Ahlfeld, B. *NLP und Körpersprache.* 2010. Wien: ZHI.

[xxvii] Kreutzmann, R. Sonder-Edition: *Farben & Kleidung.* 2000. Online-Publikation im Eigenverlag.

[xxviii] Ekman, P. *Gefühle lesen.* 2. Auflage 2010. Heidelberg: Spektrum Akademischer Verlag.

[xxix] Ekman, P. *The Nature of Emotion.* 1994. New York: Oxford University Press.